KB265151

한국 은행산업의 진로

전철환·함정호 외 지음

지식산업사

한국 은행산업의 진로

초판 1쇄 인쇄 2000. 1. 20
초판 1쇄 발행 2000. 1. 25

지은이 전철환 함정호 외
펴낸이 김경희
펴낸곳 (주) 지식산업사
　　　　서울시 종로구 통의동 35-18
　　　　전화 (02)734-1978(대) 팩스 (02)720-7900
　　　　http:// www. jisik. co. kr
　　　　e-mail : jsp@jisik.co.kr
　　　　　　　jisikco@chollian.net
등록번호 1-363
등록날짜 1969. 5. 8

책값 20,000원

ⓒ 전철환 함정호, 2000

ISBN 89 - 423 - 3039 - 8   93320

이 책을 읽고 필자에게 문의하고자 하는 이는
지식산업사 편집부로 연락바랍니다.

책을 내면서

　우리나라가 금융·외환위기에 직면하여 국제통화기금(IMF)의 긴급
자금을 지원받은 지 2년이 지났다. 다행히도 우리 경제는 지금 빠른
속도로 회복하고 있으나 위기 수습을 위한 경제구조 조정과정에서 많
은 고통이 뒤따랐다. 특히 은행산업의 낙후성이 금융·외환위기를 초
래한 원인 가운데 하나였기 때문에 은행산업 구조조정은 경제구조조
정에서 핵심일 수밖에 없었다. 그 결과 많은 은행이 퇴출되거나 인수·
합병되어 사라졌다. 또 공적자금으로 은행자본을 확충하고 부실채권
을 정리하였다. 따라서 이를 지켜본 필자들로서는 무엇이 우리나라의
은행을 이런 상황에 이르게 했는지 다시 생각하지 않을 수 없었다.

　금융·외환위기 직후 겪은 극심한 신용경색은, 금융의 근간인 은행
산업이 제대로 움직이지 않으면 원활한 경제활동을 기대할 수 없다는
실증적 교훈을 주었다. 더욱이 고수익을 좇아 세계 각국의 금융시장을
넘나드는 국제금융자본은 우리나라 금융시장에서도 그 위력을 날로
더해 가고 있다. 그로 인해 금융시장의 불안정성이 커지고 있다. 금융
시장 불안정성을 최소화하기 위해서는 먼저 다양하고 중층화된 금융
시장구조를 구축해야 한다. 은행, 단기금융시장, 자본시장으로 다양하

고 균형있게 발달되어 있으면, 충격 발생으로 어느 한 시장의 기능이 마비되더라도 다른 시장이 보완하여 충격을 흡수할 수 있다. 따라서 실물시장과 노동시장에 대한 나쁜 영향도 최소화할 수 있다. 그러나 어느 경우든 취약한 은행산업으로는 국제금융자본의 공격을 막아낼 수도, 경제안정을 유지할 수도 없다.

은행산업이 순조롭게 발전하기 위해서는 하드웨어적인 하부구조 (infrastructure)의 개혁도 중요하지만 의식, 규범, 제도운영 패러다임 등 소프트웨어적 상부구조(superstructure)의 개혁도 함께 이루어져야 한다. 이러한 관점에서 이 책을 집필하면서, 특히 정책의 역할과 한계, 소유·지배구조, 은행 기능의 정비, 업무행태의 선진화에 많은 관심을 두었다. 올바른 처방을 위해서는 선진 은행제도를 비교하여 장점을 취하는 것도 좋은 방법이다. 각국의 은행제도는 나라마다 특유의 역사적 경제적 배경을 바탕으로 형성된 것이므로 제도가 형성된 배경과 추구하는 목적, 그리고 제도운영에 관계된 경제주체들의 행동원칙을 철저히 이해하고자 하였다.

이러한 조사연구는 필자들의 주장을 뒷받침할 수 있는 많은 양의 기초자료와 실증적인 근거가 필요한 방대한 작업이다. 또한 필자들이 각자 본연의 업무를 수행하는 가운데 함께 모여 연구결과를 토의하고 결론을 내는 작업도 쉽지 않았다. 따라서 필자들이 지나쳐 버린 부분도 적지 않을 것으로 생각한다. 잘못된 부분을 지적하고 옳은 견해를 제시해 주면 기회를 만들어 성실하게 보완할 것이다. 독자의 많은 질정을 기다린다.

아무쪼록 이 책이 금융계, 학계, 연구기관, 정부 등 금융산업 발전을 위해 일하는 분들에게 다소나마 도움이 되기를 바란다.

새천년 새해에

필자들을 대표하여　전 철 환

한국 은행산업의 진로

▌차 례▌

제4장 한국 은행산업의 발전방향 / 227

표 차례

그림 차례

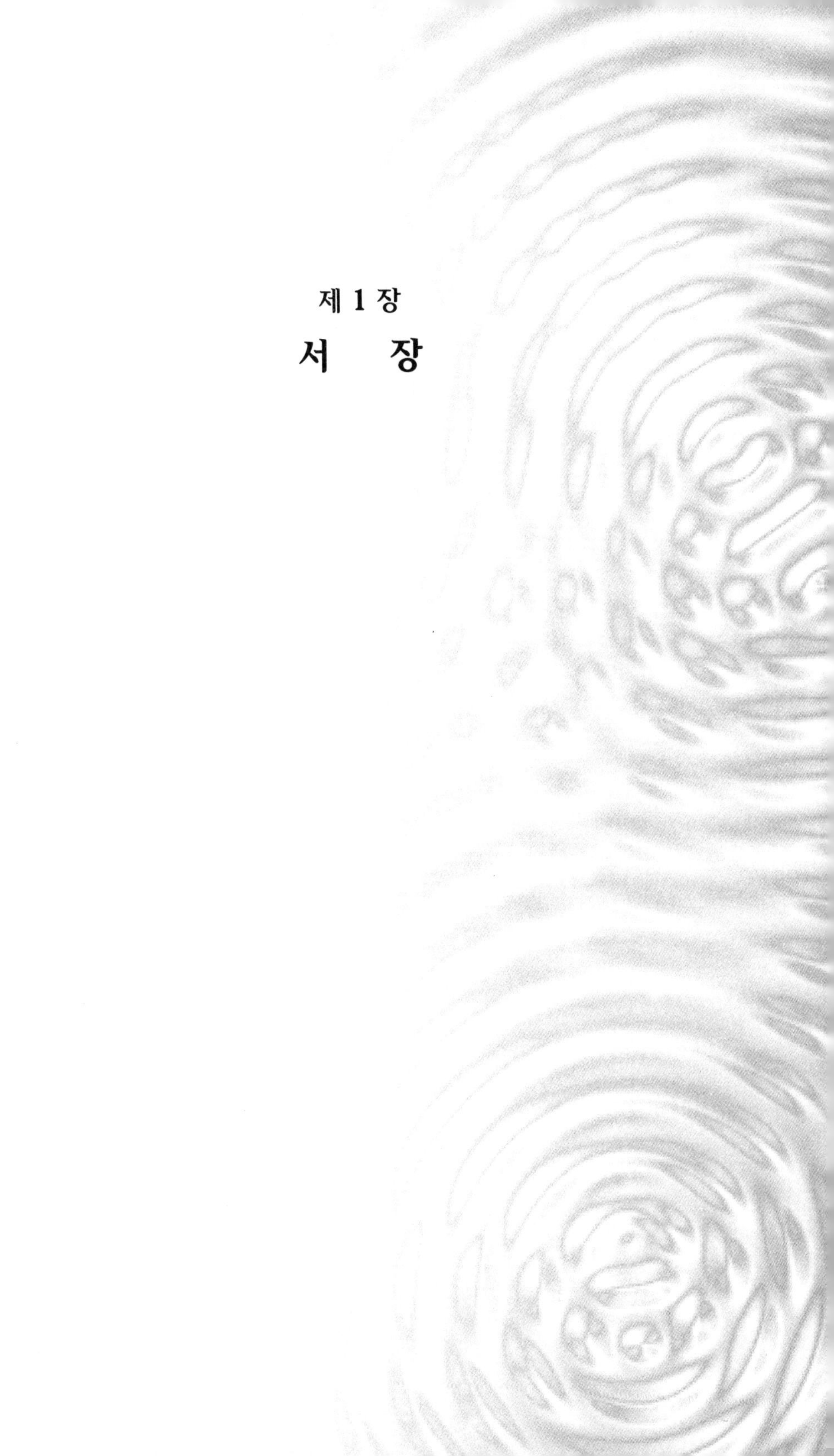

제 1 장
서　장

제1장 서 장

금융(finance)은 인류의 역사에서 가장 오래된 경제행위 가운데 하나이다. 일설에 따르면 기원전 3000년경 메소포타미아의 농경사회에는 이미 신용(credit)이 등장하였으며, 기원전 200년경 이집트에서는 은행도 설립, 운영되었다. 산업혁명을 통하여 자본주의 시장경제가 생성, 발전하면서 금융은 시장경제발전을 이끄는 부문이었다. 지금 세계가 산업사회에서 脫산업·서비스시대로 전환하면서 금융산업은 실물산업을 지원하는 위치에서 독립산업의 지위로 바뀌고 있다.

따라서 금융에 관한 법규나 규제, 관행, 중개조직 등을 포함하는 금융제도(financial system)는 한 나라 기업의 금융조달 패턴과 지배구조 등에 커다란 영향을 미친다. 기업의 경영성과는 물론 그 나라의 경제성장과 발전에 중추적인 역할을 하고 있는 것이다. 따라서 한 나라의 효율적인 금융제도 정립이 곧 그 나라 경제의 경쟁력을 선도한다.

지금까지의 많은 실증 연구에 따르면 잘 발달된 자본시장 등 더욱 진보된 금융제도를 갖춘 나라는 그렇지 않은 나라들에 비해 상대적으로 빠르게 성장하는 모습을 보여주고 있다. 이처럼 한 나라의 경제적 성과는 금융효율성에 따라 다르고, 금융효율성은 금융부문이 규모의 경제를 실현하는 정도와 금융의 심화 등 금융제도와 운용의 선진화 정도에 크게 의존한다.

한 나라의 금융제도는 각기 자생적 발전과정을 통해 생성되는 것으로 그 나라의 정치, 경제, 사회 및 문화적 시스템에 따라 나라마다 서로 다른 모습을 보이고 있다. 오늘날 주요 선진국의 금융제도를 보면 대체로 두 가지 유형으로 나눌 수 있다. 하나는 산업자본의 축적과 주식회사제도의 발달을 토대로 자본시장이 빠른 속도로 발달한 영국과 미국의 금융제도이다. 영국과 미국의 금융은 은행보다 자본시장이 더 중요한 역할을 하는 시장중심(market-oriented) 금융제도를 지니고 있다. 다른 하나는 자본축적과 자본시장 발달이 미흡한 상태에서 영국과 미국보다 늦게 산업화를 추진하였던 독일·프랑스·일본 등의 금융제도이다. 이들 나라의 기업금융과 기업지배구조에서는 은행이 중요한 역할을 하는 은행중심(bank-oriented) 금융제도이다.

우리나라 금융제도의 경우 기업금융 측면에서 보면 경제개발 초기부터 지금까지 은행을 비롯한 금융기관이 기업금융을 담당해 왔다는 점에서 대체로 은행중심 금융구조를 이루어 온 것으로 평가되고 있다. 그러나 기업지배구조 측면에서 보면 경제개발과정에서 정부가 산업자금을 지원하기 위하여 은행의 내부경영과 자금배분 과정에 직·간접적으로 개입함에 따라 은행은 기업에 대한 감시와 통제역할을 제대로 수행하기 어려웠다. 뒤늦게 육성되기 시작한 자본시장 역시 기업의 감시와 통제를 위한 효과적인 시장규율을 제공하지 못하였다.

우리나라의 금융제도는 엄밀한 의미에서 은행중심 구조도 아니며, 그렇다고 시장중심 구조도 아닌 모호한 제3의 형태를 취하였다. 그러나 우리나라 형인 제3형 금융제도는 세계체제하의 금융제도로서는 독자적 지위를 구축하지 못했다. 1997년 금융·외환위기의 발발이 우리나라 형의 금융제도가 독자체제로 존립하기 힘들다는 실증 예를 보인 것이다. 따라서 이제 세계체제 내에서 경쟁할 수 있는 새 은행산업으로 발전하기 위한 금융산업틀을 구축하는 것이 시급한 과제가 되었다.

최근 아시아 금융·외환위기로 다소 주춤해지긴 했으나 1990년대 들어 대규모의 국제자본이 신흥시장국으로 유입되는 등 국가간 자본의 이동성이 크게 높아지고 있다. 특히 신흥시장국의 경우 1970년대까지는 주로 원조자금과 공공부문에서의 대출(official loan) 등이 유입자본의 절반 이상을 차지하였으나, 1990년대에 들어서는 해외 직접투자 및 주식·채권투자를 위한 포트폴리오 자금이 90% 이상을 차지하고 있다.

국제금융자본의 성격 변화는 1980년대 이후 개발도상국과 체제전환국들을 중심으로 전개된 금융경제개혁과 함께 범세계적인 증권화 등 금융심화(financial deepening)에 기인하였다. 체제전환국의 민영화 조치와 함께 원활한 외국인 투자유치를 위한 법제적 틀의 확충 등으로 외국인 투자환경이 크게 개선된 점도 국제금융자본의 성격을 변화시키는 데 일익을 담당하였다.

이처럼 금융시장 개방과 함께 주식·채권 등 각종 금융자산과 파생상품 거래를 위해 신흥시장국에 주로 들어오는 대규모의 국제금융자본은 당사국의 금융구조를 심화시키고 경제성장을 촉진하는 등 긍정적인 면도 없지 않았다. 그러나 1997년에 시작된 아시아 금융·외환위기를 통하여 경험한 바와 같이, 외국인의 포트폴리오 투자자금은 자본시장이 잘 발달되지 못한 나라의 경우 예상치 못한 대내외 충격요인으로 단기간에 대규모의 자본유출을 통하여 당사국의 금융시장을 교란시키고 금융불안을 증폭시킬 수 있음이 확연히 드러났다.

더구나 국제투자가들은 어느 한 나라에서 경제위기가 발생할 경우 투자국의 투자위험도를 재평가하여 투자자산의 지역별 또는 자산별 구성을 재조정하는 경향을 보이고 있다. 그 결과 위기가 발생하지 않은 여타 나라 특히 신흥시장국의 경우 이미 유입된 자본이 갑작스럽게 대규모로 유출되어 금융·외환위기가 초래되는 경우가 가끔 나타나기도 하였다.

이러한 위기는 아시아 신흥시장국들에 뒤이어 최근에는 러시아·브라질 등에도 이어졌다. 이에 따라 국제금융기구와 주요 선진국은 다양한 형태의 포럼을 통하여 국제금융위기의 신속한 해결방안과 재발방지 대책을 논의하는 등 국제금융체제의 강화를 위한 노력을 지속해왔다. 특히 IMF는 1998년부터 각국의 제도적 미비점과 자본이동의 변동성에 따른 위험을 축소시키고 국제금융위기의 전염효과를 방지하며 세계화로 인한 후생의 증대를 도모하려는 나라들의 자본시장 개방 등을 촉진시킬 수 있도록 하는 세계적 금융체제를 강화하기 위한 논의를 활발하게 진행시키고 있다. 또 국제금융시장의 불안정을 흡수하고 금융시스템을 강화하기 위해 세계적인 신국제금융체제(new international financial architecture)를 구축하려는 노력도 기울이고 있다.

세계 금융환경은 최근 들어 더욱 빠르게 변모하고 있다. 주요 특징으로는 2차대전 후 선진국과 개발도상국의 빠른 성장과 소득증대에 따른 금융자산의 급속한 축적과 질적 변화를 들 수 있다. 예컨대 정보화, 규제완화에 따른 자유화(liberalization), 범세계화(globalization), 증권화(securitization)와 겸업화 등이 그것이다. 이러한 추세는 어느 나라에서나 볼 수 있을 만큼 보편화되고 있다. 구체적으로 보면 국내외 금융시장의 통합화, 파생금융상품과 같은 신금융상품의 출현, 금융기관간 업무영역의 모호성 증대, 탈금융중개화(disintermediation), 그리고 새롭고도 복잡한 형태의 리스크 발생 등과 같은 현상으로 나타나고 있다.

특히 지난 20여 년 동안 급속한 인터넷 보급 확대 등 정보통신기술의 발전은 금융거래비용을 크게 낮추는 등 금융소비자들의 편익을 지속적으로 높여 전세계적으로 금융자산의 축적이 더욱 가속화되고 있다. 예를 들어 주식, 채권, 외환 등 금융자산의 총거래 잔액이 1980년의 12조달러에서 최근에는 약 80조달러에 이를 만큼 급격하게 늘어나고 있다.

금융환경의 급격한 변화가 금융시스템에 미친 영향으로는 크게 다음과 같은 점을 들 수 있다. 첫째, 정보·통신기술의 발달로 정보전달 속도가 과거에 비해 훨씬 빠르게 이루어짐에 따라 시장에 전파된 새로운 정보에 대한 금융거래자들의 반응이 과거에 비해 더욱 즉각적으로 나타나고 있다. 또한 이들 간의 신속한 정보교환과 공유는 금융시장간 위험이 신속히 전가되는 전염문제를 심화시켜 주식, 채권과 파생금융시장에서의 전자거래를 통한 자금인출쇄도 가능성, 즉 불안정성을 크게 하고 있다.

둘째, 1990년대 들어 국가간 금융투자, 파생상품거래, 외환거래 등 금융거래가 무역 등 실물거래보다 훨씬 빠르게 성장하는 등 금융부문의 통합이 가속되고 있다. 그 결과 지난 1980년대까지 지구촌에 흘러다니는 국제금융자본은 중동 산유국의 오일머니와 함께 일본·독일의 제조업을 중심으로 한 실물 관련 투자자금이 대부분이었다. 그러나 최근에 와서는 이러한 실물 관련 투자자금이 아닌 포트폴리오 투자와 연관된 금융거래 관련 투자자본이 거의 대부분을 차지하는 등 성격이 크게 바뀌고 있다.

셋째, 대다수의 주요 선진국에서 보듯이 은행중심의 금융제도가 자본시장의 발달과 더불어 비은행금융기관 중심의 제도로 점차 이행되고 있다. 은행은 비은행금융기관과의 경쟁 심화 및 자본시장의 발전 등에 따라 예대업무 등과 같은 전통적인 중개업무가 크게 위축되고 있다. 특히 미국에서 이러한 현상이 두드러지게 나타나고 있다. 금융기관 총자산 가운데 은행자산의 비중이 최근에는 1950년에 비해 5분의 1 수준으로 크게 감소한 것이 그 예다.

넷째, 은행과 비은행금융기관과의 업무영역이 허물어지고 있다. 1980년대 후반 영국의 Big Bang이 효시였고, 미국은 Regulation Q를 철폐함으로써 차츰 업무영역이 확대되는 계기를 제공했다. 미국의 예를 보면 뮤추얼 펀드와 주식중개기관들도 은행처럼 결제계좌를 보유하고 있을 뿐만 아니라, 특히 은행과 보험회사들 간에는 업무제휴를 적극적으로 도모하는 경향을 보이고 있다. 최근에는 미 행정부와 의회가 은행·증권·보험 등 은행·비은행 금융중개기관간 진입장벽 철폐를 골자로 하는 은행법 개정안에 합의함으로써 앞으로 대대적인 금융산업 구조개편(Big Bang)이 진행될 것으로 예상된다.

다섯째, 대다수 나라가 지속적인 금융규제 완화 등 금융자유화를 추진함에 따라 범세계적인 자본시장이 형성되고 있다. 이러한 경향은 1970년대 후반부터 급격히 커진 국제자본의 유동성을 크게 높이는 동시에, 최근 아시아의 경제위기에서 보았듯이 금융위기(financial crisis)의 원인이 될 수 있는 단기간내 대규모의 자본 유출입의 위험성을 한층 높여 놓았다. 국제적으로 이동하고 있는 금융자본규모만도 하루거래액이 1986년의 2,600억달러에서 1998년에는 1조 5천억달러로 격증했다.

세계적으로 급속히 증가한 금융자본의 양적 축적은 그 운용양태의 커다란 질적 변화를 야기하였다. 최근 들어 자본자유화의 진전과 정보통신기술의 발전에 따른 세계 금융시장의 통합화 추세 등 금융환경의 변화는 주요국 금융제도의 변화를 일으키고 있다. 오늘날 대다수의 나라들은 이러한 금융환경 변화에 대응하여 자국 금융기관의 국가경쟁력을 강화하고 시스템의 효율성을 높이기 위해 금융제도의 구조개선을 도모하고 있다.

우리나라의 경우를 보면 금융산업은 금융의 국제화 진전, 자본시장 확대, 은행의 겸업화 추세 및 소유지배구조의 변화 등 대내외 금융환경의 급격한 변화에 적절히 대응하기 위해 구조개혁을 꾀하고 있다. 정부는 금융운용의 패러다임과 국내외 금융환경 변화에 調應하여 우리나라 금융산업이 경쟁력을 갖춘 하나의 산업으로 더욱 발전할 수 있도록 각종 제도와 관행 개선에 지속적인 노력을 기울이고 있다.

우리는 현재 금융·외환위기 이후 경제위기 극복과 경제의 역동성(dynamics)을 회복하기 위하여 현재 국가경제 전반에 걸친 구조조정을 진행하고 있다. 이제 금융산업 구조조정의 큰 줄기는 거의 마무리 단계에 접어든 만큼 장기적인 안목에서 은행산업의 발전방향을 재정립해야 할 시점에 와 있는 것으로 판단한다.

금융당국을 비롯한 금융계 일각에서는 구조조정을 진행하는 과정에서 우리의 금융제도도 불가피하게 서구식으로 선진화되어야 한다는 인식이 확산되고 있으나 그 구체적 방향에 대하여는 아직도 많은 논의를 진행하고 있다.

그동안 우리나라의 금융산업에서 은행산업은 중추적인 역할을 해왔다. 그러나 은행은 양적 성장에도 불구하고 자율성과 책임경영체제 미확립, 업무행태의 낙후성 등으로 인하여 자금의 원활한 조달과 효율적 배분 기능을 충실히 수행하지 못하였다. 그 결과 발전정도도 실물부문에 크게 못 미쳤다. 그동안 정부는 은행을 수익성을 추구하는 하나의 기업으로 보기보다는 산업정책목적을 달성하기 위한 수단으로 인식하였다.

개별은행도 거래기업이나 투자의 경제성을 고려하기보다는 담보나 지급보증 등에 따라 대출을 실행하였다. 수신경쟁을 통해 외형을 키우는 데 주력하는 안이하고 비효율적인 경영전략을 답습하여 왔다. 이러한 형태는 기업의 과다부채 누적을 효율적으로 제어하는 데 실패하는 등 우리 경제의 국제경쟁력을 저하시키는 주된 요인이 되었고, 국가경제의 총제적 위기를 초래한 금융·외환위기 원인의 하나로 작용하였다.

그러나 국내 은행산업은 구조조정 과정에서 지금까지 경험한 적이 없을 뿐만 아니라 예상하지도 못하였던 수많은 변화에 직면하고 있다. 먼저 시장참가자들은 부실은행의 시장퇴출과 제일은행의 해외매각을 목격하면서 은행도 도산할 수 있으며, 과거와 같이 은행산업에 대한 정부의 보호 관행은 더이상 지속되지 않을 것이라는 인식을 갖기 시작하였다. 또한 은행이 대기업의 연쇄도산으로 인한 대규모 부실채권

발생으로 경영상의 어려움을 경험하면서 기업의 규모보다 신용도를 중시하는 방향으로 여신업무 취급관행도 바뀌어 가고 있다. 따라서 은행과 기업의 관계에도 상당한 변화가 나타날 것으로 예상되고 있다.

특히 IMF와의 협의를 통해 금융산업 구조조정을 추진하는 과정에서 은행에 대한 건전성 규제와 회계·공시제도는 국제기준에 부합될 수 있도록 재편되고 있다. 국내 금융시장이 외국인에 전면 개방됨에 따라 이제는 은행 스스로 국제적인 경쟁력을 갖추지 않고서는 더이상 생존할 수 없는 상황이 도래하였음을 인식하게 된 것이다.

금융·외환위기는 그동안 국민경제에 엄청난 비용과 고통을 유발하였으나 우리나라의 은행산업이 내포하고 있는 문제를 치유할 수 있는 기회를 동시에 주고 있다. 현재 진행되고 있는 은행산업 구조조정이 성공적으로 이루어진다면 우리나라의 은행들은 과거에 비해 국제경쟁력이 강화되고, 그 결과 경제 전반의 능률도 크게 오를 것이다.

또한 구조조정으로 적자생존의 원리에 따라 금융기관간 인수와 합병이 활성화되고 대형화와 전문화가 진전되면서 은행산업은 외국에서와 같이 고부가가치를 창출하는 전략산업으로 발전할 수 있을 것이다. 건실해진 은행은 경쟁을 겪으면서 다양하고 질 높은 금융서비스를 개발 보급함으로써 일반의 금융이용도를 높이고 기업의 금융비용 부담도 절감시킬 것으로 보인다. 특히 은행의 신용심사 기능의 강화는 기업의 투자효율성을 높여 재무구조를 건실하게 하는 데 크게 기여하게 될 것이다.

그러나 은행산업 구조조정은 매우 복잡한 데다 그 나라의 사회경제 질서 및 문화와 유리되면 성공을 기대하기도 어렵다. 따라서 구조조정에는 많은 시간과 비용이 소요될 뿐만 아니라 수행해야 할 과제가 많다. 건실한 은행제도를 구축하기 위해서는 구조조정에 대한 의지가 강하고 지속적이어야 하며, 경제지표가 호전되었다고 해서 의지가 약화되어서도 안 될 것이다.

일반적으로 제도개혁은 법체계, 시장구조 등 가시적인 하부구조에 한정하여 접근하는 경향이 있다. 그러나 아무리 논리적으로 완벽한 제도나 외국에서 성공한 제도를 도입하는 경우에도 규범, 행태 등의 상부구조의 개혁 없이는 새로운 시스템이 정착되기는 어렵다. 특히 금융에서는 행태적 요소가 금융구조에 미치는 영향이 매우 크기 때문에 제도 자체의 변화만으로 소기의 성과를 기대하기는 곤란하다.

금융은 본질적으로 미래지향적인 경제행위이므로 불확실성을 내포할 수밖에 없다. 또 정보의 판단과 예측에는 인적 요소가 중요한 작용을 한다. 금융거래자들의 자기책임원칙을 지키게 하는 금융규범이야말로 금융인의 행동양식을 규율하는 판단기준이 된다는 점에서 은행제도의 운용성과에 대단히 큰 영향을 미친다.

따라서 은행제도의 개선과 함께 염두에 두어야 할 것은 금융규범의 개선 없이 제도개혁만으로 바람직한 은행제도가 구축될 것으로 기대하기는 어렵다는 점이다. 다시 말해 새로운 은행제도가 잘 작동되기 위해서는 절도 있는 금융규범의 설정 등 시스템의 상부구조에 대한 기본틀을 잘 설계하는 것도 무엇보다 중요하다.

이 밖에도 우리나라 금융산업의 취약성은 기본적으로 은행이 본연의 역할을 다 하지 못하여 발생한 것이므로 이를 보완하기 위해서는 은행산업 자체의 경영역량을 강화하지 않으면 안 된다. 지금까지는 이러한 역량강화가 제도적 역량(institutional capacity)을 높이는 데 따르기보다는 주로 정부의 개입을 통해 이루어졌다. 이에 따라 새 천년을 맞이하여 우리나라의 은행산업이 지금보다 더욱 건전하고 경쟁력 있는 수익산업으로 생존하기 위해서는 은행의 자체 역량 강화와 함께 이를 도울 수 있는 여타 금융경제 요건도 함께 고쳐 나아가야 할 것이다.

선진국도 고유의 정치·경제·금융환경을 토대로 나름대로의 은행제도를 발전시키는 가운데 금융환경의 변화에 따라 자국 은행산업의 경쟁력을 높이기 위하여 다른 나라 은행제도의 장점을 수용하는 경향을 보이고 있다. 다만 나라마다 금융환경, 경제발전단계, 시장참가자의 인식과 거래관습 등이 다르기 때문에 세계 각국의 은행제도가 하나의 형태로 수렴될 것인가는 예단하기 어렵다.

따라서 앞으로 우리나라의 바람직한 금융제도를 구축하는 데서는 시장의 다원성과 역동성에 바탕을 두고 오랜 진화과정을 통해 그 유효성이 검증된 선진국의 금융제도 등을 반드시 참고하여야 한다. 그러나 금융의 국제화가 진전되어 국가간 금융제도의 정합성이 확대되는 추세에 비추어 선진국 제도의 특징과 변화를 참고하되, 어느 하나를 模範事例(best practice)로 택하여 이를 追隨하기보다는 단계적으로 우리나라의 현실 적응성을 고려해서 가장 효율적으로 작동할 수 있는 시스템을 찾아 이를 정착할 수 있도록 유도해 나가야 할 것이다.

이 책에서는 이러한 관점으로 선진국 은행제도의 현황과 최근의 변화를 살펴보았다. 이를 토대로 우리나라 은행산업이 효율성·건전성·국제적 정합성 등을 갖춘 경쟁력 있는 산업으로 발전하기 위하여 추진해야 할 과제가 무엇인지에 대하여 고찰했다.

이 책의 구성은 다음과 같다. 제2장에서는 미국, 영국, 독일, 프랑스, 일본 등 선진국 은행산업의 현황과 발전과정을 금융구조, 정부의 역할, 금융행태 및 성과의 측면에서 살펴보았다. 제3장에서는 주요 선진국의 은행산업과 비교하여 우리나라 은행산업의 현황과 특징을 고찰하였다. 아울러 최근에 실시된 은행 부문 개선내용을 정리하였다. 이어서 금융산업 구조조정이 어느 정도 마무리된 현시점에서 제도적 여건이 어떠한지 살펴본 후 현재 우리나라 은행산업이 안고 있는 문제점을 제시하였다. 마지막 제4장에서는 우리나라 은행산업이 바람직한 방향으로 발전하기 위하여 중장기적으로 추진해야 할 과제를 정리하였다.

제 2 장
주요국 은행산업의 현황과 전망

1. 형성과정
2. 현황과 특성
3. 최근의 변화와 전망

제2장 주요국 은행산업의 현황과 전망

1. 형성과정

　주요 선진국의 은행제도를 살펴보면 나라마다 각기 다른 모습을 보인다. 그것은 각국의 자본축적과 산업혁명 진전방식이 은행제도의 형성과정에서 중요한 역할을 하기 때문이다.

　일반적으로 자본주의경제에서 자본의 형성은 商業資本→先貸制 商業資本(putting-out capital)→産業資本과 銀行資本→金融資本 순서로 발전단계를 거쳐왔다. 상업자본은 15～16세기경 重商主義時代에 상인을 중심으로 형성된 자본이다. 당시 수공업자는 자본을 제대로 축적하지 못하고 있었다. 점차 국내외 시장이 확대되어 공업생산물에 대한 수요가 대폭 늘어남에 따라 생산활동에 필요한 자본을 상업자본에 의존할 수밖에 없었다. 그 결과 상인이 생산활동·이익배분에 주도권을 가지고 수공업자에게 자본을 대여하는 형태의 先貸制 資本이 등장하였다. 그러나 절대주의 왕조를 타파한 시민혁명 이후, 절대왕조에 기생하던 상업자본은 더이상 세력을 뻗어 나가기 어렵게 되었다. 특히 19세기에 들어와 산업혁명이 본격화되자 개인 금융업자만으로는 산업자금의 양적 지역적 확대에 대응할 수도 없었다. 이에 따라 19세기 중반 이후 주식회사 형태의 은행이 출현하기에 이르렀다.

英國의 경우, 산업혁명이 18세기 중반 민간에 의해 자생적으로 시작되었고, 이 과정에서 상업자본이 은행자본으로 전환되었기 때문에 정부가 은행자본의 형성에 간여할 여지가 적었다. 그리고 당시에 기업은 기술수준이 그리 높지 않았던 데다 가족 중심의 형태가 많아 내부자금만으로도 어느 정도 투자자금을 조달할 수 있었기 때문에 은행자본이 산업자본을 지배하거나 산업자본이 은행을 지배할 유인은 거의 없었다. 이에 따라 은행자본이 산업자본과 결합함으로써 형성되는 금융자본은 다른 나라에 비해 늦게 나타났으며 규모도 크지 않았다. 이와 같이 영국에서는 자본주의의 자생적 발전과정에 따라 은행자본이 독자적으로 형성될 수 있었고, 산업자본과 깊은 관련을 맺지 않고 있는 오늘날의 특성이 조성될 수 있었다.

美國은 유럽과 달리 독립자영농민이 시민사회의 기반을 이루고 있었기 때문에 산업혁명에 앞서서 극복해야 할 전근대적·봉건적 사회경제체제가 존재하지 않았다. 더욱이 독립전쟁(1775~1783)을 거치면서 일부 封建遺制마저 철폐됨으로써 미국의 자본주의는 후발적이면서도 영국과 같은 민간주도의 산업혁명을 거쳐 발전할 수 있었다. 그리고 산업혁명을 뒷받침하기 위한 은행자본은 서인도제도와 유럽대륙과의 무역을 통해 축적한 상업자본의 전환에 따라 형성되었다. 다만 영국과 다른 점은 은행자본이 19세기 후반 이후 기업합동(trust)과 持株會社(holding company) 등의 방식으로 산업자본과 유착관계를 형성함으로써 금융자본으로 전환될 수 있었다는 점이다. 그러나 미국에서는 견제와 균형을 근간으로 하는 헌법정신과 경제력 집중에 대한 국민의 전통적 거부감에 따라 서먼법(Sherman Act, 1890), 클레이튼법(Clayton Act, 1914) 등 독점금지법이 제정되었다. 그리고 대공황을 계기로 은행자본과 산업자본의 결합을 금지한 은행법(Glass-Steagall Act)이

1933년 제정됨으로써 영국과 마찬가지로 은행은 산업자본과 일정한 거리를 유지하는 관계(arm's length relationship)를 형성하게 되었다.

獨逸에서는 19세기 중반에 와서 국가적 통일이 이루어졌으나 봉건적 지배구조에서 벗어나지 못함에 따라 산업혁명은 정부주도로 진행될 수밖에 없었다. 당시에 선대제 상업자본이 미약하나마 형성되어 있었으나 뒤늦게 시작된 산업혁명을 촉진시키기 위해서는 공적자본에 의해 은행제도를 확립할 수밖에 없었다. 은행의 기능도 영국과는 달리 산업자본에 대한 거액·장기 신용공여, 직접 출자 등 겸업주의 특성을 갖게 되었다. 이러한 은행제도의 뒷받침과 정부의 지원에 힘입어 독일의 산업혁명은 1870년대에 완성될 수 있었으며, 이후 중화학공업을 중심으로 거대 독점기업이 형성되고, 은행자본의 집중도 촉진되어 금융독점의 싹이 트고 있었다. 즉 은행이 독점기업의 주주로서 독점기업과 자본적 결합을 하고 임원을 파견하여 산업자본을 지배하는 형태로 19세기 말경에는 금융자본의 형성이 보편화되었다. 이에 따라 독일에서는 은행자본과 산업자본이 밀착관계를 가지게 되었다.

프랑스는 1789년의 대혁명으로 전근대적인 사회경제제도가 폐지되고 근대 시민사회가 확립될 수 있었다. 그러나 전통적·귀족적 가치체계가 존속하는 반자본주의적 사회문화 때문에 기업활동이 낮게 평가되고 기업가의 행동도 소극적·정부의존적인 특성을 지니고 있었다. 이에 따라 영국 다음으로 일찍이 시작된 프랑스의 산업혁명은 1세기에 걸쳐 점진적으로 진행되었으며, 19세기 말경의 프랑스 자본주의도 영국, 독일과 미국에 비해 발전이 뒤져 있었다. 근대적인 은행제도는 1850년대 들어와서 형성되었으며 처음부터 겸업주의 특성을 가지고 있었다. 그러나 산업혁명이 부진하였기 때문에 산업자본의 확충에 큰 역할을 하지 못하였으며, 은행자본과 산업자본의 결합에 의한 금융자본의 형성도 뒤떨어져 있었다. 그 후 제1, 2차 세계대전을 계기로 공적 금융기관의 설립과 주요 산업의 국유화 등이 추진되는 등 정부의 경제개입이 증대됨에 따라 은행제도에 대한 정부의 역할도 강화되었다.

日本에서는 메이지 정부가 들어선 19세기 후반에 산업화가 시작되었다. 이 시기의 산업자본은 근대적 발전을 독자적으로 추진할 만큼 성장하지 않았기 때문에 산업화는 정부에 의해 주도될 수밖에 없었다. 은행제도는 민간의 자본축적이 불충분한 상태에서 산업화를 뒷받침하기 위해 정부주도로 도입되었는데, 단기상업금융뿐만 아니라 장기설비자금도 공급하는 역할을 수행하였다. 은행자본은 1900년대 이후 중공업의 발전과 계속되는 戰費조달의 필요성 때문에 대형화, 합병 등 집중현상을 보이고, 산업자본과의 유착관계에 의해 재벌을 형성함으로써 금융자본으로 발전하게 되었다. 또한 일본의 은행이 독일과 프랑스와 마찬가지로 1927년 은행법이 제정될 때까지는 상공업과 증권업 등을 광범위하게 취급할 수 있었던 점도 은행 중심의 금융구조를 형성시킬 수 있었던 요인이었다.

2. 현황과 특성

가. 금융구조

선진 주요국의 금융구조는 대체로 미국과 영국과 같이 시장 중심의 금융구조(equity-market system)를 지닌 영·미형(Anglo-American model)과 독일, 프랑스, 일본 등과 같이 은행 중심의 금융구조를 지닌 대륙형(continental model)으로 크게 나눌 수 있다(Story & Walter 1997).[1]

---

1) 동일한 대륙형 금융구조에서도 독일은 은행 중심(bank-based system), 프랑스는 국가 중심(state-centered system), 일본은 은행·산업간 결합(bank-

〔표 1〕　　　　　　　　　**주요국 은행산업의 비중**
(1996년 기준)
단위 : %

	미 국	영 국	독 일	프랑스[1]	일 본
은행산업의 비중[2]	26	33	76	66	61

주 : 1) 1998년 6월 기준
　　2) 은행금융기관의 자산규모÷전체 금융기관의 자산규모
자료 : White(1998) 등

(1) 공적 금융기관[2]의 비중

　미국과 영국은 일찍부터 선대제 자본에서 발달한 민간금융기관이 상당한 역할을 수행함에 따라 정부 등 공적자본에 의한 금융기관의 설립 필요성이 크지 않았다. 이에 비해 독일, 프랑스와 일본은 19세기 후발 산업국가로서 산업정책 등 국가정책 수행의 일환으로 민간금융기관의 기능을 보완하기 위해 정부 등 공적자본에 의해 금융기관을 설립할 필요성이 컸다.

　그 결과 독일, 프랑스와 일본과 같이 대륙형 금융구조를 따르고 있는 국가는 정부에 의해 소유되거나 정부의 지원을 받는 금융기관의 여·수신 비중이 미국과 영국에 비해 높다.

미 국

　미국의 정부계 금융기관은 농업금융기관과 주택금융기관, 그리고 미국수출입은행으로 구분할 수 있다.

　이 가운데에서 정부계 농업금융기관은 1916년 농업신용제도(Farm

---

industrial cross holding system) 구조를 나타내고 있다.
　2) 공적 금융기관은 공영금융기관, 정부계 금융기관 등 공적자본에 의해 소유되는 금융기관을 의미한다. 이 책에서는 이러한 용어를 모두 사용한다.

〔그림 1〕　　　　　　　　미국의 금융기관 개요

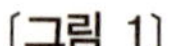

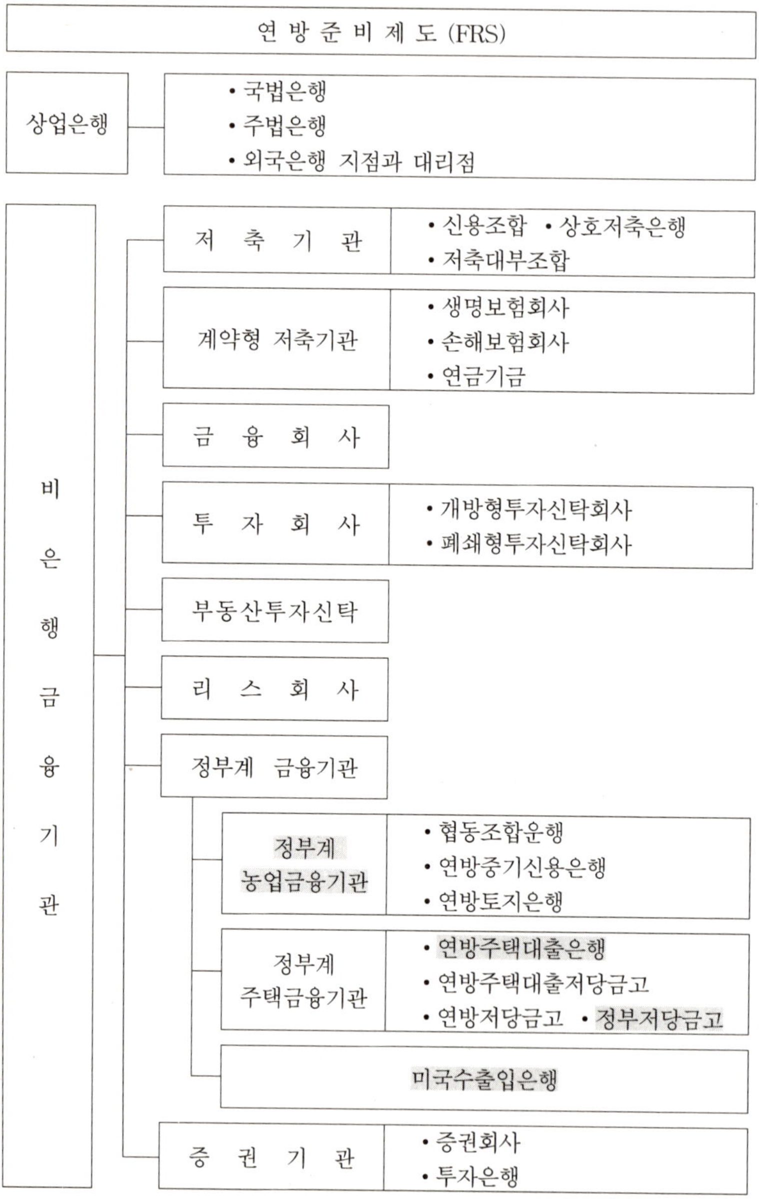

주 : 1) 강조 표시 금융기관은 모두 공적 금융기관
자료 : 강병호·조성종(1996)

Credit System)의 도입과 더불어 설립되었으며 연방토지은행(Federal Land Bank), 연방중기신용은행(Federal Intermediate Credit Bank), 협동조합은행(Bank for Cooperatives) 등으로 구성되어 있다.[3]

정부계 주택금융기관은 주택저당대출채권(mortgage) 유동화와 관련하여 이를 뒷받침하기 위한 금융기관으로 연방주택대출은행(Federal Home Loan Bank)과 정부저당금고(Government National Mortgage Association) 등이 있다.[4] 한편 미국수출입은행(Export Import Bank of the U. S.)은 1934년 전액 정부출자에 의해 설립된 특수법인으로서 플랜트 수출과 관련한 중장기 대출을 담당하고 있다.

따라서 미국의 경우 상업은행은 모두 사적자본에 의해 소유되고 있으며, 공적자본에 의해 소유되고 있는 금융기관은 일부 비은행금융기관과 특수은행에 국한되어 있다.

영 국

영국의 정부계 금융기관으로 예금수취기관인 국립지로은행과 국민저축은행이 있으며, 그 외에 정부계 특수금융 대행기관이 있다.

국립지로은행(National Girobank)은 우편제도를 활용한 자금이체

---

3) ·연방토지은행은 각 지역의 산하조합을 통해 농부나 농장주에 대해 토지구입이나 주택의 구입, 건설, 개량 등에 필요한 자금의 대출을 담당한다.
　·연방중기신용은행은 농업과 축산 관련 어음의 할인과 이를 담보로 한 대출을 담당한다.
　·협동조합은행은 농산물 판매와 농기구 구입 등과 관련된 대출을 담당한다.
4) ·연방주택대출은행은 가맹기관에 대한 단기 무담보대출 또는 장기주택저당권을 담보로 한 대출 등을 담당하다.
　·정부저당금고는 서민주택 건설 등 주로 정부가 정책목적으로 보유하고 있는 특정 저당대출채권을 구입하여 보유한다.
　·정부계 주택금융기관으로 연방주택대출은행과 정부저당금고 외에 연방저당금고와 연방주택대출저당금고가 있었는데, 연방저당금고와 연방주택대출저당금고는 각각 1968년, 1989년에 민영화되었다.

[표 2]　　　　　영국 예금수취기관 가운데 공적 금융기관[3]의 비중

(1988년말 현재)　　　　　　　　단위 : 10억파운드, 개, %

	총 자 산	금융기관수
은행금융기관	990.3(84.7)	648(82.7)
예 금 은 행	283.0(24.2)	17(2.2)
할 인 상 사	11.5(1.0)	8(1.0)
외 국 은 행	617.5(52.8)	316(40.3)
국립지로은행	1.9(0.2)	1(0.1)
기　타[2]	76.4(6.5)	306(39.0)
비은행금융기관	178.9(15.3)	136(17.3)
국민저축은행	9.2(0.8)	1(0.1)
주택대출조합	160.1(13.7)	134(17.1)
신탁저축은행	9.6(0.8)	1(0.1)
합　계	1,169.2(100.0)	784(100.0)

주 : 1) 강조 표시 금융기관은 공적 금융기관
　　2) 머천트 뱅크, 영국계 해외은행 등
　　3) 괄호 안은 비중
자료 : Gardener & Molyneux(1990)

업무에서 발전하여 기업의 자금이체와 개인대출 등 은행 유사업무를 취급하고 있으며, 국민저축은행(National Savings Bank)은 郵政公社와 체결한 위탁판매계약에 따라, 우편창구를 통해 체신예금을 취급하고 있다. 이 밖에 정부계 특수금융 대행기관으로는 지방공공단체, 수출신용보증국, 금융공사 등이 있다.[5] 이와 같은 정부계 금융기관의 총

---

5)　·지방공공단체는 일반적으로 100파운드 이상의 정기예금을 수취하고 증서를 발행하여 자금을 조달한다.
　　·수출신용보증국(Export Credit Guarantee Dept.)은 수출업자의 수출대금이나 은행의 수출금융에 대한 신용보증업무를 취급한다.
　　·금융공사는 정책적인 지원이 필요한 부문에 대한 투자와 대출업무를 취급하는데, 공업금융공사(Finance Corporation for Industry), 농업저당공사(Agricultural Mortgage Corporation), 영연방개발금융공사(Commonwealth Development Finance Company) 등이 있다.

〔그림 2〕 영국의 금융기관 개요

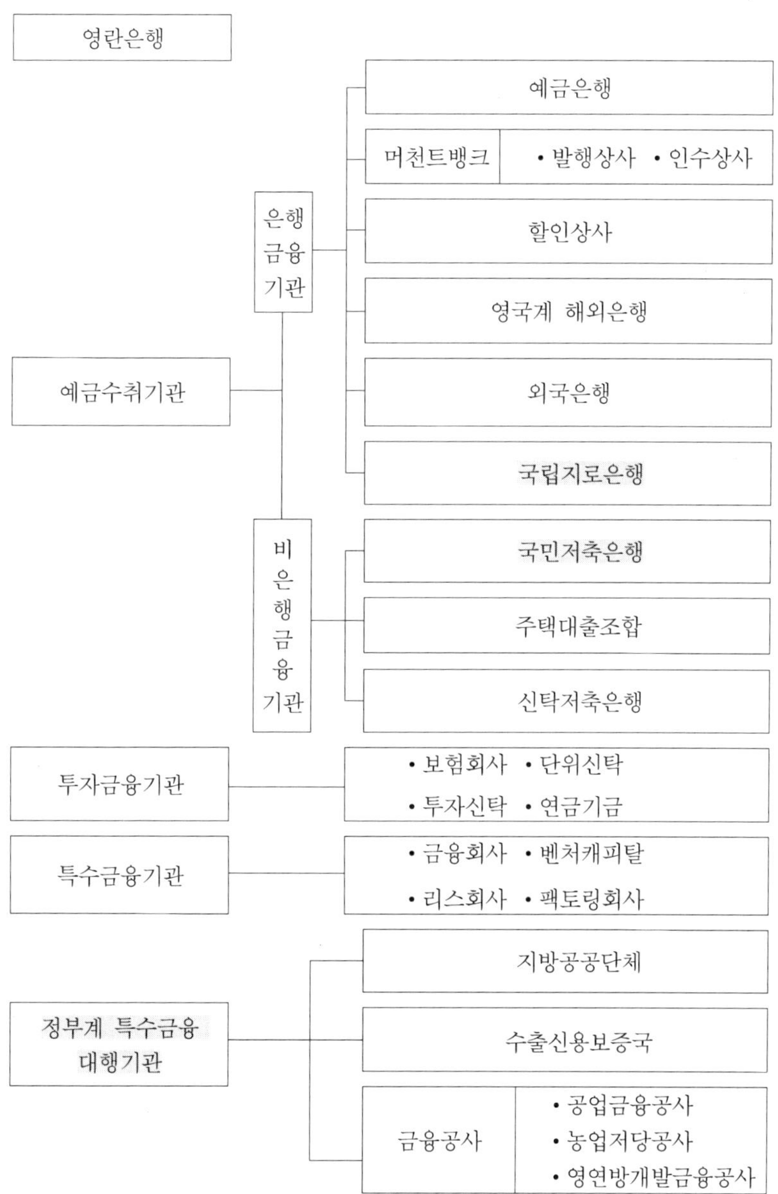

주 : 1) 강조 표시 금융기관은 모두 공적 금융기관

자료 : 강병호·조성종(1996)

자산이 예금수취기관에서 차지하는 비중은 약 1%에 불과하여 영국의 금융기관도 거의 전부가 사적자본에 의해 소유되고 있다.

독 일

독일의 경우 대표적인 공영금융기관으로는 일반은행 가운데 저축은행그룹과 전국신협중앙회(Deutsche Genossenschafts-Bank ; DG Bank)를 들 수 있으며, 특수은행 가운데는 우편은행과 일부 특별목적 금융기관 등이 해당된다.

금융기관 가운데 최대의 점포망을 보유하고 있는 저축은행(Spar-kasse)[6]은 저축은행법[7]에 의해 설립되고 지방정부에 의해 소유되고 있으며, 신용협동조합 가운데 해당 업종 종사자에 의해 설립된 단위신협(Kreditgenossenschaft)과 그 상위조직인 지역신협중앙은행(Genossenschaftliche Zentralbank)은 민간금융기관이나 최상위기구인 DG Bank는 정부가 일부를 출자[8]한 공영금융기관이다. 특수은행[9] 가운데

---

6) 다만 소수의 자유저축은행(Freie Sparkasse)은 사단법인이나 재단법인의 형태로 설립된 민영금융기관이다.

7) 저축은행그룹은 단위 저축은행, 그 상위기구인 주립지로은행(Landesbank Girozentrale)과 최상위기구인 독일지로은행(Deutsche Girozentrale)의 3단계로 되어 있는데, 이 가운데 독일지로은행은 연방법에 따라 설립되었다.

8) 지역신협중앙은행은 전국적으로 주 단위 상위기구가 있는 저축은행그룹과는 달리 모든 주에 설치되어 있지는 않고 3개 주에만 설치되어 있으며, 단위신협의 출자로 설립되었다. DG Bank는 단위신협과 지역신협중앙은행, 정부(지분 0.5% 등의 출자로 설립되었다.

9) ·우편은행은 전국의 2만여 개의 우체국(Postdienst)을 점포망으로 하여 예금, 내외국환 지급서비스, 증권거래, 투신과 보험상품 등을 취급하고 있는 100% 정부출자은행이다.
·저당은행은 개인의 주택구입자금 대출 등 부동산금융업무를 주로 취급하고 있는데, 이 가운데 공영 저당은행으로는 지주금융조합(Landschaft), 봉건영주조합(Ritterschaft), 도시금융조합(Stadtschaft) 등이 있다.
·건축대부조합은 주택의 취득, 개축과 보수자금 대출 등을 목적으로 하는 특수금융기관으로, 사법에 따라 주식회사 형태로 설립된 민영조합과 공법

〔그림 3〕　　　　　　　　　독일의 금융기관 개요

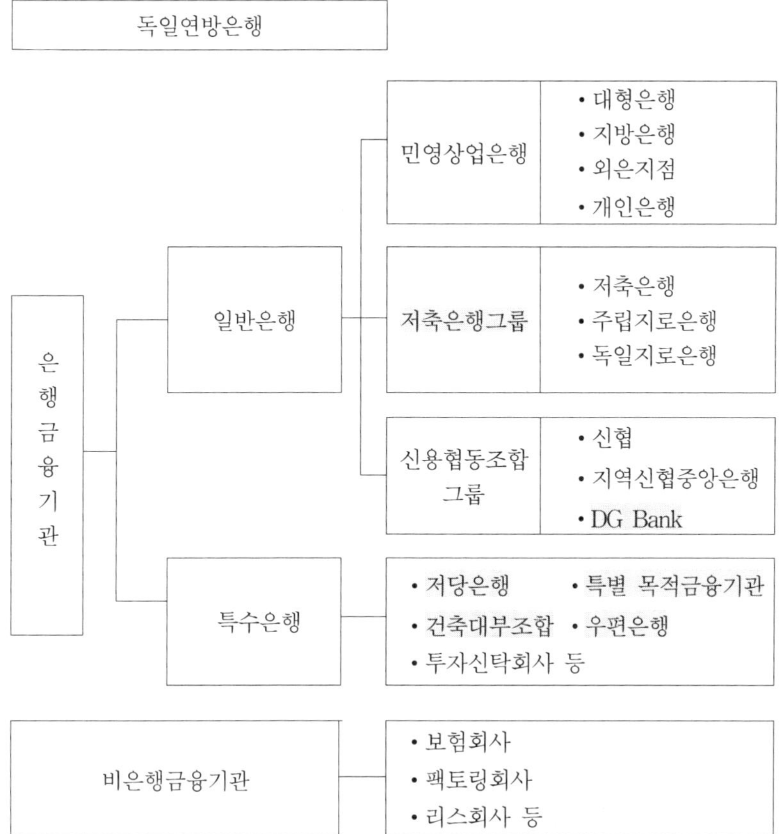

주 : 1) 강조 표시 금융기관은 전부 또는 일부가 공적 금융기관

에 따라 주로 금융기관 출자에 의해 설립된 공영조합으로 구분된다.
특별목적금융기관이란 경제정책적 목적을 위해 설립된 금융기관으로서, 이 가운데 공적 금융기관으로는 부흥금융금고(KFW, 경제부흥에 필요한 자금지원), 독일주택토지렌텐은행(DSL Bank, 농촌지역대출), 농업렌텐은행(Landwirtschaftliche Rentenbank, 농업부문에 대한 중장기 자금공급), 독일조정은행(Deutsche Ausgleichsbank, 중소기업 환경보호와 기술개발 등에 필요한 자금지원) 등이 있다.

는 우편은행(Postbank)과 공영 저당은행(Grundkreditanstalt), 공영 건축대부조합(Bausparkasse), 그리고 일부 특별목적 금융기관이 공영 금융기관 역할을 수행하고 있다.

이러한 공영금융기관이 은행산업에서 차지하는 비중은 금융기관 수에서는 20%에 미치지 못하고 있으나 총자산, 수신과 여신 기준으로는 40~50%에 이르고 있다. 특히 저축은행이 은행금융기관에서 금융기관 수 기준으로 약 18%, 총자산과 여·수신 기준으로 36~39%의 비중을 차지하고 있어 독일 공영 금융기관을 주도하고 있다.

〔표 3〕 독일 은행금융기관 가운데 공영금융기관[1]의 비중

(1998년 3월말 현재)　　　　단위 : 10억마르크, 개, %

	총 자 산	여 신	수 신	금융기관수
일반은행	7,052.3(75.9)	6,631.3(75.3)	5,277.8(83.5)	3,355(98.4)
민영상업은행	2,369.7(25.5)	2,183.0(24.8)	1,702.5(26.9)	325(9.5)
저축은행그룹	3,369.1(36.2)	3,207.0(36.4)	2,478.5(39.2)	609(17.9)
지로중앙은행[2]	1,674.9(18.0)	1,596.4(18.1)	1,010.8(16.0)	13(0.4)
저축은행	1,694.2(18.2)	1,610.6(18.3)	1,467.7(23.2)	596(17.5)
신용협동조합 그룹	1,313.5(14.1)	1,241.3(14.1)	1,096.8(17.4)	2,421(71.0)
DG Bank 등[3]	343.5(3.7)	319.7(3.6)	252.1(4.0)	4(0.1)
신용협동조합	970.0(10.4)	921.6(10.5)	844.7(13.4)	2,417(70.9)
특수은행	2,243.6(24.1)	2,171.9(24.7)	1,043.9(16.5)	53(1.6)
저당은행	1,371.9(14.8)	1,328.3(15.1)	476.7(7.5)	35(1.0)
특별목적금융 기관[4]	871.7(9.4)	843.6(9.6)	567.2(9.0)	18(0.5)
합 계	9,295.9(100.0)	8,803.1(100.0)	6,321.6(100.0)	3,408(100.0)

주 : 1) 강조 표시 금융기관은 전부 또는 일부가 공적 금융기관
　　 2) 주립지로은행과 독일지로은행
　　 3) 지역신협중앙은행과 DG Bank
　　 4) 우편은행 포함
　　 5) 괄호 안은 비중
자료 : Deuche Bundesbank, *Deuche Bundesbank Monthly Report* 각호

프랑스

프랑스의 경우 조합은행과 도시신용금고 등이 공영 금융기관의 성격을 갖는 데다 1982년 사회당 정부 출범 이후 일반은행의 국유화가 단행됨에 따라 국가 자본에 의해 소유되고 있는 금융기관이 많아졌다.

일반은행은 1982년의 국유화 조치로 인해 거의 모두 국유화되었으나 1986년 3월에 집권한 자크 시락의 보수당 정권은 은행을 포함한 모든 국영기업의 민영화를 결정하여[10] 파리바(Pariba), 소시에테제네랄(Société Générale), 엥도수에즈(Indo-suez), 파리국립은행(BNP) 등 주요 은행의 민영화가 이루어졌는데, 크레디리요네(Crédit Lyonnais) 등 일부 은행은 아직 국영은행으로 영업중이다.

조합은행(Banques Mutualistes Coopératives)은 조합 형태의 특수은행으로서 농업·중소기업에 대한 대출 등을 취급하는데, 서민은행·농업은행·상호은행 등이 이에 해당된다.[11] 도시신용금고(Caisse de Crédit Municipal)는 개인대출과 지방공공단체의 대리업무를 수행하는 지방공공금융기관이며, 저축금고(Caisse d'Épargne)는 저축 전문 금융기관으로 민영의 저축공제금고와 전국의 우체국을 창구로 하는

---

10) 1988년 사회당 내각의 출범으로 민영화 정책은 한동안 동결되었으나 1993년 보수당의 재집권 이후 국영기업 민영화법이 제정(1993.7)되어 민영화 정책이 다시 추진되었다.

11) ·서민은행(Banques Populaires)은 상인, 수공업자와 소기업자를 지원하기 위한 협동조합으로서, 기초조직인 지역은행과 지역은행의 잉여자금 또는 보유증권의 운용 등 자금관리를 대행하는 서민은행중앙금고로 구성된다.
·농업은행(Crédit Agricole)은 농업금융과 장기주택금융 등을 주로 취급하는데, 기초조직인 지방금고와 상위조직인 지역금고로 구성되며, 조합은행 가운데 가장 방대한 조직을 갖추고 있다.
·상호은행(Crédit Mutuel)은 주택자금, 기계설비자금, 사업유통자금 등을 주로 공여하는데, 기초조직인 지방금고와 상위조직인 연합금고과 중앙금고 등으로 구성된다.

〔그림 4〕 　　　　　　　　프랑스의 금융기관[1] 개요

프랑스 은행	
일 반 은 행	• 국영은행 • 민영은행 • 외국은행
조 합 은 행	• 서민은행 • 농업은행 • 상호은행 등
도시신용금고	
저 축 금 고	• 국민저축금고 • 저축공제금고
금 융 회 사	
특수금융기관	• 국민은행 • 중소기업은행 • 프랑스주택은행 • 건축은행 • 지역개발회사 등

주 : 1) 강조 표시 금융기관은 전부 또는 일부가 국가자본에 의해 소유
  2) 1984년 제정된 신은행법에서는 각 금융기관(프랑스은행 제외)이 해당 기관의 협회
    또는 중앙회 등에 가입하고, 해당 협회 또는 중앙회는 프랑스 금융기관협의회에 가
    입이 의무화되어 있는데, 프랑스 금융기관협의회는 은행감독위원회, 금융기관위원
    회, 금융규제위원회 등 감독당국에 대해 가맹금융기관을 대표함

국영기관인 국민저축금고로 구성되어 있다. 특수금융기관(Institution
Financiéres Spécialisées)은 도시개발, 중소기업 지원, 고속도로 건설
등 항구적 공익임무를 주로 수행하는 정부보조기관[12]이다.

  공적자본이 소유하고 있는 금융기관의 비중을 보면 여·수신이 모두
50%를 웃돌고 있다.

---

12) 특수금융기관은 대부분 半官半民의 형태로 정부, 일반은행, 서민은행, 저축
  금고 등이 출자하여 설립한 경우가 많다.

〔표 4〕   프랑스 금융기관 가운데 공적 금융기관[1]의 비중
(1998년 6월말 현재)   단위 : 100만프랑, 개, %

	총자산	여 신	수 신	금융기관수[2]
은 행	13,882.9(66.0)	4,133.3(60.1)	1,848.7(61.6)	534(25.9)
프랑스은행[3]	557.9(2.7)	24.2(0.4)	4.1(0.1)	1(0.0)
일반은행	9,952.0(47.3)	2,436.7(35.4)	894.8(29.8)	386(18.7)
조합은행	3,240.0(15.4)	1,663.1(24.2)	948.8(31.6)	127(6.2)
도시신용금고	133.0(0.6)	9.3(0.1)	1.0(0.0)	20(1.0)
저축금고	3,988.5(19.0)	1,170.4(17.0)	1,131.2(37.7)	36(1.7)
국민저축금고	–	29.7(0.4)	375.5(12.5)	1(0.0)
예금공탁금고[4]	–	716.9(10.4)	91.2(3.0)	1(0.0)
저축공제금고	–	423.8(6.2)	664.5(22.2)	34(1.6)
금융회사[5]	1.996.4(9.5)	825.9(12.0)	16.0(0.5)	680(33.0)
특수금융기관	1,172.9(5.6)	744.6(10.8)	3.2(0.1)	29(1.4)
합 계	21,040.7(100.0)	6,874.2(100.0)	2,999.1(100.0)	1,279(100.0)

주 : 1) 강조 표시 금융기관은 전부 또는 일부가 국가자본에 의해 소유
   2) 1997년말 기준
   3) 프랑스은행은 중앙은행이지만 일반국민을 대상으로 한 예금과 대출 등 상업은행업
      무를 겸하고 있음
   4) 예금공탁금고(Caisse des dépôts et consignations)는 은행법상 금융기관으로 분류
      되어 있지 않으나 국민저축금고 등으로부터 예탁금을 받아 지방자치단체의 투자자
      금, 저소득층과 중산층의 주택자금 등을 지원하는 공적 기관
   5) 금융기관수에는 증권회사를 포함
   6) 괄호 안은 비중
자료 : Banque de France, *Annual Report 1998 & Bulletin 1999 1/4*

일 본

일본의 금융기관은 민간금융기관과 정부가 전액 출자한 공적 금융
기관으로 분류할 수 있다.

공적 금융기관 가운데 특수은행으로는 일본개발은행과 일본수출입
은행이 있는데, 각각 경제개발과 수출진흥을 위한 장기자금 지원 목적

〔그림 5〕　　　　　　　일본의 금융기관 개요

일본은행

민간금융기관	예금취급 금융기관	상업은행	• 도시은행　　• 지방은행 • 제2지방은행　• 외국환전문은행 • 외국은행
		장기금융기관	• 장기신용은행　• 신탁은행
		협동조직 금융기관	• 신용금고　　• 신용조합 • 노동금고　　• 농업협동조합 • 어업협동조합
		협동조직 금융기관의 중앙기관 등	• 전국신용금고연합회 • 전국신용협동조합연합회 • 노동금고연합회 • 농림중앙금고 • 상공조합중앙금고
	기타금융 기관		• 증권관련기관　• 보험기관 • 소비자신용기관　• 사업자신용기관 • 저당증권회사　• 단자회사

공적금융기관	특수은행	• 일본개발은행　• 일본수출입은행
	공고	• 국민금융금고 • 중소기업금융금고 • 중소기업신용보증금고 • 환경위생금융금고 • 주택금융공고 • 농림어업금융금고 • 공영기업금융금고 • 북해도동북개발공고 • 오키나와진흥개발금융금고
	기타	• 우체국　• 해외경제협력기금 • 산업특별회계　• 사업단용자 등

주 : 강조 표시된 금융기관은 모두 공영금융기관

자료 : 日本銀行 金融研究所,《日本の金融制度》, 1995

으로 1950년대 초 정부의 전액출자에 의해 설립되었다. 특정 부문에
대한 장기저리자금의 지원목적에 따라 설립된 공적 금융기관인 公庫
로는 국민금융금고, 중소기업금융금고, 주택금융공고 등이 있으며, 다
른 공적 금융기관으로는 우체국과 공공사업 수행 등 특정의 행정적
목적을 위해 설치한 각종 사업단 등이 있다. 한편 상공조합중앙금고는
중소기업협동조합과 다른 중소기업단체에 대한 금융지원을 위해 정
부가 일부 출자[13]하여 설립한 특수법인으로, 소속단체와 구성원의 예

〔표 5〕 　　　　**일본 금융기관 가운데 공적 금융기관[1]의 비중**

(1998년 6월말 현재)　　　　　　　　단위 : 조엔, 개, %

	총자산	여신	수신	금융기관수[2]
예금취급 금융기관	1,565.7(93.4)	739.3(83.4)	844.5(100.0)	3,953(99.7)
상업은행	1,029.0(61.4)	496.5(56.0)	503.1(59.6)	140(3.5)
장기금융기관	157.6(9.4)	83.9(9.5)	43.7(5.2)	10(0.3)
협동조직 금융기관	221.6(13.2)	114.3(12.9)	202.2(23.9)	3,749(94.6)
협동조직 금융기관의 중앙기관	157.5(9.4)	44.6(5.0)	95.5(11.3)	54(1.4)
(상공조합중앙금고)	14.2(0.8)	11.2(1.3)	2.2(0.3)	1(0.0)
공적 금융기관	110.5(6.6)	146.9(16.6)	–	11(0.3)
특수은행	19.2(1.1)	26.4(3.0)	–	2(0.0)
公　庫	91.3(5.4)	120.5(13.6)	–	9(0.2)
합 계	1,676.2(100.0)	886.2(100.0)	844.5(100.0)	3,964(100.0)

주 : 1) 강조 표시 금융기관은 공영금융기관
　　2) 외국은행 지점 제외, 1993년말 기준
　　3) 괄호 안은 비중
자료 : 日本銀行 調査統計局,《經濟統計月報》, 1999. 1 ; 日本銀行 金融硏究所,《日本の金
　　　融制度》, 1995

---

13) 농림어업금융을 수행하는 조합계통 금융기관의 최상위조직인 農林中央金
　　庫도 정부가 출자지분을 일부 소유하고 있었으나, 1986년 농림중앙금고법
　　개정에 따라 정부출자규정이 삭제되어 현재는 민간법인으로 영업중이다.

금 이외에 상공채권 발행을 통해 자금을 조달하고 있다.

공적 금융기관이 여신에서 차지하는 비중은 18%이며, 총자산에서 차지하는 비중은 약 7%이다.

(2) 은행의 소유구조

주요 선진국 은행의 소유구조를 보면 주식소유가 기관투자가와 개인 등을 중심으로 광범위하게 분산되어 있으며, 산업자본이 은행의 지배주주인 경우는 거의 없다. 다만 프랑스의 경우 국영 상업은행은 정부의 지분이 매우 높은 편이며, 민영화가 이루어진 상업은행의 대주주는 대부분 민영화된 과거 국영 보험회사, 은행 등 기관투자가이다.

주요 선진국에서 산업자본이 은행을 지배하지 않는 것은 먼저 미국과 영국의 경우 일찍부터 자본시장이 발달하여 산업화에 필요한 자금을 자본시장에서 쉽게 조달할 수 있었던 데다가 19세기부터 독과점과 산업자본의 금융자본 지배 폐해에 대한 인식이 광범위하게 확산, 수용되었기 때문이다. 나아가 船團型 경영의 장기 비효율 때문에 산업자본이 은행을 소유하거나 지배하려는 유인도 크지 않았다.

반면 영국과 미국보다 산업화가 늦었던 독일, 프랑스와 일본의 경우에는 자본의 원시축적이 늦은 상황에서 산업화를 추진하기 위한 재원조달이 긴요해짐에 따라, 19세기 후반 정부주도로 설립된 은행이 산업자금 공급의 중심 역할을 수행하면서 산업자본을 지배하는 관계를 형성하였다. 이 나라의 은행은 단기상업금융 외에도 기업에 대한 거액의 장기신용 공여와 직접출자 등의 업무를 담당하였다.

미 국

미국의 경우 대형은행 주식의 대부분은 은행지주회사가 소유하고 있으며, 은행지주회사의 대주주는 투자회사, 보험회사, 연금기금 등

주로 기관투자가이다. 주요 은행지주회사의 소유현황을 보면, 최대주
주의 지분은 3~8%이고, 지분이 5% 이상인 대주주는 없는 경우가 많
으며, 지분이 1% 이상인 대주주는 10~15개이다.

또한 미국 의회의 패트만 보고서(Patman Report)와 메트칼프 보고
서(Metcalf Report)[14]에 따르면 기관투자가가 은행주식을 보유하는 목
적도 경영권 장악보다 안정적 투자수익 확보에 있다.

[표 6]　　　　　　미국 주요 은행지주회사의 대주주 분포

(1998년말 현재)　　　　　　　　　　단위 : 개, %

	지분 5% 이상	지분 3~5%	지분 1~3%	계
Citicorp	–	2(7.5)	9(14.7)	11(22.2)
BankAmerica Corp.	–	1(3.3)	12(19.7)	13(23.0)
J. P. Morgan & Co. Inc.	1(7.8)	1(3.3)	8(15.5)	10(26.5)
Chase Manhattan Corp.	–	1(4.2)	13(23.9)	14(28.1)
Bank One Corp.	–	1(4.0)	10(17.0)	11(21.0)
Wells Fargo Corp.	–	3(12.0)	12(19.7)	15(31.7)

주 : 1) 지분 1% 이상인 대주주의 수
　　 2) 괄호 안은 해당 주주의 지분 합계
자료 : 한국은행 뉴욕사무소

영 국

영국의 경우 주요 은행주식의 소유는 은행, 투자신탁회사 등 기관
투자가를 중심으로 광범위하게 분산되어 있다. 기관투자가가 은행주
식의 약 80% 이상을 소유하고 있으며, 이들 은행의 주주수는 5만~15
만명이다.

---

14) 미국의 주식소유구조와 지배구조 등과 관련하여 패트만 보고서는 미 하원
　　의 은행·통화위원회 소속 국내 금융소위원회가 1967년 조사한 결과를 1968
　　년 보고한 것이며, 메트칼프 보고서는 미 상원 소위원회가 1974년부터 1978
　　년까지에 걸쳐 조사·보고한 결과다(이들 조사보고의 구체직인 내용은 松井
　　和夫(1986) 참조).

[표 7]　　　　　　　　　　영국 주요 은행의 주주 구성[1]

(1997년말 현재)　　　　　　　　　　단위 : %

	개인	Nominee company[2] 은행, 투신 등	보험 회사	연금 기금	병원, 지자체 등	기타 회사	계
Barclays	10.1	83.2	1.5	1.5	–	3.7	100.0
Natwest	10.0	84.1	1.0	1.4	2.5	1.1	100.0
Bank of Scotland	12.8	82.5	1.3	0.1	0.5	2.7	100.0

주 : 1) 소유자별 은행주식의 분포
　　2) Nominee company란 은행이 대출담보로 고객으로부터 취득한 주식을 관리하기
　　　　위해 별도로 설립한 회사임
　자료 : 한국은행 런던사무소

독 일

독일 3대 은행의 경우 주주수가 20만~40만명에 이르며 지분 1%
이상인 대주주는 2~4개에 불과하다.

최대주주의 지분을 보면 도이치은행(Deutsche Bank)과 코메르츠은
행(Commerzbank)은 3~5%에 불과한 반면 드레스드너은행(Dresdner
Bank)의 경우는 20%를 웃돈다. 그러나 지분이 1% 이상인 대주주는
3대 은행 모두 2~4개이며, 지분이 1% 미만인 소액주주는 자기 은행
직원이 대다수를 차지하고 있다.[15]

[표 8]　　　　　　　　　　독일 3대 은행의 대주주 분포[1]

(1997년말 현재)　　　　　　　　　　단위 : 개, %

	지분 5% 이상	지분 3~5%	지분 1~3%	계
Deutsche Bank	1(5.0)	–	1(1.5)	2(6.5)
Commerzbank	–	1(3.4)	2(2.7)	3(6.1)
Dresdner Bank	3(43.5)	–	1(2.3)	4(45.8)

주 : 1) 지분 1% 이상인 대주주의 수
　　2) 괄호 안은 해당 주주의 지분 합계
　자료 : 한국은행 프랑크푸르트사무소

그러나 어느 은행이든 은행주식을 소유하고 있는 대다수의 소액주주 등으로부터 주식 보관을 수탁하여 소액주주의 의결권을 대리행사(proxy voting)[16]할 수 있기 때문에 자기 은행에 의한 의결권 행사비율이 35~47%에 이르고 있다.

[표 9]　　　　　　　독일 3대 은행의 의결권 행사비율[1]

단위 : %

(a)	의결권 행사비율 (b)				
	Deutsche Bank	Dresdner Bank	Commerz-bank	3대은행 소계	전은행 합계
Deutsche Bank	47.2	9.2	4.0	60.4	97.2
Dresdner Bank	13.4	47.1	3.6	64.1	98.2
Commerzbank	16.3	9.9	34.6	60.8	96.8

주 : 1) (a)은행의 1986년도 주주총회에서 (b)은행이 의결권을 행사한 비율
자료 : Pfeiffer(1993) ; 相澤幸悅(1994)

프랑스

프랑스 은행의 경우 민영은행은 상호출자관계에 있는 보험회사 또는 관련 기업과 종업원의 주식소유 등을 통해 안정주주층[17]이 형성되

---

15) Deutsche Bank의 주식은 자행직원이 20.3%를 소유하고 있는 등 개인주주가 36.4%를 소유하고 있으며, Commerzbank의 주식은 자기 은행직원(27.0%)을 비롯한 개인주주가 49.0%를 소유하고 있다(1997년말 기준).

16) 독일의 경우 주식회사법(Aktiengesetz) 제135조에 따라 금융기관은 서면으로 대리권 행사를 위임받은 경우에 한하여 무기명주식의 의결권을 대리행사할 수 있다.

17) 프랑스 정부는 1986년 민영화 추진시 민영화법을 제정하고 이 법에 따라 민영화 기업의 경영안정을 도모하기 위해 민영화 대상기업의 주식을 인수할 주주의 범위를 제한함으로써 안정주주층(group of stable share-holders ; GSS)의 형성을 도모하였는데, 주식인수를 희망하는 주주는 최소한 18개월에서 36개월간 주식을 보유하여야 하며, 그 이후 3년간은 매각시에도 안정주주층이라고 인정되는 주주에게만 매각할 수 있도록 하였다. 이 법에서는

어 있으며, 국영은행은 정부가 최대지분을 보유하고 있다.

1993년 민영화된 파리국립은행(BNP)의 최대주주는 1994년에 민영화된 보험회사(UAP)이며, 이를 중심으로 업무제휴관계에 있는 기관투자가[18]와 기업 등이 모두 25% 이상의 주식을 소유하여 안정주주층을 형성하고 있다.

1987년에 민영화된 소시에테제네랄(Société Générale) 은행의 경우 주주수가 약 35만명으로 최대주주는 이 은행의 종업원기금이며 다른

〔표 10〕　　　　　　　프랑스 주요 은행의 대주주 구성
(1996년말 현재)

	주주 구성 (지분)	지분 5% 이상 대주주 (지분)
파리국립은행 (BNP)[1]	UAP(12.1%), 안정주주 15개사(13.8%), 개인과 기관투자가(71.6%), 종업원(2.5%)	1개사 (UAP, 12.1%)
Société Générale	개인(16.7%), 종업원(8.0%), 그룹계열사(4.9%), 기관투자가(23.7%), 기업(12.4%), 외국인(34.3%)	1개사 (종업원기금, 6.7%)
Crédit Lyonnais	정부(87.3%), EPFR[2](8.7%), 예금공탁금고(4.0%)	

주 : 1) 1997년 3월말 기준
　　2) EPFR(Etablissement Public de Financement et de Restructuration)는 1994년 경영
　　　이 악화된 Crédit Lyonnais의 부실자산을 인수하고 주식을 취득한 공적 기관임
자료 : 각 은행 연차보고서

안정주주층으로 인정되는 단일주주는 0.5~5.0%의 지분을 갖도록 하였으며, 이에 따라 안정주주층은 대체로 총 15~30%의 지분을 보유하게 되었다(OECD, *Reviews of Foreign Direct Investment : France*, 1996).
18) 프랑스의 기관투자가는 대체로 은행과 보험회사의 상호출자에 따른 업무제휴를 통하여 이른바 방카쉬랑스(Bancassurance)의 형태로 종합금융업무를 취급하고 있으며, 이러한 움직임은 민영화 과정에서 안정주주층의 제한으로 상호출자가 확대되면서 더욱 두드러지게 되었다(OECD, *Economic Surveys : France*, 1997).

대주주는 주로 보험회사와 다른 금융기관으로 구성되어 있는 한편, 안
정주주층으로 인정되는 외국투자가[19]의 지분도 높다. 국영은행인 크레
디리요네(Crédit Lyonnais) 은행은 프랑스 정부가 약 87%의 지분을
소유하고 있다.

일 본

일본의 경우 대형은행이라도 주주수가 많게는 6만~8만명, 적게는
1만~2만명(1997년말 현재)으로 다른 나라에 비해 적은 편이나 주식
이 기관투자가를 중심으로 분산·소유되어 있다.

대형 도시은행의 최대주주는 생명보험회사로서 지분이 3~6% 수
준이며 지분이 1% 이상인 대주주의 수는 9~20개, 이들의 지분 합계
는 21~41%이다.

〔표 11〕　　　　　　　　　일본 주요 도시은행의 대주주 분포[1]

(1995년 3월말 현재)　　　　　　　　　단위 : 개, %

	지분 5% 이상	지분 3~5%	지분 1~3%	계
さくら銀行	-	3 (10.5)	6 (10.7)	9 (21.2)
住友銀行	1 (5.6)	2 (7.7)	16 (23.7)	19 (37.0)
三菱銀行[2]	1 (5.8)	4 (14.0)	8 (11.7)	13 (31.5)
富士銀行	-	1 (4.9)	15 (21.7)	16 (26.6)
東京銀行[3]	2 (11.1)	1 (4.9)	17 (25.1)	20 (41.1)
第一勸業銀行	-	2 (8.4)	10 (16.0)	12 (24.4)

주 : 1) 지분 1% 이상인 대주주의 수
　　 2) 1996년 三菱銀行과 東京銀行이 합병하여 東京三菱銀行이 됨
　　 3) 괄호 안은 해당 주주의 지분 합계
자료 : 한국은행 도쿄사무소

---

19) 외국투자가에 대해서는 민영화 초기부터 모두 안정주주층으로 인정하여 민
　　 영화에 적극적으로 참여토록 하였기 때문에 민영화된 주요 기업의 경우 외
　　 국인의 주식보유 비중이 대체로 높은 편이다(OECD, *Reviews of Foreign
　　 Direct Investment : France*, 1996).

50

다만 6대 계열 소속 대형 도시은행의 경우 동일계열 소속의 금융기관과 기업체가 총 20% 내외의 지분을 소유하고 있다.

〔표 12〕　　　　　일본 6대 계열의 동일계열 소속 도시은행 소유현황

(1995년 3월말 현재)　　　　　　　　단위 : 개, %

계열명	동일계열 도시은행명	동일계열 소속 기업의 지분 합계	최대주주 (지분)
三井系	さくら銀行	16.5	三井生命保險 (3.5)
住友系	住友銀行	18.5	住友生命保險 (5.6)
三菱系	三菱銀行	25.4	明治生命保險 (5.8)
芙蓉系	富士銀行	26.2	安全生命保險 (4.9)
三和系	三和銀行	25.3	日本生命保險 (4.5)
一勸系	第一勸業銀行	20.7	朝日生命保險 (4.6)

자료 : 한국은행 도쿄사무소

(3) 은행의 지배구조

주요 선진국 은행의 지배구조를 보면 어느 나라든 행장과 이사의 선임은 형식상 주주총회에서 결정하나, 행장 선임시 전임 행장의 실질적인 영향력이 크다. 이사(외부이사 포함) 선임도 대부분 행장 또는 이사회 의장의 의견에 따라 이루어진다. 그리고 주식의 광범위한 분산으로 특정 기관, 특정 회사와 개인의 은행지분도 높지 않으므로 산업자본 등 외부세력이 은행 지배구조에 관여하기는 어렵다.

미 국

미국의 경우 대형은행 이사회는 16∼19명으로 구성되어 있는데, 이 중 외부이사가 13∼16명으로 약 80%의 비중을 차지하고 있으며, 일반적으로 최고경영자인 행장이 이사회 의장으로서 내부이사는 물론 외부이사의 선임에도 영향력을 행사하여 이사회를 지배하고 있다.

　　행장은 이사회의 행장 선임위원회에서 지명하나 실질적으로는 전임 행장의 영향력이 가장 크며, 행장이 이사회 의장을 겸임하는 경우가 많다. 이사는 대부분 외부이사로서 구성되는 추천위원회의 추천을 거쳐 주주총회에서 선임되지만 이사회 의장 또는 행장이 실질적인 영향력을 행사하고 있다.

　　한편 기업체 임원이 은행의 외부이사로 선임되는 경우가 있는데, 이 경우에는 해당 은행도 그 기업에 임원을 파견함으로써 상호협조를 통해 경영권을 안정적으로 유지하고 있다.

〔표 13〕　　　　　　　　　**미국 주요 은행의 이사회 구성**

(1999년 4월말 현재)　　　　　　　　　　　단위 : 명

	Citibank	J. P. Morgan	Bank of America
이 사 수	17	16	19
내부이사	2	3	3
외부이사	15	13	16
(기업경영진)	(10)	(7)	(13)
(교수·연구원)	(1)	(2)	(2)
(언론계)	(1)	(1)	(-)
(변호사·회계사)	(2)	(-)	(-)
(기타)	(1)	(3)	(1)
행장의 이사회의장 겸임 여부	겸임	겸임	겸임

자료 : 각 은행 연차보고서 ; Bloomberg

영 국

　　영국의 경우 미국과 비슷한 이사회 제도를 운영하고 있으나, 외부이사의 비중(약 60~70%)은 다소 낮으며, 행장과 이사회 의장이 동일인이 아닌 경우가 많다.

　　행장은 형식상 이사회 또는 행장 선임위원회에서 선출되나 실질적으로는 행내에서 자연스럽게 부각된 인물이 선임되며, 내부이사와 더

불어 일상적인 업무집행에 관한 주요 결정을 담당한다. 이사는 이사회의 추천에 의해 주주총회에서 선임되는데, 선임 또는 해임시 14일 이내에 금융감독청(Financial Services Authority)으로부터 인가를 받아야 한다.

주요 은행의 이사회는 통상 15명 내외의 이사로 구성되며, 이 가운데 외부이사는 10명 내외로 주로 기업의 전문경영인, 교수 등으로 구성되어 있다.

〔표 14〕 **영국 주요 은행의 이사회 구성**

(1999년 4월말 현재)　　　　　　　　　　단위 : 명

	Barclays	Natwest	HSBC
이사수	12	15	19
내부이사	5	5	8
외부이사	7	10	11
(기업경영진)	(7)	(6)	(9)
(교수·연구원)	(-)	(2)	(-)
(언론계)	(-)	(-)	(-)
(변호사·회계사)	(-)	(-)	(1)
(기타)	(-)	(2)	(1)
행장의 이사회의장 겸임 여부	분리	분리	분리

자료 : 각 은행 연차보고서 ; Bloomberg

독 일

독일의 경우 은행이사회는 기업과 마찬가지로 주주와 공동결정법에 따른 종업원 대표[20]로 구성되는 감독이사회(Aufsichtsrat)와 감독

---

20) 은행직원은 공동결정법(Mitbestimmungsgesetz ; Codetermination Act)에 따라 종업원 대표로서 감독이사회에 참여하는데, 공동결정법은 종업원 500명 이상인 모든 유한책임회사에 적용된다. 공동결정법에 따르면 종업원수 500명 이상 2,000명 미만의 기업의 감독위원회는 주주대표 2/3, 종업원대표

이사회에서 선출된 이사로 구성되는 경영이사회(Vorstand)로 이원화
되어 있다. 경영이사회는 경영집행에 대한 책임을 지고 경영정책과 경
영실적 등을 감독이사회에 정기적으로 보고할 의무를 지닌다.

3대 은행의 경우 감독이사는 20명, 경영이사는 8~11명이며, 이 가
운데 감독이사의 50%는 외부이사로 구성되는 한편 감독이사회 의장
(chairman)은 경영이사회의 추천으로 주주총회에서 선임되는데, 전임
경영이사회 의장(spokesman)이 맡는 경우가 많다.

경영이사회 의장은 행장으로서 내외로 은행을 대표하는데, 감독이
사회에서 선임되며, 경영이사도 감독이사회에서 선임한다. 주주를 대
표하여 감독이사회에 참여하는 외부이사의 경우 대부분 경영이사회
출신이며 여러 회사의 감독이사를 겸직하는 것이 일반적이다.

한편 은행은 이사의 任免을 연방감독청과 연방은행에 신고해야 하
며, 신뢰성과 은행업무에 관한 충분한 이론적 실무적 지식과 경영 경
험 등 이사의 자격요건을 충족하지 못할 경우, 연방감독청은 당행 은

[표 15]　　　　　　　　**독일 주요 은행의 이사회 구성**

(1999년 7월말 현재)　　　　　　　　단위 : 명

	Deutsche Bank	Dresdner Bank	Commerzbank
경영이사회	8	11	11
감독이사회	20	20	20
(종업원대표)	(10)	(10)	(10)
(주주대표)	(10)	(10)	(10)
〈기업인〉	〈8〉	〈9〉	〈5〉
〈금융인〉	〈-〉	〈1〉	〈5〉
〈기　타〉	〈2〉	〈-〉	〈-〉
계	28	31	31

자료 : 각 은행 연차보고서 ; Bloomberg

1/3로 구성되며, 종업원수 2,000명 이상인 기업의 감독위원회는 주주대표
1/2과 종업원대표 1/2로 구성된다.

행의 경영진이 적절한 경영능력을 갖추지 못한 것으로 보고 은행 인
가를 취소할 수 있다.

프랑스

프랑스 주요 은행의 이사회는 독일과는 달리 감독이사회와 경영이
사회의 구분이 없으며,[21] 외부이사의 비중은 높은 편이나 이사회 의장
(Président Directeur Général)이 행장을 겸임하는 경우가 많다

3대 은행(BNP, Société Générale, Crédit Lyonnais)의 경우 이사회
는 주주총회에서 선임되는 15~17명의 이사로 구성되는데, 이사 선임
시 이사회 의장의 영향력이 크며 대주주와 소액주주 대표, 은행과 경
영진 상호파견 관계에 있는 기업의 임원 등으로 구성되는 외부이사는
9~12명이다. 내부이사 가운데에는 2~3명의 은행직원 대표가 포함되
나 이들은 회사법[22]에 따라 의결권을 갖지는 못한다.

한편 일상적인 업무집행은 내부 집행간부만으로 구성된 경영위원

[표 16]　　　　　　**프랑스 주요 은행의 이사회 구성**

(1996년말 현재)　　　　　　단위 : 명

	파리국립은행(BNP)	Société Générale	Crédit Lyonnais
내부이사	6	5	‥
외부이사	9	12	‥
계	15	17	17

자료 : 각 은행 연차보고서

---

21) 프랑스의 경우 독일 회사제도의 영향을 받아 1966년에 이원적 이사회제도
(two-tier board system)를 도입하였으나 실제로 대부분의 기업은 일원적
이사회제도(unitary board system)를 유지하고 있다.
22) 프랑스 회사법은 종업원 50명 이상인 회사의 경우 종업원 대표에게 이사회
에 참석하여 의견을 개진할 권리를 부여한다.

회[23]에서 이루어지고, 이사회는 이를 감독할 권리만을 갖게 되는데, 행장을 겸임하는 이사회 의장의 영향력이 큰 데다 외부이사도 주식상호보유로 여러 기업의 이사를 겸임하는 경우가 많아 이사회의 경영감시 기능은 미약하다.

일 본

일본의 경우, 주요 은행은 이사회 의장과 행장이 다른 경우가 많으나 대체로 이사회 의장에는 전임 행장이 선임되며, 외부이사는 거의 없다.

대형 도시은행의 이사회는 18~47명의 이사로 구성되어 있는데, 주요 의사결정은 이사회 의장 또는 행장이 중심이 된 常務會(또는 경영회의)[24]에서 이루어지며, 이사회의 결의는 형식적인 절차에 불과하다.

〔표 17〕 **일본 주요 도시은행의 이사회 구성**

(1999년 3월말 현재) 단위 : 명

	東京三菱銀行	住友銀行	さくら銀行	富士銀行	三和銀行	第一勸業銀行
이 사 수	47	18	45	35	35	32
(상무회)[1]	26	9	8	16	9	20
외부이사	0	3	0	0	0	0
행장의 이사회 의장 겸임 여부	분리	분리	분리	분리	분리	겸임

주 : 1) 住友銀行, さくら銀行, 三和銀行은 전무 이상이 참석하며 나머지 은행은 상무 이상이 참석
자료 : 각 은행 연차보고서

---

23) 경영위원회의 위원장은 이사회 의장이 겸임하고 있는 등 이사회의 내부이사 가운데 일부는 경영위원회의 위원을 겸임한다.
24) 상무회(또는 경영회의)는 은행마다 그 구성원이 다소 다른데, 이사 가운데 상무이사 또는 전무이사 이상으로 구성되는 반면 이사회는 모든 이사로 구성된다.

행장은 형식상 이사회에서 선임되지만 전임 행장이 주도적으로 결정한다. 전임 행장은 사전에 형식적으로 동일계열 소속 사장단 등의 의견을 청취하지만, 실질적으로는 행내에서 부각된 인물을 차기 행장으로 선임한다. 이사는 주주총회에서 선임되나 행장이 이사 선임에 절대적인 영향력을 행사하고 있다.

나. 정부의 역할

은행은 유동성이 크고 만기가 짧은 부채를 조달하여 유동성이 작고 만기가 긴 자산으로 운영하므로 비은행금융기관보다 더 큰 유동성 리스크에 직면할 수 있고, 은행의 유동성 부족으로 인한 파산의 파급효과는 전반적인 공황으로 이어질 수 있다. 이와 같이 은행이 갖는 특수성 때문에 은행은 예금보험이나 최종대부 제공 등 공적 보호를 받는 한편 특별한 규제도 받는다.[25]

은행을 규제하는 법규와 제도가 추구하는 일반적인 목표는 예금자의 보호, 금융시스템의 안전을 통한 거시경제의 안정, 효율적이고 경쟁적인 금융시스템의 보장, 은행으로부터 침해당할 수 있는 고객이익의 보호 등(Spong 1990)인데, 국가에 따라 그리고 시대에 따라 우선하는 목표가 다르게 나타난다.

미국과 영국(캐나다, 뉴질랜드 등 영연방 국가 포함)의 경우, 이러한 일반적인 규제의 목표를 추구하고 있고, 독일과 프랑스 등 유럽대륙 국가와 일본의 경우는 일반적 목표와 함께 산업정책에 대한 지원을 중시하여 왔다.

---

25) 은행의 특수성과 규제의 필요성에 관한 논의는 함정호(1996), Becketti & Morris(1992), Corrigan(1982, 1987) 등을 참조.

나라마다 규제목표가 다른 것은 서로 역사발전과정이 다르기 때문이다. 여기에는 경제발전 단계, 사회구성원 간의 의견조정 방법, 그리고 법체계[26]까지도 포함된다(Steinherr & Huveneers 1993).

영·미의 경우 영국에서 태동한 주민자치사상에 기초한 자유민주주의가 부단히 발전해 왔고 사유재산권이 존중되어 왔다. 반면 독일, 프랑스 등은 근·현대사에서 민주주의가 왕정과 제정(프랑스) 혹은 전체주의(독일)의 등장으로 약화 또는 중단되는 등 단체자치사상이 지배하여 사유재산권 보호에 관해 부침이 있었다. 특히 프랑스의 경우 최근까지도 정권의 교체 때마다 기간산업이 국유화와 민영화를 반복하기도 하였다. 이러한 과정에서 사유재산권에 대한 보호와 시장에 의한 자원배분이 영·미만큼 충분히 이루어지지 못하였다. 이에 따라 정부

---

26) 영·미법의 특징으로는 판례법주의, 법의 지배, 배심원제도 등을 들 수 있다. 특히 영·미의 '법의 지배의 원리'(doctrine of rule of law)란 법이 국가의 행정, 입법과 사법 등의 모든 권력보다 상위에 존재하며, 따라서 모든 국가권력이 법에 복종하여야 함을 의미한다. 이와 대비하여 대륙법 체계하에서는 법치주의가 발전되어 왔는데, 법치주의(Konstitutionalismus)란 정부가 국민의 자유와 권리에 관련된 사항을 규율하고자 하는 경우에는 반드시 의회가 제정한 법률에 따라서 행하여야 한다는 원리다. 이러한 대륙법상 법치주의의 개념은 영·미법의 법의 지배원리와 비교할 때 다음과 같은 차이가 있다. 첫째, 법의 지배의 원리가 입법, 사법, 행정 등 국가권력의 행위를 구속하는 원리임에 반하여 법치주의의 원리는 원칙적으로 행정부의 대국민적 행위를 구속하는 원리다. 둘째, 법의 지배의 원리가 법의 실질적 내용이 정의, 도덕, 이성과 합리성 등을 갖출 것을 요구하고 있음에 반하여 법치주의는 법의 실질적 내용을 문제삼지 아니하고 법으로서의 형식적인 외형만 갖추면 충분하다. 셋째, 행정부의 월권 또는 위법행위 여부의 판단권한을 법의 지배의 원리하에서는 사법부가 행사하나 법치주의의 원리하에서는 행정부 안에 설치된 행정재판소가 행사하는 것이 일반적이다(이상윤,《영미법》, 1996, 30~35쪽). 그리고 私法에서도 영·미는 개인을 존중하는 성향이 강하나 대륙은 사회 전체적인 이익을 보호하는 성향이 강하다. 일본과 우리나라의 법체계는 대륙법의 전통을 이어받았으며, 이에 따라 정부의 개입과 규제의 양식이 또한 대륙국가의 영향을 받았음을 부인할 수 없다.

가 자원배분에 간여하는 정도가 강하였고, 그 실천방법으로 금융기관을 통제하는 경향이 나타났다.

　대륙계 국가가 금융기관을 통한 금융중개를 발전시키게 된 또다른 이유는, 산업화 초기에 자국의 시장이 불완전하여 투자계획의 리스크에 대한 평가가 어려웠으며, 미래 거시경제 움직임에 대한 불확실성이 컸기 때문이다(Steinherr & Huveneers 1993). 금융중개의 기본문제는 불완전하고 비대칭적인 정보를 해소하는 일이며(Stiglitz & Weiss 1981), 지급결제수단을 운영하는 은행은 여기에 큰 장점을 가지고 있다. 대륙국가에서 은행은 통화신용정책뿐만 아니라 산업정책을 보조하기 위한 중요한 역할을 수행하였으며, 여기에는 중앙은행의 역할도 중요하였다. 특히 프랑스, 일본 등은 중앙은행이 은행신용의 직접적인 배분을 통하거나 중앙은행 대출제도를 통해 산업금융을 지원하는 역할을 수행하였다.

　한편 영·미는 일찍부터 자본시장이 기업투자의 리스크를 평가하여 기업금융을 주도적으로 공급하여 왔으며, 정부의 역할은 시장을 조성하고 시장참가자에게 공정한 규율을 제공하는 데 집중되었다. 따라서 은행은 정부의 경영간섭을 받지 않았으며 이윤동기에 의한 독자적인 경영활동을 영위하여 왔다. 은행은 산업자금 공급에서 규모가 작고 대출기간이 주로 단기에 한정되는 등 자본시장을 보완하는 정도의 역할을 수행하였고, 기업과는 일정한 간격을 두는 관계를 유지하게 되었다. 그리고 중앙은행은 정부의 산업정책을 지원하기보다는 단기유동성 조절, 최종대부자 기능, 그리고 금융시스템의 안정성 유지[27]에 충실

---

27) 중앙은행제도는 역사적 진화의 결과이다. 영란은행은 상업은행에서 출발하였지만 부실에 처한 은행에게 유동성을 공급하는 과정에서 점차 최종대부자 기능을 하게 되었으며, 이에 따라 자연히 은행의 유동성을 감시 감독하는 등 금융시스템의 안정을 중요임무로 삼게 되었고, 영국의 중앙은행으로 발전하였다(Goodhart, *The Evolution of Central Banks*, 1985). 또한 그 후

하였다.

시대에 따른 변화를 보면 정부의 역할이 과거에는 금융시스템의 안정을 중시하였으나, 오늘날에 와서는 안전성뿐만 아니라 효율과 경쟁도 함께 추구하는 경향이 지배적이다. 미국의 경우 1930년대 이전에는 자유은행주의에 입각하여 최소한의 규제를 실시하였으나 대공황 시기에 대규모 은행도산을 경험한 뒤에는 안전성(safety), 안정성(stability) 위주로 규제정책을 운용하여 왔으며, 1980년대 들어서는 은행산업이 국제적인 경쟁시대에 들어감에 따라 경쟁과 효율을 강조하고 있다(Sinkey 1986).

또한 과거 정부의 경제정책을 뒷받침하기 위하여 은행에 직접적인 영향력을 행사하던 독일, 프랑스와 일본도 최근에는 은행에 대한 직접적인 규제를 크게 완화하고 경쟁과 효율을 강조하고 있다.

(1) 미국과 영국

(가) 시장 친화적 규제

자유주의 시장경제체제가 일찍부터 발달한 영국과 미국은 금융시장과 금융기관에 대한 직접적인 개입은 하지 않지만 시장 기능을 유지하고 금융기관의 건전성을 보장하기 위한 법적 규제는 엄격하다.

정부는 고객과 주주의 이익을 보호하기 위하여 엄격한 공시관련 법률을 제정·운용함으로써 회사의 경영과 재무상황 등에 관한 정확한 정보가 주주에게 수시로 제공되도록 하고 있다. 또한 정부는 공정한 시장제도를 정착시키기 위해 내부자거래를 강력히 금지하고 있으며, 주식시장에서 위장매매, 담합주문 등도 강력히 통제하고 있다.

설립된 유럽대륙과 미국의 중앙은행도 금융시스템의 안정을 설립시부터 중요 기능으로 채택하였다.

미국의 경우 단기투자자산의 시가평가, 주당 수익률과 주주구성 변화의 보고 의무 등 주주 중심적인 회계·공시제도를 갖추고 있어서 모든 기업정보는 경영자, 채권자, 주주 등 내·외부자에게 공유되며, 소액주주일지라도 기업정보에 대한 접근이 무시되지 않는다. 내부자거래와 시장조작 등 불공정행위에 대해서는 1934년에 제정된 증권거래법(Securities Exchange Act)과 증권거래위원회(Securities and Exchange Commission)의 규칙에 따라 엄격한 규제가 이루어지고 있다.

영국도 미국과 유사한 회계와 공시제도를 갖추고 있다. 회계기준은 주주에 대한 정확한 정보 제공에 목적이 있으며, 공시내용도 명확하고 포괄적인 내용을 수록하도록 규정하고 있다. 내부자거래는 기업증권법(Company Securities Act)에 따라 금지되며 시장조작행위도 금융감독청(Financial Services Authority)의 투자자 보호규정에 따라 규제된다.

이와 같이 정부가 공정하고 투명한 시장여건을 조성하기 때문에 정부가 직접적으로 시장에 개입할 필요가 없으며, 시장 자체가 정부를 대신하여 규제 기능을 하고 있다. 미국의 경우, 경제 내·외부적 요인에 의한 구조적 불균형이 발생하면 이는 시장의 불균형으로 이어지는데, 이때 미국 경제의 특징인 노동력의 신속한 이동과 혁신 등이 시장에서 일어나 불균형이 해소된다. 미국의 시장제도는 이러한 불균형이 발생했을 때 개별 경제주체가 새로운 가격, 새로운 기술, 새로운 제도에 적응해 가는 과정을 도와주는 틀로 이해되며, 이러한 방식으로 작동하는 시장제도가 규제자 역할을 담당한다고 볼 수 있다(Aglietta 1998a).

영·미가 추구하는 시장지상주의에서는 자유롭고 투명한 기업활동과 공정한 경쟁이 보장되며, 기업이나 은행이 부실해졌을 때에도 역시 시장에 따라 정리된다. 이는 독일이나 일본의 경우, 은행과 기업이 Hausbank나 main-bank 관계하에서 기업이 부실에 빠지지 않도록 은행이 지속적으로 감시와 보호를 해줄 뿐만 아니라 부실해질 때에는 구제 또는 구조조정 등의 역할을 수행하며, 정부도 은행이나 기업의 부실에 책임을 지고 주도적으로 정리에 나선다는 점과 대조적이다.

(나) 강한 건전성 규제

은행에 대한 규제는 정부가 은행경영에 직·간접적으로 영향력을 행사해 온 프랑스·일본 등과는 달리 사전 건전성 확보에 중점을 두고 있다. 건전성 규제가 강한 이유는 영·미가 대륙계 국가보다 일찍이 은행의 연쇄도산을 경험하였기 때문이다.

영국은 이미 1866년에 Overend Gurney 은행의 부실[28]에서 비롯된 일련의 은행도산 위험을 경험하였는데, 이때 영란은행은 위기에 처한 은행에 필요 유동성을 제공하여 위기를 수습하였다(Davis 1995).

영국은 전통적으로 자율규제를 존중하여 자본규제에서도 획일적 기준을 제시하기보다는 개별은행과 협의를 통해 은행 특성에 맞게 기준을 설정하여 오다가 1980년에 영란은행이 자본측정에 관한 지침을 제정하여 명시적 규제를 실시하고 있다. 동일인 여신한도는 자기자본의 10%로 미국보다 엄격하다. 적기시정조치제도(prompt corrective action)의 경우 RATE(risk assessment, tool of supervision, evaluation) 방식에 따라 감독당국이 개별은행의 리스크를 자본적정성, 자산건전성, 유동성 등과 같은 계량항목과 내부통제, 조직 등 비계량항목으로 구분·평가하고, 그 결과를 보아 각 은행에 대한 감독의 수단, 강도 등을 결정함으로써 미국의 적기시정조치제도와 유사한 효과를 거두고 있다.

---

28) 19세기 초에 설립된 Overend Gurney 은행은 소규모 은행을 대신하여 단기 어음을 할인하는 일을 주로 하던 대형은행으로, 설립 이후 보수적 영업을 견지해 왔으나 영업규모를 확장하기 위해 1858년부터 신용도가 낮은 어음과 담보물을 대가로 대출을 크게 늘리면서 부실화되었다(Davis 1995).

〔표 18〕　　　　　　　　주요국의 시장관련 규제내용

회계(acccounting)제도	
미 국	□ 회계기준은 일반회계기준(Grenerally Accepted Accounting Principles; GAAP)에 따르는데 주주에 대해 회사 경영과 재무상황 등에 관한 정확한 정보제공이 주된 목적임 □ 단기투자자산은 통상 시가로 평가하며 주주에 대한 배당이 실현된 순이익뿐만 아니라 납입자본 등을 재원으로 이용하는 것도 가능할 정도로 배당에 대해 법적 규제가 엄격하지 않은 등 주주중심적 특성이 있음
영 국	□ 미국과 마찬가지로 회계기준은 주주에 대해 회사의 경영과 재무상황 등과 관련된 정확한 정보를 제공하는 것을 목적으로 함 □ 단기투자자산은 통상 시가평가법에 따르며 배당지급과 관련하여 법적 규제가 엄격하지는 않았으나 1980년대 들어서 실현된 순이익의 범위내에서만 배당이 이루어지도록 하는 등 엄격한 규제를 함
독 일	□ 회계기준은 상법(Handelsgesetzbuch)에 따라 채권자와 종업원을 포함하는 이해관계자를 보호하는 것을 목적으로 보수주의 회계원칙을 채택 □ 투자자산은 저가평가법에 따르고 있어 보통 취득원가로 평가하되 시가가 취득원가를 밑도는 경우에는 시가로 평가하여야 하며 미실현 양도손실은 반영하되 미실현 양도이익은 반영하지 않음 □ 실현된 순이익이 아닌 납입자본 등으로부터 배당을 지급하는 경우에는 주주에 대한 배당지급에 앞서 모든 채권자에 대해 채무의 완전한 변제가 이루어지든가 또는 충분한 담보가 제공되어야 하는 등 배당지급에 대해 엄격한 제한이 이루어짐

회계(acccounting)제도

프랑스	□ 회계기준은 채권자와 종업원을 포함하여 이해관계자를 보호하는 것을 목적으로 함 □ 투자자산은 저가평가법에 따르고 있어 보통 취득원가로 평가하되 시가가 취득원가를 하회하는 경우에는 시가로 평가 □ 실현된 순이익이 아닌 납입자본 등으로부터 배당을 지급하는 경우에는 주주에 대한 배당지급에 앞서 모든 채권자에 대해 채무의 완전한 변제가 이루어지든가 또는 충분한 담보가 제공되어야 하는 등 배당지급에 대해 엄격한 제한이 이루어짐
일 본	□ 회계기준은 상법과 증권거래법 등에 규정되어 있는데 투자자산의 평가시 종전에는 원가주의를 원칙으로 하고 저가주의의 적용도 가능하였으나 1998년 3월부터 시가주의 회계원칙을 도입하여 단기투자자산의 평가시 적용 □ 채권자보호를 위해 이익금 적립이 이루어져야 하며 사업축소 등에 따른 자본감소시 채권자의 이의신청이 가능하고 이의가 받아들여진 경우에는 채권을 변제하든가 담보를 제공하여야 하는 등 채권자 중심적인 회계제도에 따름

공시(disclosure)제도

미 국	□ 상장기업은 증권법(Securities Act)과 증권거래법(Securities Exchange Act)에 의해 주당 수익과 주주 지분변화를 보고할 의무가 있으며 연간, 반기, 분기별로 공시 의무를 준수하여야 함
영 국	□ 증권투자위원회(Securities and Investment Board; SIB)[1]의 93개 행위원칙에 의해 명확성과 포괄성을 지녀야 하는 것으로 규정
독 일	□ 공시법(Publizitätsgesetz)에 의해 연간과 반기별로 공시의무가 부과되고 있으나 반기별 공시는 강제사항이 아니며 공시내용도 주당 수익과 주주 지분변화의 공시의무가 없고 반기별 공시내용이 미국의 분기별 공시내용에 미치지 못할 정도로 자세하지 않음
일 본	□ 연간과 반기별 공시가 의무화되고 있으며 연간 공시는 주당 수익과 주주 지분변화를 포함하여야 하고 반기별 공시내용도 독일의 경우보다는 자세하여 미국의 분기별 공시내용과 유사한 수준

내부자거래(insider trading) 규제

미 국	□ 증권거래법(Securities Exchange Act)과 연방증권거래위원회 (Securities and Exchange Commission) 규칙에 따라 엄격히 금지되며 위반시 제재조치도 다른 나라에 비해 매우 엄격함
영 국	□ 1985년 제정된 기업증권법(Company Securities Act)에 의해 금지되며 위반에 따른 벌금부과시 벌금의 상한에 대한 규정이 없는 등 제재조치도 비교적 엄격한 편임
독 일	□ 1994년까지는 내부자거래에 대한 법적 규제가 없어 시장참가자의 자율규제에 따라 이를 위반할 경우 부당이득을 반환하도록 하는 정도이었으나 1994년 7월 증권거래법(Wertpapier-handelsgesetz)을 제정하여 내부자거래를 규제하고 내부자거래의 감시기관으로서 연방증권감독청(Bundesaufsichtsamt für den Wertpapierhandel)을 설립
프랑스	□ 내부자거래는 1967년 이후 대통령령에 의해 금지되고 있으나 내부자거래로서 규제되는 내부정보의 개념은 비교적 제한적임
일 본	□ 1948년 증권거래법 제정시에는 추상적으로 규정되어 있어 실질적인 규제가 이루어질 수 없었으나 1988년 동 법 개정시 내부자거래에 대한 금지가 구체적으로 규정됨

시장조작(market manipulation) 규제

미 국	□ 증권거래법에 따라 위장매매(wash sale), 담합주문(matched order) 등이 엄격히 금지되어 있으며, 公賣(short sale) 등도 증권거래위원회(SEC)에 의해 규제됨
영 국	□ 증권투자위원회(SIB)[1] 지침서의 투자자 보호규정에 의해 규제
독 일	□ 1995년 투자회사(investment service company)가 그들 자신의 거래에 유리하도록 증권거래를 추천하는 행위를 금지시킨 것 이외에는 명시적 제한이 없음
일 본	□ 증권거래법에 의해 위장매매, 담합주문, 공매 등이 금지되어 있으며 가격안정화는 공개매수시에 한해 이루어져야 하며, 이를 도모하고자 하는 증권회사는 대장성에 보고해야 함

주 : 1) 1997년 10월 영국 정부는 증권투자위원회의 명칭을 통합금융감독기구인 FSA(Financial Services Authority)로 변경
자료 : 深尾光洋·森田泰子(1994) ; Dietl(1998)

미국은 대공황으로 1930년부터 수많은 은행이 도산함에 따라 대공황 이후 은행산업의 진입을 크게 제한하고, 대차대조표의 구성 등 은행회계 처리, 자본금, 영업내용 등에 이르기까지 엄격한 규제를 실시하기 시작하였고 예금보험제도를 도입하였다(Davis 1995). 특히 은행업무 규제에서 미국은 대공황 이전에 은행의 증권업무 취급으로 산업자금으로 운용되어야 할 은행 유동성이 투기적 용도(speculative use)로 사용된 것이 금융불안정의 한 원인이 되었다고 보고(Jacobs 1991), 강력하게 은행업무를 비은행업무로부터 차단하여 왔다.[29] 그리고 은행의 기업주식 소유와 기업경영 참여를 엄격히 제한하여 기업금융과 기업지배구조가 시장 중심으로 발달하게 되었다.

미국은 자기자본비율과 관련하여 1981년에 총자산대비 최저자본비율을 지도기준 형식으로 도입하여 운용하다가 1988년부터 BIS 기준 자기자본비율을 적용하였다. 동일인 여신한도[30]도 자기자본대비 15%로 엄격한 편이며, 적기시정조치제도를 1992년부터 도입하여 운영하고 있다.

한편 미국의 이와 같은 강한 규제로 인한 폐해도 언급되고 있다. 잘 정비된 시장관련 법규는 미국의 시장이 최고의 효율성을 누리도록 해주었으나, 대륙국가와 비교할 때 권리행사나 문제해결 등이 횡적인 의견조화보다는 법과 제도에 따른 경직된 방법으로 해결되는 경향이 강하여, 장기적이고 전체적인 안목에서 의사결정이 이루어지지 않는 경우가 많다. 은행이나 기업경영에 관하여 주식을 보유하지 않으면 발언권이 인정되지 않는다거나, 분쟁이 있으면 항상 법원에 의뢰하여 해결하며 기업이나 은행의 부실시 시장에서의 적대적 매수나 법원의 정리

---

29) 은행의 증권업무 취급으로 인한 폐해 등 Glass-Steagall법 제정의 배경에 관한 상세한 논의는 Saunders & Walter(1996) 참조.
30) 동일인 여신한도는 미국이 자기자본의 15%, 영국 10%, 독일 25%, 프랑스 25%, 일본 25%이다.

절차에 따라서 주로 마무리된다는 점은 신속하고 분명한 해결이라는 장점은 있다. 그러나 상호신뢰와 협력에 근거한 장기적인 생존과 발전 가능성을 제약함으로써 개별 경제주체의 근시안(myopia)적인 행태를 초래하였다. 이러한 행동양식은 미국 시장경제의 핵을 이루는 경영자와 주주로 하여금 단기적인 수익 실현과 주식가격에 관심을 집중하게 함으로써 기업투자도 지극히 근시안적인 안목에서 이루어지게 되었으며, 이는 미국의 국제경쟁력을 약화시키는 요인으로 작용하였다는 지적도 제기되었다(Jacobs 1991, Porter 1992).

(다) 정부와 은행의 간격유지관계

대륙계 국가에서 은행이 산업자금 공급을 위해 설립되고 발전하여 온 것과 달리, 영·미에서 은행은 기업과 마찬가지로 시장원리에 따라 자생적으로 성장·발달하여 왔으며, 기업의 자금조달도 발달한 자본시장에서 이루어졌다. 이러한 발전과정을 배경으로 은행과 기업 간에는 일정한 간격을 유지하는 관계(arm's length relationship)가 형성되었으며, 정부의 역할 역시 공공의 이익을 보호하기 위해 기업과 은행 행동의 기본원칙을 정하는 데 한정되어 왔다. 따라서 정부, 기업, 은행 삼자는 수평적으로나 수직적으로 긴밀한 관계를 맺지 않고 있으며, 오히려 기업과 은행은 정부의 개입에 대하여 거부감을 보이고 정부 또한 자제하고 있다(Walter 1997).[31]

---

31) 1970년대 중반 영국의 기업구조 조정과정에서도 정부가 직접 개입하지 않았고 영란은행이 은행과 함께 실질적인 역할을 한 바 있다. 중앙은행이 구조조정을 주도한 것은 중앙은행에 대한 신뢰성·평판에 기인한 것으로 영국 국민은 영란은행이 정부보다 구조조정을 공정히 실시해 줄 것이란 믿음을 가졌기 때문이다(Bank of England, *Quarterly Bulletin*, 1993). 이러한 영국식 구조조정방법, 즉 London Approach는 1970년대말 영란은행의 주도로 지급불능에 빠진 기업의 파산을 막기 위해 도입되었으며 그 후 20년간 영국 구조조정의 모델이 되었다.

관료는 거시경제정책과 경쟁전략, 무역정책 등으로만 그 역할을 한 정하고, 그 밖의 세세한 사항은 시장의 작용에 의해 결정되도록 하고 있다. 기업지배는 자본시장의 정보를 기초로 한 투자자의 기업주식 매매, 증권회사 등의 기업 유가증권 인수·매매, 기업에 대한 신용평가기관의 신용등급평가와 기업인수 등을 통해 이루어지며, 은행은 기업과 단기적인 상업금융 관계만을 맺고 있다. 정부는 은행, 기업 등이 스스로의 이해관계에 따라 활동할 수 있는 중요한 기본법규나 제도적 틀을 마련할 뿐이다.

(라) 규제의 완화, 금융혁신, 재규제(re-regulation)

영국과 미국에서는 1970년대부터 금융혁신이 진행되었으며 이에 따라 은행에 대한 규제를 크게 완화했다. 이러한 영·미의 금융규제 완화는 정부를 비롯한 규제당국이 주도적으로 실시한 것이 아니다. 금융기관이 규제의 허점을 이용하여 새로운 업무를 취급하거나 신금융상품을 개발함에 따라 당국이 뒤따라 규제를 하나 둘 완화하는 형식으로 이루어졌다. 이처럼 영·미의 금융기관과 금융시장의 중개기관 등 민간이 금융혁신에 앞장서서 정부의 규제완화를 이끌어낼 수 있었던 것은 독일·프랑스 등 대륙국가와 달리 은행대출에 대한 직접적인 통제 등 금융억압(financial repression)이 없었기 때문이다. 또한 은행업무 가운데 기업대출이 대륙국가에서보다 상대적으로 중요시되지 않아 대출외 업무로 수익원을 다양화하려는 동기가 강했다.

영·미는 금리규제와 업무규제, 진입규제 등 경쟁제한적 규제를 철폐하는 등 경쟁과 효율을 증대시키기 위해 노력하는 한편, 금융의 세계화에 따른 금융시장의 불안정성 증대로 금융기관의 도산위험이 높아짐에 따라 건전성 규제는 오히려 더 강화하고 있다.

(2) 독일, 프랑스와 일본

(가) 정부의 직접적 규제와 개입

독일·프랑스·일본 등 보수적·집단주의적 성향이 짙은 국가의 경우 정부의 개입과 규제가 영·미에 비해 강하고 직접적으로 이루어져 왔다. 특히 유럽대륙 국가는 영·미식의 자본주의 시장경제체제와는 달리 사회주의 영향을 받아 시장기구를 유지는 하되 소득의 재분배를 통한 평등의 실현을 위하여 국가가 시장에 개입할 수 있다는 사고를 가지고 있다. 따라서 주요 산업을 국가가 직접 소유·경영한다거나(프랑스) 기업자금 공급, 기업지배 등에 직·간접적으로 개입하는(독일과 프랑스) 경우가 많다. 다만 사회적 시장경제(social market economy)를 표방하고 있는 독일에서는 정부의 시장개입은 시장질서의 확립과 사회적 형평을 위해 필요한 경우로 한정되고 자의성이 적다는 점이 다른 대륙계 국가의 경우와 다른 점이다.

뿐만 아니라 은행 중심의 기업금융과 기업지배구조가 발달하여 채권자로서의 은행의 위치가 중시되기 때문에 기업정보도 주주보다는 채권자인 은행에 집중되는 경향이 있다. 그 대신 시장의 역할이 상대적으로 중요하지 않아 회계·공시제도와 내부자거래에 대한 규제 등 시장규율 강화를 위한 제도적 장치가 미흡하다.

독일과 프랑스의 경우는 低價法에 따라 자산을 평가하는 데다 내부자거래에 대한 규제시 내부정보의 개념도 비교적 제한적으로 해석한다. 한편 회계기준은 주주배당에 대해 엄격한 제한을 규정하고 있는 등 주주보다 채권자와 종업원 등 이해관계자 보호에 초점을 맞추고 있다.

일본의 경우에도 전통적으로 주주보다는 채권자 중심적인 성향이 강하다. 1980년대 이후 미국 등 선진국의 압력에 따라 금융개혁이 본격화되는 가운데 미국식 시장 관련제도가 점차 수입되기 시작하였다. 특히 1998년 3월부터 시가주의 회계원칙을 적용하였으며, 공시제도도 그 내용을 구체화하고 연간과 반기별 공시를 의무화하였다. 내부자거래에 대해서는 1988년 증권거래법을 개정하여 실질적인 규제가 이루어질 수 있도록 하였으며, 시장조작행위도 이 법에 따라 규제하는 등 기업경영의 투명성 확보를 위한 규제를 강화하고 있다.

한편 대륙계 국가에서는 정부의 개입이나 규제의 방식이 시장이나 명시된 법규에 의존하는 영·미와 달리 관료의 판단 또는 정부, 공공기관, 공공과 이익단체의 협조에 의존하는 성향이 강하다. 독일에서는 집단조직 간의 합의·절충 등이 시장기구의 작용에 우선한다. 국가, 노동조합, 기관투자가 등에 따라 경영감시가 이루어지는 등 단체주의적 규제성향이 강하다. 일본과 프랑스도 조직 내·외부적 협조 규율방식이 발달되어 있으며, 규제당국의 판단에 의한 개입(bureaucratic discretion)은 독일보다 빈번하게 이루어지고 있다(Rosenbluth 1989). 특히 일본은 은행감독에서 감독관청에 의한 행정지도의 역할이 대단히 크다. 현행 은행법 등은 은행의 설립, 조직 등에 관해서는 상세히 규정하고 있지만 업무운영 등에 관해서는 구체적인 규정이 없다. 따라서 大藏省은 통첩 등의 형식으로 각종 행정지도를 하여 왔다.

(나) 건전성 규제 강도의 상대적 미약

독일, 프랑스와 일본의 은행에 대한 건전성 규제의 강도는 미국과 영국에 비하면 상대적으로 미약하다.

독일은 자기자본 규제에 관한 구체적 기준을 마련하지 않고 있다가 1993년 은행법 개정시 비로소 BIS 기준 자기자본비율 규제를 도입하였으며 동일인 여신한도의 경우에도 영·미보다 훨씬 높은 자기자본의 50% 이내로 규제(1998년 이후 25% 이내)하였다. 적기시정조치제도는 도입하지 않았다.

[표 19] 　　　　주요국의 은행감독제도 비교
(1998년 기준)

	자기자본비율 규제	동일인 여신한도	적기시정조치제도
미 국	·BIS비율 8% 이상 ·기본자본비율과 레버리지비율 각각 4% 이상	·자기자본의 15% 이내	·1991년 12월 제정된 연방예금보험공사개혁법에 따라 1992년 12월 도입
영 국	·BIS비율 8% 이상 ·각 은행은 자체적으로 별도의 자기자본 규제를 실시	·자기자본의 10% 이내	·1998년 RATE방식을 도입
독 일	·BIS비율 8% 이상 ·외국환리스크포지션의 총합계가 자기자본의 42% 이내	·자기자본의 25% 이내 ·거액여신(동일인에 대해 자기자본의 10% 초과여신) 합계는 자기자본의 8배 이내	－
프랑스	·BIS비율 8% 이상	·자기자본 40% 이내[1] ·거액여신[2](동일인에 대해 자기자본의 15% 초과여신) 합계는 자기자본의 8배 이내	－
일 본	·해외영업점이 있는 은행 : BIS비율 8% 이상 ·해외영업점이 없는 은행 : 국내기준 자기자본비율 4% 이상	·자기자본 30% 이내[1] ·동일계열에 대해서는 자기자본의 40% 이내	·1997년 6월 은행법에 법적 근거를 마련하고 1998년 4월부터 시행

주 : 1) 1999년부터는 동일인 여신한도를 자기자본의 40%에서 25%로 감축
　　 2) 1999년부터는 거액여신을 자기자본의 15% 초과여신에서 10% 초과여신으로 변경
자료 : 한국은행 은행부(1998)

　프랑스는 1979년 위험가중자산대비 자기자본비율을 5% 이상으로 유지하다가 1998년에 들어 BIS 기준을 도입하였다. 동일인 여신한도는 자기자본의 40%(1999년 이후 25%) 이내로 규제하였으며 적기시정조치제도는 아직 도입하지 않았다.

일본은 1988년에 BIS 기준 자기자본비율 규제 제도를 도입하였으나, 해외에 영업거점이 없는 은행에 대해서는 국내기준 자기자본비율을 적용하도록 하였다. 동일인 여신한도는 자기자본의 30%(1999년 이후 25%) 이내로 규제하였으며, 적기시정조치제도는 1998년에 도입하였다.

(다) 정부·은행의 밀착관계에 따른 산업정책적 규제

프랑스, 독일과 일본은 전통적으로 은행 중심의 금융제도를 유지하여 왔다. 18~19세기 산업화 초기에 산업정책을 지원하기 위하여 정부가 은행에 대해 강력한 영향력을 행사하였다. 은행에 대한 정부의 직접적인 개입은 은행산업의 발전에 따라 점차 줄어들었으나 일본과 프랑스의 경우 상당히 오랫동안 지속되었다.

프랑스는 콜베르(17세기 루이 14세 치하의 재상) 이후의 국가주도 자본주의의 전통을 제2차 세계대전 이후에도 유지하여 정부가 주요 은행, 저축기관, 자동차, 운송, 통신산업을 소유·경영하는 등 기간산업의 생산을 주도하고 금융시스템의 운영에 개입하여 왔다. 더욱이 고등사범학교(Grandes Ecoles) 출신의 엘리트가 정부와 공기업 지도자로 활동함에 따라 이들 간에 형성된 돈독한 유대관계가 정부의 공기업에 대한 영향력을 더욱 강화하는 요인으로 작용하였다(Story & Walter 1997).

프랑스의 경우 다른 유럽대륙 국가와 마찬가지로 자본시장이 발달하지 못하여 은행이 기업금융의 중심적인 역할을 담당하였다. 1960~1970년대를 통하여 기업의 투자자금수요가 증가함에 따라 정부의 자본시장 육성이 본격적으로 추진된 1980년대 중반까지 기업자금의 은행의존도가 지속적으로 증대하였다.[32] 기업의 자금수요를 자체 자금으

---

32) 1974~82년 동안 프랑스 제조업의 총자금조달 가운데 내부자금이 차지하는

로 공급할 능력이 한계에 이른 은행은 은행간 시장(interbank mar-ket)[33]에서 충당하고 은행권에서 자금이 모자라면 중앙은행으로부터 자금을 조달하였다.[34] 프랑스는 은행중심 금융제도의 전형인 독일보다도 은행의존도가 높으며 은행이 중앙은행과 함께 통화신용정책뿐만 아니라 산업정책에 동원되었다(Bertero 1994).

일본도 프랑스와 마찬가지로 은행산업에 대한 정부의 개입이 강한 것으로 알려져 있다. 은행과 기업은 상호 주식을 소유하고 있으며, 은행은 기업에 대해 평소에는 감시자, 위기시에는 구제자의 역할을 한다. 은행과 기업의 밀착 관계는 이미 일본 근대화 과정에서 정부주도로 형성된 것으로 제2차 세계대전 후 관료, 기업경영자, 정치가가 빠른 경제성장이라는 공통된 목표를 추구함에 따라 더욱 공고해졌다. 이러한 정부주도의 산업정책은 금융과 산업이 은행을 중심으로 한 그룹으로 맺어진 계열집단(keiretsu)을 통해 효율적으로 수행된 것으로 평가받고 있다(Aoki 1994). 은행, 기업, 정부의 지도자는 서로 비공식적으로 밀접히 연결되어 이러한 역할을 수행하였는데, 이 점은 프랑스의 경우와 유사하다 할 수 있다. 은행대출은 사소한 것도 대장성으로부터 통제를 받아 은행대출이 정부의 장기적인 경제발전 전략에 따라 타당하다고 인정되는 산업으로 집중되었다. 이 과정에서 은행경영은 정부

비중은 53.2%로 미국(92.2%), 일본(79.1%), 독일(70.9%)보다 크게 낮은 수준이다. 기업은 부족한 자금을 발달하지 못한 직접금융시장보다는 주로 은행에서 차입함으로써 은행차입비중은 영·미는 물론 독일, 일본보다도 높다.

33) 프랑스의 은행간 자금거래 규모는 프랑스의 은행 대차대조표 총계의 20%에 이르고 있다. 이와 같이 은행간 자금거래 규모가 많은 이유는 은행이 특정산업정책을 위해 전문화(농업은행인 Crédit Agricole 등)되어 있어서 예금과 대출의 불균형이 심하기 때문이다(Bertero 1994).

34) 프랑스 중앙은행이 재할인한 상업어음과 인수한 국공채(bon de tresor)는 1984년 기준으로 각각 975억프랑, 603억프랑에 이르렀는데, 이것은 M2의 7.9%에 해당하는 규모로서 자본시장이 공급하지 못하는 유동성을 중앙은행이 국공채 인수, 재할인 등으로 대신 공급했음을 의미한다.

의 지속적인 간섭을 받아왔고 업무영역에 대해서도 강한 규제가 실시되었다.

독일도 일본과 마찬가지로 19세기 뒤늦은 산업화 과정에서 은행산업에 정부가 광범위하게 개입하였다. 제2차 세계대전 이후에도 재건을 위해 특수목적 금융기관의 설립, 민간은행 대출의 통제 등을 통해 은행의 信用配分에 정부가 적극 개입하였다. 그러나 독일에서는 프랑스와 일본과는 상당히 다른 방식으로 정부개입이 이루어졌다.

독일 규제체제의 특징은 정부가 지정해 놓은 준칙 안에서 은행, 기업, 노동조합 등 관련조직이나 단체가 협조적으로 은행과 기업에 대해 집단규제를 하고 있다는 점이다. 지방정부가 은행의 소유나 지배구조에 영향력을 행사하고 있기는 하나 중앙정부는 기업과 은행에 직접적인 영향력을 행사하지 않고 있어서 중앙정부가 직접적으로 은행을 규제하는 일본이나 프랑스와는 뚜렷하게 차이가 있다. 독일 정부는 일본과 비교해 볼 때 은행경영에 직접 개입하거나 은행을 통해 기업을 지배하지 않았고, 오히려 은행에게 권한을 주고 은행이 기업자금의 공급과 기업통제의 중심이 되도록 힘을 실어 주었다. 일본의 경우 은행과 기업의 관계에서 정부가 영향을 미치고 있는 반면, 독일은 정부의 개입 없이 은행과 기업이 자발적인 관계를 유지하고 있다. 비록 은행 전체에서 지방정부가 소유하는 공영은행의 비중이 크다고 할지라도 중앙정부가 은행의 업무에 직접 개입하는 일은 없다(손상호 1994).

(라) 금융규제 완화

유럽대륙 국가의 금융규제 완화는 정부주도로 실시되었다. 유럽대륙 국가의 금융혁신은 영·미에서 먼저 추진된 금융혁신에 자극을 받아 금융산업의 후진성을 극복하고 경쟁력을 강화하여 세계금융시장의 통합화와 유럽통합에 대비하기 위해 각국 정부가 나서서 노력한 결과이다.

금융규제의 완화는 유럽대륙 국가 중에서도 독일, 네덜란드 등 상대적으로 규제가 약한 국가보다는 프랑스, 벨기에, 스페인 등 규제가 전통적으로 강했던 국가에서 정부주도하에 강력하고 신속히 진행되었다(Scialom 1996). 이는 정부규제가 강한 나라에서 영·미의 금융혁신에 따른 금융산업 경쟁력의 상대적 약화를 더 심각하게 우려하였기 때문이다.

프랑스는 1970년대부터 시작된 영·미계 국가의 금융혁신으로 자국 금융산업의 경쟁력이 저하될 것을 우려하여 1980년대에 들어 국가주도의 강력한 금융자유화 정책을 실시하였다.

독일은 전통적으로 프랑스보다 은행에 대한 규제가 상대적으로 약한 편이었으며, 은행은 업무영역이나 기업지배에 관하여 재량권을 가지고 있었다. 그러나 은행산업이 매우 비경쟁적 구조를 이루고 있어 금융기관 스스로 금융상품을 개발하려는 유인이 크지 않은 데다 제조업의 높은 경쟁력, 국제수지 흑자 지속과 마르크貨 가치의 안정으로 마르크화가 기축통화로서 위상을 확보하고 있어 세계적인 금융혁신의 움직임 속에서도 영국, 프랑스, 네덜란드 등보다 금융개혁이 늦어졌다.

일본 역시 금융규제 완화가 정부주도로 이루어졌다. 정부의 규제완화를 이끌어낸 것은 미국 등 국제사회의 금융제도에 대한 투명성 요구와 경제 급성장에 따라 자금잉여상태가 된 금융산업의 자연적인 요구가 복합적으로 작용한 결과이다.

다. 은행 행태

각국의 금융제도는 나라마다 특유한 경제적 발전과정과 금융구조와 금융산업 발전에서 정부의 역할 등을 배경으로 서로 다른 모습을 보이고 있으며, 이에 따라 은행의 행태도 나라마다 다르게 나타나고 있다.

(1) 은행의 업무영역

은행의 업무영역에서는 각국의 초기 산업화과정에서 자본시장의 발달정도와 기업의 자금조달행태에 크게 영향을 받아 나라별로 전업주의 또는 겸업주의를 채택하게 되었다.

영·미의 경우 산업화가 일찍 시작되어 산업자본의 축적과 자본시장의 발달이 빨리 이루어졌다. 그렇기 때문에 영·미의 은행은 장기산업금융보다는 단기상업금융 위주로 영업하였고, 은행업과 증권업의 겸업이 관행적으로 또는 법적으로 허용되지 않는 專業主義 전통이 형성되었다.

반면 영·미에 비해 산업화가 늦었던 독일, 프랑스와 일본의 경우에는 자본시장 발달이 부진하여 은행이 기업자금 공급의 중심적 역할을 수행하였다. 이에 따라 은행을 중심으로 하는 간접금융체제[35]가 이루어지면서 독일과 프랑스에서는 은행이 장단기금융의 공급 이외에도

---

35) 1997년말 현재 독일과 일본 기업의 간접금융 의존도는 각각 61.0%, 44.9%로 미국(11.2%)과 영국(11.3%)을 크게 웃돈다. 다만 프랑스의 경우에는 1980년대 전반 30~40%에 이르던 간접금융 의존도가 1988년 자본시장 개혁에 따라 기업의 자본시장을 통한 자금조달이 크게 증가하기 시작한 데 힘입어 1996년에는 14.0%로 하락하였다.

주요국 비금융기업의 금융부채구조 (1997년말 현재)　　　　　　　　단위 : %

구 분	미 국	영 국	독 일	프랑스[1]	일 본
간접금융	11.2	11.3	61.0	14.0	44.9
직접금융	64.0	69.5	24.7	72.5	27.2
(주 식)	53.8	··	23.2	68.4	19.9
(채 권)	10.3	··	1.4	4.1	7.3
기 타[2]	24.8	19.2	14.3	13.5	27.9
계	100.0	100.0	100.0	100.0	100.0

주 : 1) 1996년말 기준 2) 기업간 신용 등
자료 : 일본은행, 《국제비교통계》, 1998

증권인수를 통한 직접투자 등 증권업무까지 취급하는 겸업주의를 채택하였다. 한편 일본의 경우에는 근대적 은행제도를 도입할 당시 영·미의 영향을 받아 전업주의 제도를 유지하게 되었다.

그러나 1970년대 이후 금융혁신에 따라 금융업의 구분이 모호해지고 금융의 개방화와 세계화의 영향으로 금융산업의 국제경쟁이 격화되자 1980년대 후반 이후 영국, 미국, 일본 등 전업주의를 채택해 온 국가들이 은행의 업무영역 제한을 대폭 완화하거나 철폐하여 세계 각국은 겸업주의로 수렴하는 추세에 있다.

은행의 겸업방식은 나라마다 차이를 보이고 있다. 미국은 은행이 자신을 소유하는 지주회사 산하의 증권과 보험 자회사와 수평적 계열관계를 맺고 있다. 영국은 은행이 증권업과 보험업 모두를 자회사를 통해 취급하고 있다. 독일과 프랑스의 경우 은행이 증권업무는 직접겸영하되 보험업은 자회사를 통해 진출하고 있다. 또한 일본은 종전에는 은행이 증권업무에 한해 자회사를 통해 취급할 수 있었으나 1998년부터는 미국과 같은 은행지주회사 방식으로 증권업과 보험업을 겸영할 수 있도록 최근 관계법을 제정하였다.

주요국 은행의 업무영역을 보면 미국은 1929년부터 시작된 일련의 은행도산이 민간소유의 은행이 고수익 추구를 위해 위험이 큰 증권업에 지나치게 참여한 데 따른 것으로 판단하고, 1933년 은행법(Banking Act of 1933, Glass-Steagall Act) 제정을 통해 은행의 증권업무 취급을 금지[36]하였다. 이어 1950년대 이후 은행이 은행지주회사 설립을 통해 증권자회사를 두는 사례가 늘어나자 1956년 은행지주회사법을 제정하여 복수 은행지주회사에 대해 은행업무와 관계없는 자회사 소유를 금지하고 은행지주회사의 자회사가 취급할 수 있는 업무범위

---

36) 국공채를 제외한 증권의 인수와 매매업무 취급금지, 증권의 인수와 매매를 주된 업무로 하는 증권회사와의 계열관계 금지, 은행 임직원이 증권의 인수와 매매를 주된 업무로 하는 회사의 임직원 겸임 금지 등.

〔그림 6〕　　　　　　　주요국 은행의 겸업형태

· 미국형

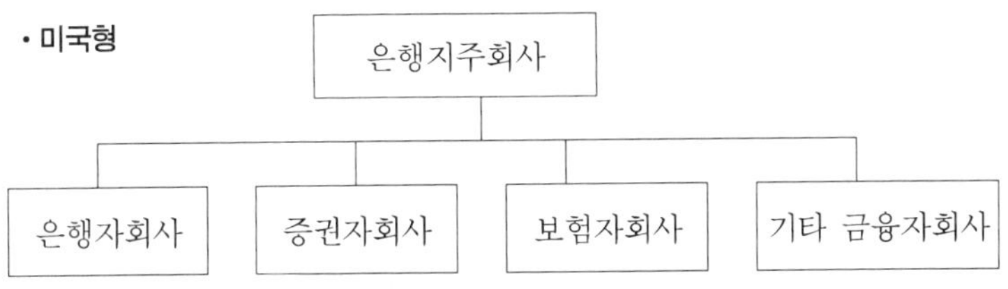

· 영국형

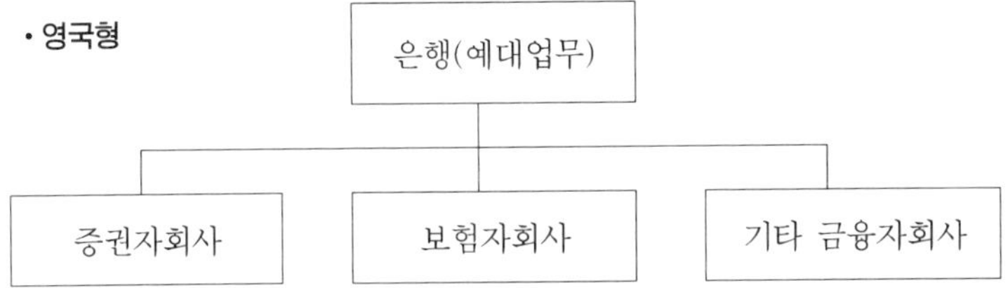

· 독일 · 프랑스형

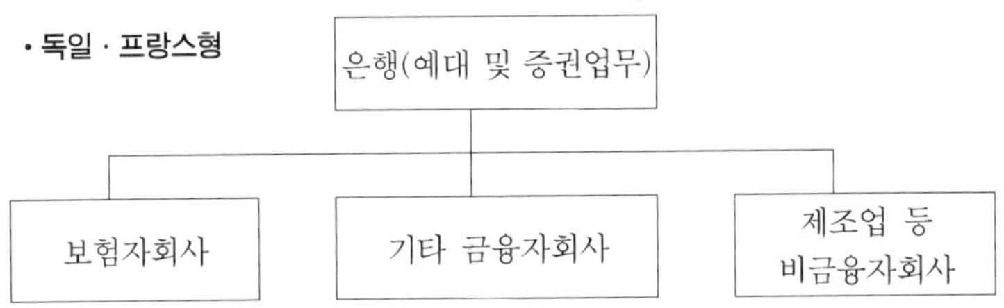

· 일본형

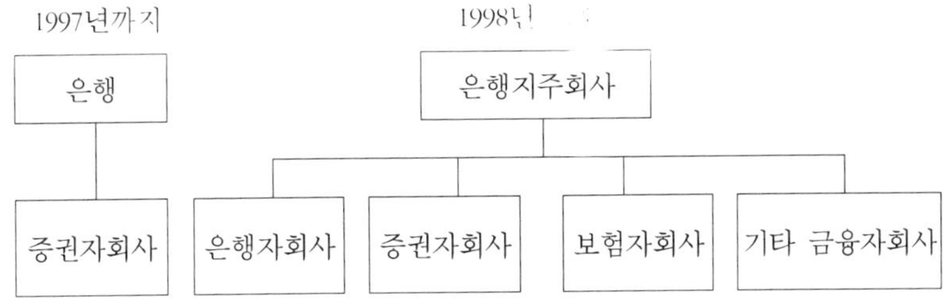

의 결정권한을 연방준비제도에 부여하는 등 엄격한 전업주의 체제를 유지하였다.

그러나 1970년대 중반 이후 금융혁신, 금융증권화 등으로 금융산업 간 경쟁이 격화되면서 은행지주회사가 자회사를 통하여 명확한 금지 규정이 없거나 법규 해석상 금지 여부가 모호한 증권업무에 진출하였는데, 이는 대부분 법원의 판결에 따라 합법화되었다. 이에 따라 연방준비제도도 은행의 증권업 겸업에 대한 제한을 점차 완화[37]하였다. 한편 은행은 일부 보험업무에 한해 겸영을 허용받았다. 國法銀行과 州法銀行의 경우 감독당국의 인가를 얻어 대출관련 보험(credit-related insurance)[38]의 경우에 한해 보험상품의 인수와 판매가 가능하다. 소형 은행지주회사(자산 5천만달러 이하)는 모든 보험업무의 인수와 판매를 영위할 수 있는 보험 자회사를 설립할 수 있으며, 대형 은행지주회사는 대출관련 보험의 인수와 판매와 인구 5천명 이하 지역에서의 보험상품 판매업무만을 취급하는 보험 자회사를 둘 수 있다. 1990년대 들어 금융기관 업무영역 확대를 위한 법률 제정이 활발하게 추진되어 오다 1999년 10월 의회와 행정부는 은행, 증권, 보험 등 금융기관 사이의 상호진출을 금융지주회사 방식을 통해 허용하기로 합의하고, 11월에 금융서비스현대화법(Finanical Services Mordernization Act, 일명 Gramm-Leach-Bliley Act)[39]을 제정하였다.

---

37) ·은행에 대한 증권업 취급허용 : 사모사채발행 주선업무(1977), CP 발행 주선업무(1978)

　·은행지주회사에 대한 증권업 취급허용 추이 : 증권위탁매매 전문중개업무 취급 자회사 설립(1982), 증권위탁매매와 투자자문업무 취급 자회사 설립(1986), 증권자회사의 업무범위를 회사채(1989), 주식(1990)의 인수와 매매 허용, 은행자회사와 증권자회사간 자금이동에 대한 제한 완화(1989) 등.

38) 은행 채무자가 불의의 사고로 사망, 장애 등의 피해를 입어 은행채무를 상환할 수 없게 될 경우에 대비하여 채무자가 가입하는 보험으로 신용생명보험(credit life insurance), 주택저당생명보험(mortgage life insurance) 등이 이에 해당된다.

영국의 경우 은행업은 19세기 중반 주식회사 형태의 민간소유 은행이 본격적으로 설립되면서 발전하였다. 그 당시에는 이미 산업이 크게 발달해 있었기 때문에 대규모 산업자본이 축적되어 있었다. 은행도 기업의 상거래활동에 필요한 단기상업금융업무만으로도 충분히 영업을 유지할 수 있어 증권업무의 취급 필요성이 적었다. 그리고 19세기 말부터 금융시장이 본격적으로 발달하면서 금융기관이 자율규제에 의해 타업종의 진출을 자제하는 전업주의 관행이 유지되었다. 따라서 예대업무는 은행(clearing bank)이, 보험업무는 전문보험회사가 각각 전담하게 되었다. 증권업무에서도 증권의 인수, 자기매매, 매매중개를 각각 머천트뱅크, 조버(jobber), 브로커(broker)가 전담토록 함에 따라 영국의 증권회사는 대부분 소규모로 운영되었다.

그러나 이러한 전업체제는 1960년대에 이르자 영국의 금융기관이 미국의 투자은행(investment bank)이나 일본의 증권회사에 비해 자본력이나 국제증권업무에서 현저한 열세에 놓이는 상황을 초래하였다. 즉 경제규모의 급속한 팽창으로 영국의 증권회사가 발행업무를 전담할 수 없을 정도로 영국기업의 증권발행규모가 커졌으며, 기관투자가

---

39) 미 의회에서는 글래스-스티갈(Glass-Steagall)법을 폐지하고 은행·증권·보험업종간 상호진출을 허용하기 위한 법률의 제정을 위한 논의가 1990년대 들어 본격적으로 이루어졌으나 감독권한을 둘러싼 연준과 행정부간 의견대립과 은행·증권·보험업종간 상호진출에 따른 영업규모 축소 우려 등 업계간 이해대립으로 법률의 제정이 지연되어 왔다. 그러나 1999년 9월 상원과 하원은 합동위원회를 구성하고 업계간, 연준과 행정부간, 의회와 행정부간 이견조율에 성공하여 11월에는 금융업종간 상호진출을 허용하는 법률을 제정하였다. 동 법률의 주요 내용은 ① 은행·증권·보험회사가 금융지주회사를 설립하고 금융지주회사의 자회사를 설립하는 형태로 타금융업종의 진출 허용, ② 국법은행의 경우에는 금융지주회사를 설립하지 않고 직접 증권 자회사 소유 가능, ③ 산업자본의 금융업 진출은 계속 금지, ④ 금융지주회사와 자회사에 대해서는 연준이 감독하는 것을 원칙으로 하되 각 감독기관(OCC, 주정부 은행국, SEC, 보험감독청)도 자회사를 감독할 수 있도록 한 것 등이다.

의 거액거래를 조버가 소화할 수 없는 상황이 빈번히 발생하였다. 또한 1979년에는 영국의 외환규제가 철폐되면서 영국의 기관투자가가 투자자금을 증권거래비용이 상대적으로 저렴하였던 뉴욕시장에서 운용하는 등 영국 증권산업의 국제경쟁력이 급격히 저하되었다.

이에 따라 영국 정부는 1986년 금융서비스법(Financial Services Act)을 제정하여 증권시장을 대대적으로 정비하면서 증권수수료 등 가격담합을 없애고, 그동안 금지되었던 증권거래소 비회원에 의한 회원사(증권회사)의 지분참여를 허용하는 등 증권시장의 경쟁력 강화조치(Big Bang)를 단행하였다. 이를 계기로 대형은행이 증권회사를 자회사로 매입하거나 신설함으로써 증권업무 전반에 본격적으로 진출하는 한편 보험자회사 신설 또는 매입을 병행하면서 영국의 전통적인 전업주의 체제가 무너지게 되었다.

독일은 19세기 중반 산업혁명이 시작되면서 늘어난 산업자금 수요를 충족하기 위해 주식회사 형태의 민간소유 은행(Kreditbanken)을 다수 설립하였다. 당시 독일에서는 영국과 달리 산업자본이 제대로 축적되지 못해 은행이 상업은행 업무만으로는 유지할 수 없었다. 또한 기업은 증권시장의 기반이 취약했기 때문에 투자자금을 전적으로 은행에 의존할 수밖에 없었다. 따라서 은행은 당시 산업발전정책을 적극 추진하던 정부의 영향 아래 국가산업발전 지원을 정관에 명기하는 등 정부의 산업발전정책에 호응하면서 산업화에 소요되는 대규모 자금을 장기로 대출하거나 직접투자 형태로 공급하는 투자은행업무까지 취급하는 증권업무 직접겸영 형태로 발전하여 오늘까지 이어지고 있다.

독일에서는 은행의 보험업 직접겸영이 은행법에 따라 금지되고 있다. 따라서 은행은 주로 전문 보험회사와 업무제휴를 통한 보험상품 판매업무를 취급하고 있다. 그러나 은행의 보험자회사 소유는 금지되어 있지 않아 1989년 독일 3대 은행 가운데 하나인 도이치 은행이 생명보험 자회사를 설립한 것을 계기로 은행의 자회사를 통한 보험업 진출 움직임이 나타나고 있다. 다만 이러한 추세는 아직 보편화되지는 않고 있다.

프랑스의 경우도 독일과 같이 은행이 증권업을 겸영하고 있고 보험업은 자회사 방식으로 진출하고 있다. 이는 프랑스에서도 독일과 마찬가지로 영국보다 뒤늦은 19세기 중반에 이르러 산업화가 추진되면서 주식회사 형태의 민간소유 은행이 설립되었고 자본시장도 발달되어 있지 않아 은행이 상업은행 업무와 투자은행 업무 등 증권업무도 함께 취급하였기 때문이다. 또한 독일과 같이 은행의 보험업 직접겸영은 허용되지 않고 있으나 보험자회사를 통한 보험업 겸영은 독일에 비해 활발하다.

한편 프랑스는 1945년부터 1966년까지 은행별로 장단기금융을 분리하여 취급하는 조치를 시행한 바 있다. 1945년 12월 프랑스 정부는 전후 경제부흥을 위해 정부가 경제발전계획을 수립하고 이를 금융면에서 효율적으로 지원할 수 있도록 중앙은행과 대형은행의 국유화, 금리규제, 은행별 장단기 업무영역 규제 등의 조치를 시행하였다. 이에 따라 프랑스 정부는 모든 은행을 2년 이하 단기예대업무 위주의 예금은행(banque de dépôts), 2년 이상 장기예대업무 위주의 중기신용은행(banque de crédit à long et moyen terme), 투자은행업무 위주의 사업은행(banque d'affaires)으로 구분하고, 은행별 장단기금융 전문화제도를 실시하였다. 그러나 이러한 제도가 은행산업의 경쟁을 제한함으로써 프랑스 은행산업을 낙후시킨 요인 가운데 하나로 지적되자 프랑스 정부는 1966년 은행의 기간별 업무영역에 대한 제한을 철폐함으로써 겸업주의 체제로 회귀하였다.

프랑스 정부는 1980년대 중반 이후 본격적인 금융자유화를 추진하였다. 그에 앞서 금융기관에 대한 감독체제를 정비하기 위해 1984년 신은행법을 제정하였다. 신은행법에서는 종전 예금은행, 중기신용은행, 사업은행으로 한정되었던 감독대상을 저축기관을 비롯한 거의 모든 금융기관으로 확대하였다. 또한 은행업의 범위[40]를 포괄적으로 규정하였다. 이어 금리자유화의 가속화, 정책금융의 축소, 단기금융시장의 육성을 추진하였다. 1988년에는 신증권거래법의 제정 등을 통해 증권시장에 대한 진입제한을 철폐하는 등 증권시장을 개혁(Small Bang)하였다. 이러한 일련의 금융자유화 조치는 영국과 마찬가지로 은행이 자회사를 통해 보험 등 타업종 금융기관을 활발히 인수하는 계기가 되어 은행의 겸업화를 촉진시켰다.

일본의 경우 근대적인 은행제도 도입 당시 영국의 제도를 참고하였기 때문에 패전 이전까지는 은행의 증권업 겸영을 금지하는 명시적인 법규가 없었음에도 불구하고 전업주의 관행을 유지하여 왔다. 패전 후에는 미군정 아래에서 각종 경제제도를 정비하면서 미국 금융제도의 영향을 받아 은행이 투자목적 또는 신탁계약에 따른 증권보유를 제외하고는 증권업무를 취급할 수 없도록 증권거래법(1948)에 명시함으로써 전업주의 체제를 법제화하였다.

그러나 1970년대에 두 차례의 석유위기에 따른 경기침체로 세수부족을 겪은 일본정부가 대량으로 국채를 발행하면서 국채 소화를 촉진하기 위해 은행에 국공채 인수와 매출업무를 허용(1981)한 것을 계기로 국공채 창구판매(1983)와 국채매매(1984), 사모채 발행 주선(1987) 등 은행의 증권업무 취급범위가 점차 확대되었다.

또한 1980년대 중반 이후 금융국제화 등으로 외국 금융기관과의 경쟁이 격화되자 이에 대처하기 위한 방안의 하나로 금융업종간 업무영역 완화방안이 구체적으로 논의되기 시작하였다. 1994년에는 은행의 증권 자회사 설립이 허용되었고 1997년 12월에는 미국형 은행지주회

---

40) 신은행법에서는 은행으로 하여금 일반대중으로부터의 예금수입, 여신공여(자금의 공여와 공여 약속, 배서, 보증, 리스 등), 지급수단의 공급과 관리를 비롯하여 증권업무와 투자신탁업무 등을 취급할 수 있도록 하고 있다.

〔표 20〕　　　　　　주요국 은행의 업무영역에 대한 법령상 규제내용

(1995년말 현재)

구 분	증권업	보험업	비금융회사의 주식취득
미 국	·제한됨 ·할인·중개·사모증권발행 대리만 가능 ·은행지주회사는 자회사수입이 전체 수입의 10% 이내인 경우에 한해 자회사를 통해 지방채, 주택저당증권, CP 등을 취급 가능	·제한됨 ·대출관련보험에 한해서만 인수와 판매 가능	·제한됨 ·은행의 직접적인 주식 투자 금지 ·은행지주회사는 비금융회사 자본의 25% 이내에서 투자 가능
영 국	·제한없음 ·은행이 직접 또는 자회사를 통해 취급 가능	·제한됨 ·보험상품의 판매는 가능하지만 인수는 보험자회사를 통해서만 가능	·제한없음 ·비금융회사주식의 100% 소유 가능
독 일	·제한없음 ·은행이 직접 또는 자회사를 통해 취급 가능	·제한됨 ·보험상품의 판매는 가능하지만 인수는 보험자회사를 통해서만 가능	·제한없음 ·비금융회사주식의 100% 소유 가능
프랑스	·제한없음 ·은행이 직접 또는 자회사를 통해 취급 가능	·제한됨 ·보험상품 판매는 가능하지만 인수는 보험자회사를 통해서만 가능	·제한없음 ·비금융회사주식의 100% 소유 가능
일 본[1]	·제한됨 ·증권자회사를 통해 채권의 매매 중개와 인수 업무 취급 가능(2000년부터는 주식업무도 취급 가능)	·제한됨 ·보험자회사를 통해서만 보험 업무 취급 가능	·제한됨 ·은행지주회사와 금융기관은 비금융기관 주식의 5% 초과소유 금지 ·비은행지주회사는 비금융자회사 소유 가능

주 : 1) 1998년말 현재

자료 : Office of the Comptroller of Currency(1997) ; 한국은행

사제도를 도입하기 위하여 관계법[41]을 제정하고, 은행지주회사가 증권, 보험 등 금융업을 영위하는 자회사를 소유할 수 있도록 하였으나 은행지주회사 설립사례는 아직 없다.

(2) 자금의 조달과 운용

기업금융공급에서 은행이 전통적으로 담당해 왔던 역할과 금융시장의 발달 정도는 각국 은행의 자금조달과 운용행태에 큰 영향을 미쳤다.

먼저 중앙은행 차입행태를 보면 영·미의 은행과 대륙계 은행은 뚜렷하게 대비되고 있다. 즉 은행의 자금조달 가운데 중앙은행으로부터의 차입비중이 미국은 아주 낮은 수준에 있고 영국의 경우에는 거의 없다. 이에 반해 대륙계 은행의 경우 그 비중이 줄어들고 있기는 하지만 영·미계 은행에 비해 높은 수준에 있다.[42] 이는 자본시장이 충분히 발달하지 못했던 대륙계 국가는 산업화에 필요한 자금을 은행이 공급하도록 정부가 유도하고 그 부족재원을 중앙은행 대출제도를 통해 지

---

41) '지주회사 설립 등의 금지 해제에 따른 금융관계법률의 정비에 관한 법률'과 '은행지주회사의 창설을 위한 은행 등 관계된 합병수속의 특례에 관한 법률'.
42) 상업은행만을 대상으로 하는 OECD 통계에는 영·미계 상업은행의 부채 가운데 중앙은행 차입이 차지하는 비중이 매우 적어 그 규모가 표시되어 있지 않기 때문에 예금수취기관(상업은행과 저축기관 등 depository institution)을 대상으로 하는 IMF 통계를 참조하였다.

주요국 은행의 부채중 중앙은행 차입비중   단위 : %

구 분	1980	1983	1985	1988	1990	1994	1995	1996
미 국	0.7	0.2	0.2	0.2	0.2	0.0	0.0	0.2
영 국	-	-	-	-	-	-	-	-
독 일	3.4	4.1	4.4	5.1	5.8	5.3	3.9	3.8
프랑스	2.8	3.5	2.8	3.0	1.7	1.9	1.3	1.2
일 본	2.0	1.8	2.3	2.1	1.9	1.8	1.5	1.3

자료 : IMF, *IFS* 각호

〔표 21〕　　　　　　　　주요국 은행[1]의 부채내역별 구성

단위 : %

구　분		1980	1983	1985	1988	1990	1994	1995	1996
미 국	자본금과 유보금	5.79	6.00	6.20	6.28	6.46	7.79	8.12	8.24
	중앙은행 차입금	··	··	··	··	··	··	··	··
	예 금	79.81	78.67	77.53	77.64	78.13	71.54	70.03	69.76
	유가증권발행	0.47	0.42	0.64	0.64	0.77	1.02	1.01	1.12
	기 타	13.92	14.91	15.62	15.44	14.64	19.64	20.84	20.88
영 국	자본금과 유보금	5.66	4.66	4.52	5.66	4.78	4.09	3.88	4.19
	중앙은행 차입금	–	–	–	–	–	–	–	–
	예 금	91.50	92.02	89.13	86.97	87.92	69.67	68.46	66.90
	유가증권발행	1.19	1.95	3.48	3.31	2.93	11.44	11.22	12.95
	기 타	1.65	1.38	2.88	4.06	4.38	14.80	16.43	15.95
독 일	자본금과 유보금	3.95	4.02	4.24	4.58	5.05	5.54	5.35	4.95
	중앙은행 차입금	3.59	4.11	4.51	4.95	4.45	3.88	3.42	2.88
	예 금	80.87	78.07	76.47	77.36	76.44	72.92	71.95	71.73
	유가증권발행	8.20	9.71	10.05	8.25	8.95	12.35	13.05	13.69
	기 타	3.38	4.09	4.72	4.87	5.12	5.31	6.23	6.76
프랑스	자본금과 유보금	2.33	1.86	1.72	2.23	2.58	3.39	3.26	3.10
	중앙은행 차입금[1]	··	··	··	2.61	2.53	0.21	0.13	0.19
	예 금	73.40	83.77	81.73	70.32	63.93	66.60	67.01	67.39
	유가증권발행	3.58	5.18	6.02	14.24	19.00	21.43	20.05	18.13
	기 타	10.67	9.18	10.53	10.60	11.96	8.36	9.55	11.19
일 본	자본금과 유보금	2.56	2.34	2.34	2.75	3.18	3.75	3.35	3.90
	중앙은행 차입금[1]	··	··	0.67	0.72	0.47	0.41	0.14	0.06
	예 금	75.67	77.71	75.85	76.59	76.16	78.32	77.76	77.41
	유가증권발행	0.61	0.66	0.79	0.90	0.73	0.85	1.01	0.09
	기 타	21.16	19.28	20.35	19.04	19.46	16.68	17.75	18.54

주 : 1) 상업은행 기준(저축기관 제외)

자료 : OECD, *Bank Profitability* 각호

원해 왔으나 영·미에서는 중앙은행 대출제도가 은행의 유동성 부족시 일시적 지원이나 최종대부자 기능 위주로 운용되었던 데 기인한다.

한편 금융자유화와 증권시장 개혁조치 등의 효과에 힘입어 1980년대 중반 이후 단기금융시장과 자본시장이 급속히 발달한 독일, 프랑스 등은 1990년대에 들어 은행의 자금조달 가운데 유가증권 발행비중이 늘어나고 대신 예금을 통한 자금조달 비중이 줄어드는 추세를 보였다.

다음으로 주요국 은행의 자금운용상 특징을 살펴보면, 대륙계 은행의 자산 가운데 대출 비중은 영·미계 은행보다 높다. 이러한 차이는 나라별로 기업자금의 은행의존도와 예대 마진 크기에서 비롯되는 것으로 보인다.

대륙계 국가에서는 은행이 기업자금 공급에 주도적인 역할을 담당해 왔고 1990년대 초반까지 증권시장도 충분히 발달하지 않았기 때문에 자금의 운용을 주로 대출로 운영할 수밖에 없었다. 영·미의 경우 기업자금의 은행의존도가 낮았을 뿐 아니라 채권시장이 잘 발달해 있어 은행이 자산을 대출 이외에도 국채를 중심으로 하는 유가증권 투자로 운용할 수 있었다.

또한 사적자본이 소유하고 있는 금융기관이 대부분을 차지하는 영·미의 경우 은행간, 은행과 비은행금융기관간의 심한 경쟁으로 예대마진이 작게 유지되었다. 그러나 독일, 프랑스, 일본의 경우는 경쟁의식이 비교적 약한 정부가 소유하거나 지배하는 공적 금융기관이 큰 비중을 차지하고 있었다. 또 후자의 국가들은 산업부문에 대한 원활한 자금공급을 위해 정부가 금융산업에 대해 명시적으로나 비명시적으로 경쟁을 제한하는 규제를 계속하였다. 특히 독일과 프랑스에서는 은행이 비은행업무를 겸영하였다. 이처럼 대륙계 국가에서는 은행간 또는 은행과 비은행금융기관간의 경쟁이 심하지 않아 예대마진이 영·미에 비해 비교적 크게 유지될 수 있었다. 따라서 대륙계 은행이 영·미계 은행보다 대출업무를 적극적으로 취급하였던 것으로 보인다.[43]

그리고 영·미에 비해 은행의 공공성이 강조되었던 대륙계 은행의 공공부문에 대한 대출비중이 크게 나타났다.

한편 1980년대 중반부터 시행한 금융자유화와 증권시장 개혁조치 등이 효과를 나타내어 1990년대에 들어 자본시장 규모가 급속히 팽창하였다. 또 시장금리의 하락과 함께 증권시장이 호조를 보임에 따라서 영국과 대륙계 은행이 유가증권투자를 확대하는 모습을 보이고 있다.

〔표 22〕　　　　　　　　　주요국 은행의 예대마진[1]

단위 : %포인트

구 분	1980	1985	1988	1990	1994	1995	1996
미 국	2.20	1.88	1.59	1.85	2.51	2.91	2.88
영 국	2.04	0.54	1.74	2.21	1.82	2.58	2.91
독 일	4.09	5.09	5.04	4.52	7.01	7.09	7.19
프랑스	5.29	4.88	4.93	5.99	3.33	3.62	3.10
일 본	2.85	3.10	3.27	3.39	2.43	2.50	2.36

주 : 1) 예대마진은 *IFS*에 수록된 나라별 lending rate에서 deposit rate를 차감하여 산출
자료 : IMF, *IFS* 각호

〔표 23〕　　　　　　　　　주요국 은행의 부문별 대출비중

(1990~1996 평균)　　　　　　　　　　단위 : %

구 분	공공부문	기업	개인	계
미 국	0.0	23.0	77.0	100.0
영 국	0.8	29.3	69.9	100.0
독 일	17.5	73.9	8.6	100.0
프랑스	14.7	45.9	39.5	100.0
일 본	11.6	57.1	31.3	100.0

자료 : 日本銀行 國際局(1998)

〔표 24〕　　　　　　　　　주요국 은행의 자산내역별 구성

단위 : %

구 분		1980	1983	1985	1988	1990	1994	1995	1996
미 국	대 출	68.5	68.4	69.5	70.3	69.1	64.5	66.2	66.9
	유가증권	18.0	18.8	17.6	18.3	19.2	22.8	21.4	20.3
	기 타	13.4	12.8	13.0	11.5	11.7	12.7	12.5	12.8
	계	100.0	100.0	100.0	100.0	100.0	100.0	100.0	100.0
영 국	대 출	80.7	83.4	80.3	79.5	77.6	67.7	65.9	67.3
	유가증권	6.9	5.0	6.7	6.6	7.5	17.5	18.5	18.5
	기 타	12.4	11.7	12.9	13.8	15.0	14.8	15.6	14.3
	계	100.0	100.0	100.0	100.0	100.0	100.0	100.0	100.0
독 일	대 출	83.1	82.0	81.2	83.5	83.1	80.2	79.4	78.6
	유가증권	9.8	12.0	13.0	11.4	12.2	16.5	17.0	18.0
	기 타	7.2	6.0	5.8	5.1	4.7	3.3	3.6	3.4
	계	100.0	100.0	100.0	100.0	100.0	100.0	100.0	100.0
프랑스	대 출	85.2	86.3	83.1	78.7	77.8	74.0	73.6	71.6
	유가증권	1.5	2.4	3.9	8.7	9.1	18.7	18.8	20.9
	기 타	13.3	11.3	13.0	12.7	13.1	7.3	7.6	7.6
	계	100.0	100.0	100.0	100.0	100.0	100.0	100.0	100.0
일 본	대 출	67.9	71.4	71.0	70.8	70.9	75.5	75.4	73.1
	유가증권	14.0	12.4	12.2	13.1	13.6	14.3	14.3	15.9
	기 타	18.1	16.2	16.8	16.2	15.5	10.2	10.3	11.0
	계	100.0	100.0	100.0	100.0	100.0	100.0	100.0	100.0

자료 : OECD, *Bank Profitability* 각호

(3) 점포운영

은행의 점포운영 행태는 본점과 여러 개의 지점을 두고 영업하는
支店主義(branch banking)와 본점 외에는 점포를 두지 않는 單店主義

---

43) 미국, 영국, 독일과 프랑스의 은행은 자산중 대출비중이 점차 하락하는 데
　　비해 일본의 은행은 1990년대 들어 대출비중이 증가하고 있다. 이는 1990년
　　대초 버블경제의 붕괴에 따른 자산가격 폭락으로 은행이 보유하고 있던 고
　　정자산가격이 크게 떨어져 은행 자산규모는 줄어든 반면 대출잔액은 큰 변
　　동 없이 유지됨으로써 대출비중이 상대적으로 커진 데 따른다(OECD,
　　Economic Surveys on Japan, 1998).

(unit banking)로 구별할 수 있다.

영국, 독일, 프랑스와 일본은 근대적 은행제도의 형성 초기부터 전국에 방대한 지점을 갖춘 대형은행을 설립하였다. 현재도 그 전통에 따라 지점주의를 유지하고 있다. 영국에서는 19세기 중반 런던 지역을 중심으로 주식회사 형태의 은행이 설립되면서 지방 중소도시의 소규모 은행을 흡수하거나 새로운 지점을 신설하는 형태로 전국적인 점포망을 형성하였다.

독일과 프랑스에서도 19세기 중반 이후 주식회사 형태의 은행이 전국적으로 설립되었다. 그 후 은행간 통폐합이 활발히 이루어지면서 전국적인 지점망을 갖춘 대형은행이 출현하였다. 일본은 영국의 영향을 받아 근대적 은행제도를 도입함에 따라 설립 당시부터 전국적인 점포망을 가지게 되었다.

한편 미국은 광범위한 지리적 특성과 지방분권주의를 지향하는 정치적 성향 등을 배경으로 은행의 州內 지점설치는 제한적으로 허용하였으나 他州로의 진출은 엄격히 금지하였다. 따라서 은행이 1행 1점포의 단점 위주로 영업하였다. 그러나 1950년대에 들어 은행이 은행지주회사제도를 이용하여 州間 營業을 확대하기 시작한 이후 1980년대에 들어 일부 주에서 주법을 개정하여 은행의 상호진입을 허용하기 시작하였다. 1994년에는 Riegle-Neal법을 제정하여 모든 상업은행에 대해 주간 영업을 허용함으로써 미국의 은행도 대형은행을 중심으로 단점 위주의 영업에서 벗어나 지점을 확대하는 추세이다.[44] 대형은행은 금융의 세계화를 배경으로 지점주의를 채택하고 있는 나라의 은행과 경쟁을 위해 대형화와 지점주의로 이행하는 추세에 있다. 그러나 경쟁상대가 신협, 저축대부조합 등 지역밀착형 서민 금융기관인 소형은행의 경우에는 단점 위주의 영업을 계속하고 있다.

---

44) 미국의 단점주의에 대해서는 참고 1. 미국의 단점은행제도 약사 참조.

[표 25]　　　　　주요국 은행의 은행수·점포수·직원수 비교

(1996년말 현재)　　　　　　　　　단위 : 개, 명

구 분	미 국[1]	영 국[2]	일 본[3]	독 일[4]	프랑스[5]
은 행 수	9,575	135	136	258	405
점 포 수	57,788	13,000	14,103	7,235	10,386
직 원 수	1,484,000	380,500	383,000	213,000	216,236
은행당 점포수	6	96	104	28	26
점포당 직원수	26	29	27	29	21
은행당 직원수	155	2,819	2,816	826	534

주 : 1) 상업은행(국법은행, 주법은행)
　　 2) 예금은행
　　 3) 보통은행(도시은행, 지방은행, 제2지방은행)
　　 4) 상업은행(대형은행, 지방은행, 개인은행)
　　 5) 일반은행(국영은행, 민영은행, 외은지점)
자료 : OECD, *Bank Profitability*, 1998

이와 같은 지점운영 행태의 차이를 반영하여 단점주의를 채택해 온 미국은 지점주의를 채택하고 있는 다른 국가에 비해 은행수와 점포수가 절대적으로 많다. 그러나 은행당 점포수와 직원수(6개, 155명)는 훨씬 적다. 한편 지점주의를 채택한 나라의 경우 영국과 일본은 大은행, 多점포 방식인 데 반해 독일과 프랑스는 상대적으로 小은행, 少점포 행태를 보이고 있다.

(4) 은행과 기업의 관계

자본시장이 오래전부터 잘 발달된 영·미의 경우 은행보다는 주로 자본시장을 통해 기업자금이 공급되고 있으며 기업에 대한 감시와 통제도 자본시장을 중심으로 이루어지고 있다. 때문에 은행이 기업경영에 간여할 유인[45]이 거의 없어 은행(은행지주회사와 은행신탁 부문)은

---

45) 미국의 경우 금융기관이 실질적으로 지배하는 기업이 파산할 경우 파산법

기업주식을 투자목적으로 소유하고 있을 뿐이다. 기업의 의사결정 또는 경영성과가 기대에 미흡할 경우 기업경영에 개입하지 않고 소유주식을 매각하는 이른바 Wall Street Rule로 기업을 평가하고 있다.

이러한 점을 반영하여 영·미의 은행이 상장기업주식을 소유하는 비중(1~6%)이 독일, 프랑스와 일본(7~15%)보다 낮은 것으로 나타났다. 상장기업 주식의 소유목적 측면에서도 미국과 영국은 투자목적의 비중(89~91%)이 대부분을 차지하고 있는 반면, 독일과 일본은 지배목적의 비중(63~75%)이 높다.

〔표 26〕 **주요국 상장기업 주주 구성**

(1996년말 현재) 단위 : %

상장기업의 주주	미 국	영 국[1]	독 일	프랑스	일 본
금융기관	46	68	30	30	42
(은 행)	6	1	10	7	15
(보험사·연금)	28[2]	50[2]	12	9	12[3]
(투자기금)	12	8	8	11	–
(기 타)	1	9	–	3	15[4]
비금융기업	–	1	42	19	27
정 부	–	1	4	2	1
개 인	49	21	15	23	20
외국인	5	9	9	25	11
계	100	100	100	100	100

주 : 1) 1994년말 기준
2) 1993년 통계를 기준으로 보면 이 가운데 약 70% 이상을 연금이 소유
3) 연금기금 제외
4) 연금기금과 투자기금 포함
자료 : OECD(1998)

(Bankruptcy Code)에 의해 대출채권의 변제순위가 늦기 때문에 기관투자가는 기업지배에 소극적이며 영국의 경우에도 기업에 대한 거액투자실적을 금융감독당국에 보고토록 하는 등 영향력 행사를 목적으로로 한 기업주식소유를 비효율적인 자금운용으로 생각하는 경향이 있다(Stephen Prowse 1994).

〔표 27〕　　　　　　　　　주요국 상장기업 주식의 소유목적
(1990년말 현재)　　　　　　　　　　　　단위 : %

상장기업주식의 소유목적	미 국	영 국	독 일	일 본
지배목적	9.0	10.8	75.0	63.4
(금융기관)	2.0	0.7	33.0	38.5
(기 타)	7.0	10.1	42.0	24.9
투자목적	91.0	89.2	25.0	36.6
(금융기관)	55.0	57.8	3.0	9.5
(개 인)	30.0	22.4	3.0	22.4
(외국인)	5.4	6.5	14.0	4.0
(정 부)	0.6	2.5	5.0	0.7
계	100.0	100.0	100.0	100.0

자료 : Prowse(1994)

　　반면 기업자금을 은행이 주로 공급해 온 독일, 프랑스와 일본의 경우 은행이 기업의 주주와 채권자로서 기업자금의 공급과 지배에 막강한 영향력을 행사하고 있다.

　　독일과 일본의 경우 의결권 대리행사와 상호 주식소유에 따라 의결권 블록(voting bloc)을 형성한 은행은 각각 Hausbank와 main-bank 제도를 통해 이사회에 직접 참여하는 등 기업경영에 관여하고 있다.

　　독일의 Hausbank[46]는 단기상업금융은 물론 주식발행 주선, 회사채 인수 등 기업자금업무를 담당하며 주주로부터 관리(주식보관과 배당의 대리수령 등)를 수탁받은 주식에 대한 의결권의 대리행사(proxy voting), 감독이사회 참여[47] 등을 통해 기업경영에 영향력을 행사한다. 또한 기업의 부도위기 때에는 대출금의 출자전환, 매각주선 등의 업무

---

46) Hausbank는 1920년대 주로 전기, 철도 등 공공시설산업과 설탕산업, 목재교역 등의 특정 산업을 지원하기 위해 각각 설립된 금융회사(finance company)와 지역은행을 베를린 대형은행이 흡수하면서 형성되었다(Engberg 1981).

47) 1990년 6월 기준으로 독일 은행은 독일 100대 기업 가운데 96개 기업의 감독이사회에 임원을 파견하고 있으며, 이 가운데 14개사에서 의장(chairman)의 지위를 차지한다(Roe 1993).

〔표 28〕　　　　　독일 100대 비은행기업의 감독이사회 구성
(1993년 현재)　　　　　　　단위 : 명, %

종업원	노동조합	비은행기업의 경영진	은행 경영진	변호사	정치인 등	계
549 (35.2)	211 (13.5)	427 (27.4)	152 (9.7)	155 (9.9)	67 (4.3)	1,561 (100.0)

주 : 1) 괄호 안은 구성비
자료 : Emmons & Schmid(1998)

까지 수행하고 있다. 특히 Hausbank는 외부이사로서 감독이사회에 참여하여 경영이사회를 감시한다. 독일 100대 기업의 감독이사회 임원 가운데 은행 경영진이 약 10%를 차지하고 있다.

　　일본의 main-bank[48]는 일반적으로 기업이 거래하고 있는 은행 가운데 장기적이고 계속적인 거래관계를 맺으며 가장 많은 자금을 차입하고 있는 은행으로서 기업대출 외에도 예금, 외국환 등에서 주된 거래관계를 유지한다. 한편 거래기업의 주식을 장기 소유하고 은행의 퇴직직원을 관련기업의 임원으로 선임하여 이사회에 참여시키거나 은

〔표 29〕　　　　　일본 6대 기업집단 상장기업의 임원 구성
(1995년 현재)　　　　　　　단위 : 명, %

	三井	三菱	住友	芙蓉	三和	一勸
총임원수[1]	782	789	168	956	1,027	1,350
은행파견임원수[2]	9 (1.2)	19 (2.4)	7 (4.2)	21 (2.2)	24 (2.3)	56 (4.1)

주 : 1) 감사 포함
　　2) 괄호 안은 총임원수 대비 은행파견임원수의 비율
자료 : 한국은행 은행감독원(1996)

---

48) 일본의 main-bank는 전시경제체제하인 1944년 군수기업에 대한 원활한 자금지원을 위해 군수융자 지정금융기관제도를 도입하여 각 군수기업별로 특정 은행을 거래전담은행으로 지정한 데서 비롯되었다(Aoki 1995).

행 경영진이 계열기업내 사장단회의(presidents' council meeting)[49]에 참석하는 방법으로 기업경영을 감시하거나 조언하는 활동까지 수행 하는 것으로 알려지고 있다.

프랑스의 경우 국가기간산업의 국유화 조치 등 전통적인 국가주도 경제구조로 인해 은행이 기업주식을 소유하는 비율은 높지 않다. 그리 고 은행이 기업이사회 참여 등을 통해 기업경영에 관여하는 경우도 많지 않다. 대신 국가가 이사회 참여 등을 통해 은행과 기업 경영에 관여하고 있다. 민영화된 은행과 기업의 경우에도 정부가 은행과 기업 의 주식을 소유하고 있으므로 국가의 영향력이 전혀 없다고 할 수 없 다. 1986년 민영화 추진 이후 민영 상업은행이 주식을 소유한 기업의 이사회에 정부인사가 적극적으로 참여하는 경향이 나타나고 있다.

한편 이와 같은 은행과 기업의 관계는 은행의 여신취급과 관련한 정보의 비대칭성 문제 해결행태와 여신심사와 사후관리기법의 발전 에도 큰 영향을 끼쳤다.

영·미에서는 은행이 기업의 재무구조 등 경영에 관한 내부정보에 쉽게 접근할 수 없다. 따라서 경영정보를 증권시장에서 철저히 공시토 록 하는 투명성(transparency)이 강조되고 있다. 또한 객관적인 기업 관련정보의 수집·분석을 통한 정밀한 여신심사·사후관리와 위험관리 기법을 발전시켰다. 여신이 주로 투자계획의 성공 가능성과 借主의 미 래 상환능력에 따라 제공되고 있는 것이다. 반면 독일, 프랑스와 일본 의 경우 은행이 기업의 내부 경영정보를 상시로 입수할 수 있어 객관 적 체계적인 여신심사·사후관리와 위험관리 기법의 발전이 영·미보

---

49) 사장단회의는 계열기업내 최고경영진의 비공식적인 정기모임으로서 계열 내 개별기업의 경영에 직접 관여하는 것은 아니나 동 구성원이 계열내 주 요 기업의 경영자인 동시에 다른 계열기업의 대주주를 대표하기 때문에 계 열 전체에 걸친 중요사안에 대해 협의하고 경영방향을 결정하며 각 사장단 회의의 대표는 대체로 동일계열내의 대표기업인 도시은행이 담당한다.

〔표 30〕　　　　　1998년중 신디케이트론 조성 상위 20대 은행

단위 : 10억달러

순위	은 행 명	국가	금액 (건수)	순위	은 행 명	국가	금액 (건수)
1	Chase Manhattan	미	250(340)	11	BNS	캐	55(99)
2	Citicorp	미	158(237)	12	BNY	미	51(88)
3	J. P. Morgan	미	148(148)	13	Societe Generale	프	46(109)
4	NationsBank	미	147(278)	14	WestLB	독	45(68)
5	BOA	미	138(256)	15	CSFB	스	45(58)
6	DMG	독	88(114)	16	CIBC	캐	44(75)
7	Barclays	영	77 (91)	17	HSBC	영	43(61)
8	ABN Amro	네	69(146)	18	Credit Lyonnais	프	43(67)
9	TDB	캐	59 (62)	19	BNP	프	41(77)
10	BT Alex	미	57(125)	20	Nat West	영	40(52)

주 : 1) 미=미국, 독=독일, 영=영국, 네=네덜란드, 캐=캐나다, 프=프랑스, 스=스위스
자료 : *Euromoney*, 1998. 7

다 상대적으로 뒤지게 되었다. 여신도 투자계획의 성공 가능성보다는 주로 과거 경영실적과 차주의 신용도에 따라 이루어지는 경향이 있다.

　독일, 프랑스와 일본의 은행과 영·미계 은행의 여신심사와 위험관리 능력의 차이는 기업의 투자계획에 대한 분석능력과 투자자금의 모집능력(공동투자를 통한 위험분담)이 필수적인 신디케이트론의 취급실적에 잘 반영되어 있다. 즉 1998년중 신디케이트론 조성 상위 20대 은행 가운데 미국과 영국의 은행이 10개를 차지하고 있다. 영·미의 은행에 의한 조성건수와 금액은 각각 전체의 66%와 67%를 점유하고 있으며, 상위 20개 은행 가운데 미국계가 7개, 영국계 3개, 독일계 2개, 프랑스계 3개이며, 일본계는 전무하다.

(5) 은행의 역동성

영·미에서는 끊임없는 진입과 퇴출 위협 때문에 창의와 혁신, 자율

과 경쟁을 당연시하는 금융풍토가 유지되었다. 정부가 은행산업을 지배하고 있어 상대적으로 진입과 퇴출의 위협이 작은 대륙계 은행은 영·미의 은행에 비해 비경쟁적이며 비역동적인 모습을 보이고 있다.

영·미에서는 1980년대 초까지만 해도 反시장적 규제가 있었으나 지금은 민간의 창의를 최대한 존중하고 시장기구의 원활한 작동에 중점을 두고 있다. 정부는 은행을 비롯한 기업의 규제회피적인 영업방식을 사후적으로 인정하는 등 경쟁적이고도 역동적인 영업방식을 도입할 수 있도록 여건을 조성해 주고 있는 것이다. 미국의 은행은 예금금리가 규제되어 있는 가운데 1960년대 재정적자 확대, 1970년대 유가급등에 따른 인플레이션으로 시장금리가 상승하자 법규의 허점을 이용하여 고수익 신종 금융상품을 경쟁적으로 개발하였고, 이를 정부가 사후적으로 승인하였다. 영국의 경우 1971년 정부가 예금은행간 금리협정을 폐지하여 금리를 자유화하고 1986년에는 Big Bang을 단행해 금융산업의 경쟁을 촉진하였다.

또한 영·미의 은행은 투자수익 증대에 목적을 둔 개인과 기관투자가가 많은 지분을 소유하고 있기 때문에 은행 경영진은 경영목표를 은행 주주의 이익극대화에 두었다. 영·미의 은행은 새로운 수익원 발굴을 통한 수익성 향상을 위해 신상품 개발, 새로운 금융기법 개발, 업무영역 확대, 대형화, 과잉인력과 점포정리를 통한 경영합리화 등을 통해 금융환경 변화에 능동적이고도 역동적으로 대처하여 왔다.

반면 대륙계 국가에서는 정부가 중앙집권적인 강력한 행정력을 바탕으로 경제정책을 기획·집행하였다. 은행산업에 대해서도 과당경쟁에 따른 폐해를 방지하기 위해 각종 경쟁제한적인 규제를 부과함에 따라 규제순응적이며 비역동적인 행태를 보였다.

독일과 프랑스에서는 금융시장에서 비교적 경쟁과 효율에 둔감한 정부계 금융기관이 큰 비중을 차지하고 있다. 또한 은행이 증권업을 겸영하고 있어 은행과 비은행금융기관 사이에 비경쟁적인 금융환경이 오랫동안 유지되었다. 특히 프랑스의 경우에는 제2차 세계대전 후 대형은행이 국가 소유로 운영된 데다 1960대 중반까지 금리, 업무영역 등에 대해 강력한 규제가 실시됨에 따라 은행이 창의성을 발휘할 여건이 조성되어 있지 않았다. 일본의 경우에도 전통적으로 금융에 대한 각종 경쟁제한적인 규제가 강력하게 부과되었으며, 금융기관도 돌출행동을 피하고 타금융기관을 따라가려는 성향을 지니는 등 규제에 순응적이었다.

또한 대륙계 국가에서는 사회시장경제 원칙[50](독일), 은행 국유화(프랑스), 은행과 기업간 상호 주식소유(일본) 등의 영향으로 은행경영의 목표가 주주(shareholders) 이익의 극대화가 아닌 주주, 채권자, 종업원, 지역사회구성원 등 이해관계자(stakeholders) 이익의 극대화에 두어짐에 따라 이들 국가의 은행은 금융환경변화에 대응하는 데에서 영·미에 비해 역동적이지 못한 모습을 보였다.

각국 은행의 역동성 정도를 신종 금융상품 개발, 새로운 금융거래 기법인 파생금융상품 취급, 경영효율성 향상을 위한 대형화와 경영합리화 노력 측면에서 비교해 보면 다음과 같다.

(가) 신종 금융상품의 개발

신종 금융상품의 개발은 1933년부터 Regulation Q에 따라 예금금리가 규제[51]되었던 미국에서 가장 활발하게 이루어졌다. 미국에서는

---

50) 통제경제체제와 자유방임경제체제를 모두 부정하고 양자의 중간입장을 취하는 독일 정부의 정책이념으로 기업을 중심으로 한 경제주체 상호간의 자유경쟁을 촉진하되, 경쟁이 과다하여 사회 전체의 질서와 안정이 손상될 염려가 있을 경우에는 국가가 사회 전체적 견지에서 조정하여야 한다는 이른바 신자유주의 사상으로서, 1960년대 중반 이후 독일 정부가 경제 각 부문에 적용하였다(황준성 1997).

51) 미국에서는 1933년 이후 글래스-스티갈법에 근거하여 연준이 제정한 Regulation Q에 의해 저축성예금에 대한 기간별 최고이율이 규제되고 요구

1960년대 중반 이후에 급속하게 진행된 인플레이션으로 시장금리가 급상승하여 예금금리를 웃돌고, 금융의 증권화 현상에 따라 은행(저축대부조합, 상호저축은행, 신협 등 저축기관과 상업은행)으로부터 예금이 대량으로 이탈하는 탈중개화 현상(disintermediation)이 일어났다. 이러한 환경변화에 대응하기 위하여 은행과 비은행금융기관은 법규상의 허점(loophole)을 이용하여 경쟁적으로 신종 금융상품을 개발하였다.

먼저 저축기관은 저축성예금에 수표발행 기능을 부여한 NOW(negotiable order of withdrawal, 1971)를 개발하였다. 증권회사는 은행예금과 유사한 유동성을 갖고 고금리를 지급하는 MMMF(money market mutual fund, 1972)와 CMA(cash management account, 1977)를 개발하였다. 이후 이들 신종 금융상품이 법원에 의해 적법한 것으로 판정되자 정부는 금융기관의 규제회피 노력을 수용하고 금리규제를 단계적으로 철폐하였다.

또한 이런 신종 금융상품의 급성장으로 수신경쟁력이 크게 저하된 상업은행의 금리자유화 요구에 따라 연준은 상업은행에 대해 금리규제를 받지 않는 정기예금인 MMC(money market certificate, 1978),[52]

불예금에 대해서는 이자지급이 금지되는 등 은행예금에 대해 금리가 규제되었으나 은행이 법규의 허점을 이용하여 신종 수신상품을 개발하고 금리자유화가 세계적 추세로 확산됨에 따라 1986년 3월 저축성예금에 대한 금리규제의 폐지(단, 요구불예금에 대한 이자지급은 계속 금지)와 함께 사실상 금리가 자유화되었다.

52) 상업은행의 규제회피 노력을 보여주는 일례로 MMC의 변칙취급을 들 수 있다. 금융당국은 1978년 5월 예금금리 규제완화를 위해 상업은행과 저축기관에 대해 최저예입액 1만달러에 만기 6개월 이하의 시장금리연동형 정기예금인 MMC의 취급을 허용하였으나 최저예입액이 500~5,000달러인 MMMF에 비해 경쟁력이 떨어지자 상업은행은 MMC 고객에게 최저 7천달러까지 대출(MMC 최저예입액을 3천달러로 인하하는 효과를 얻음)해 주는 변칙적인 방법을 사용하였다. 이에 대해 금융당국은 1982년 5월 최저예

SSC(small savings certificate, 1979)의 도입을 허용하였다. 1980년과 1982년에는 관계법[53]의 제정을 통해 상업은행의 정기예금에 대한 금리규제를 단계적으로 완화하여 상업은행도 MMMF와 유사상품인 MMDA(money market deposit account, 1982)와 함께 Super NOW (1983)를 취급할 수 있도록 하였다. 이어 1986년에는 금리를 자유화하기에 이르렀다.

일본의 경우 1970년대 후반 이후 미국에서 개발된 CD, MMC 등 신종 금융상품이 도입되었다. 그러나 이러한 신종 금융상품의 도입은 미국과 같이 은행의 규제회피 노력을 정부가 수용한 결과는 아니었다. 일본 정부가 금리규제에 따른 은행산업의 비효율성 심화, 금융시장 개방압력 등 금융여건 변화에 대처하여 단계적으로 금리를 자유화하기 위한 방안으로 은행에 신종 금융상품의 취급을 허용한 것이다.

〔표 31〕   주요국의 대표적인 신종 금융상품 도입과 관련시장 개설시기

	1970년대 이전	1970년대	1980년대
미 국	CP, CD	MMMF(71), NOW(72), CMA(77), MMC(78), SSC(79)	MMDA(82), Super NOW(83)
영 국	CD	–	CP(86)
독 일	RP	–	CD(86)
프랑스	–	–	CD(85), CP(85)
일 본	–	CD(79)	MMMF(83), MMC(85), CMA(84), CP(87)

주 : 1) 괄호 안은 도입년도, 단 CP의 경우는 CP시장의 개설년도
자료 : Yumoto *et. al.*(1986) 등

입액을 7,500달러로 인하하고 1983년 1월에는 이를 2,500달러로 인하하였다 (한국은행, 《주요국의 수신금리 자유화》, 조사자료 89-2, 1989, 5쪽).
53) Depository Institutions Deregulation and Monetary Control Act of 1980과 Depository Institutions Act of 1982.

한편 독일과 프랑스는 1965년부터 금리가 단계적으로 자유화되었고 은행이 비은행업무를 겸영하고 있었기 때문에 은행과 비은행금융기관간 경쟁이 심하지 않았다. 따라서 미국과 같이 은행이 금리규제 회피를 통해 신종 금융상품을 개발할 필요성이 크지 않아 신종 금융상품의 도입이 미국에 비해 활발하지 않았다.

(나) 파생금융상품 거래

영국[54]과 미국의 은행은 고수익·저위험을 겨냥한 새로운 파생금융상품의 개발과 거래에서도 주도적인 역할을 담당하고 있다.[55]

---

54) 파생금융상품의 개발은 주로 미국에서 이루어졌으나 1980년대 들어 영국의 은행도 파생금융상품거래에 적극적으로 참여하게 되는데, 이는 영국에서는 1980년대 초반부터 은행에 대해 위험가중자산에 기초한 자기자본비율규제가 적용되었기 때문에 은행이 자산규모를 늘리지 않고 수익을 올릴 수 있는 파생금융상품거래를 확대한 데 주로 기인한다.

55) 파생금융상품의 개발에 미국이 주도적인 역할을 할 수 있었던 이유는 다른 나라에 비해 미국이 파생금융상품의 개발에 필요한 물적, 인적 토대를 갖추었기 때문이다. 세계 컴퓨터산업과 정보통신산업에서 미국은 과거부터 최대 생산국이고 최대 소비국이며 첨단 정보처리기술의 개발에서도 앞서고 있다. 또한 미국이 소련과의 우주개발경쟁을 위해 육성한 수학, 물리학 등 기초과학자들이 1970년대 이후 월 스트리트의 금융기관에 대거 진출하였으며, 이들은 정교한 수학공식과 정보처리기술을 접목하여 차익거래(arbitrage transaction)를 가능하게 한 컴퓨터프로그램을 개발하였다("Rocket scientists are revolutionizing Wall Street", *Business Week*, April 21, 1986). 또한 1980년대 들어 주로 숙련도(skilledness)가 경쟁력을 좌우하는 제조업종에서 미국이 독일과 일본에 뒤쳐지고 그에 따라 무역수지가 크게 악화되자 이를 타개하기 위해 미국 정부가 펼친 정책도 파생금융상품의 개발 등 금융산업의 발전에 큰 영향을 주었다. 즉 미국 정부는 1980년대 중반 이후 WTO 협상과 미일구조조정협의 등 양자협상을 통해 비교우위가 있는 정보·서비스 산업에서 유럽, 아시아 국가의 무역장벽을 완화함으로써 관련기업의 해외진출 확대를 가능하게 하였다. 이에 따라 기업의 국제거래가 확대되면서 이들 고객기업의 금융거래수요를 충족하기 위해 미국 금융기관은 앞다투어 새로운 금융상품을 개발하게 되었다. 또한 1980년대 중반 이후 국

파생금융상품은 1970년대 초에 브레튼우즈체제의 붕괴에 따른 변동환율제로의 이행과 유가급등으로 인한 인플레이션 확산 등으로 환율과 금리의 변동폭이 증대되면서, 이에 따른 위험을 회피하기 위하여 영·미를 중심으로 발달하였으나 독일, 프랑스와 일본에서는 1980년대 중반 이후에야 파생금융상품을 취급하는 거래소를 설립하였다.

미국에서는 1973년 옵션가격의 설정에 관한 이론이 발표[56]되고, 시카고옵션거래소(Chicago Board Options Exchange ; CBOE) 설립으로 옵션거래가 활성화되기 시작하였으며, 금융선물도 1976년 시카고상품거래소(Chicago Mercantile Exchange ; CME)에서 최초로 거래되었다. 그 뒤 미국의 은행은 컴퓨터와 정보처리기술의 발달에 힘입어 정교한 금융공학기법(financial engineering)을 상시적으로 개발하고 이를 금융상품간 裁定去來(arbitrage transaction)에 이용하거나 스왑, 옵션, 先渡(forward)와 先物(futures) 등의 기본거래를 혼합한 다양한 장외거래 파생금융상품을 개발하였다.

또한 세계 주요 거래소의 파생금융상품 최초 취급시기[57]에서도 미국과 영국이 다른 나라에 비해 앞서고 있으며, 거래규모에서도 미국이

가기간정보통신망 확충, 정보통신관련 군사기술의 民需轉換 촉진과 각종 규제완화정책을 통한 정보통신산업의 비약적인 발전도 파생금융상품 등 신금융상품이 활발히 개발될 수 있는 여건조성에 기여하였다(《미국경제, 왜 강한가?》, 한국은행 뉴욕사무소, 1997. 3).

한편 미국에서 파생금융상품이 발달하게 된 배경의 하나로 미국인의 투기적 성향(speculative nature)을 지적하고 있는 견해도 있다. Chancellor는 영국이 미국을 식민지로 개척한 것은 본질적으로 투기이며 18세기 이후 미국으로 이주한 사람들도 자신의 인생을 걸고 투기활동을 한 것으로 볼 수 있다면서 이러한 미국인의 투기적 성향이 1920년대의 주식투기, 1980년대 정크본드 투기, 1990년대 투기적 파생금융상품 거래와 관련된 금융사고 등을 초래했다고 주장하였다(Chancellor 1999).

56) Black, Fisher & Myron Scholes, "The Pricing of Options and Corporate Liabilities", *Journal of Political Economy*, May-June, 1973.

57) 각국 주요 거래소의 파생금융상품 취급년도

〔표 32〕 **장내 파생금융상품 거래규모**

단위 : 1조달러

	1992	1993	1994	1995	1996	1997
미 국	102.1	113.1	175.9	161.1	154.2	182.7
유 럽	42.8	61.4	83.9	87.5	100.1	114.9
아 시 아	36.9	53.0	77.8	81.1	63.8	56.3
기 타	0.1	0.4	2.9	4.2	3.4	2.9
합 계	181.9	227.8	340.5	333.9	321.5	356.8

자료 : BIS, *Annual Report*, 1998

〔표 33〕 **장외 파생금융상품 거래규모**

단위 : 10억달러, %

	1995. 4월중		1998. 4월중	
	명목원금	구성비	명목원금	구성비
미 국	53.2	20.0	90.9	19.0
영 국	73.8	27.0	170.8	36.0
독 일	13.8	5.0	34.4	7.0
프랑스	22.3	8.0	45.8	10.0
일 본	32.8	12.0	42.1	9.0
전세계	269.5	100.0	474.0	100.0

자료 : BIS, *Annual Report*, 1998

1997년 현재 전세계 장내 거래규모의 51%를 차지하고 있다.

더욱이 거래조건이 통일되어 있고 차액결제 위주인 장내거래에 비

국 가	거래소		취급년도	국 가	거래소		취급년도
미 국	CBOT	(1)	1975	영 국	LIFFE	(4)	1982
	CME	(2)	1976	독 일	DTB	(9)	1990
	CBOE	(3)	1973	프랑스	MATIF	(5)	1986
	NYFE	(53)	1980	일 본	TIFFE	(12)	1989

주 : 1) 괄호 안은 전세계 파생상품 거래소중 거래량 순위(1993년 기준)
자료 : 한국은행(1994)

해 기초자산(underlying asset)이 실제로 인도되어 위험성이 비교적 크며 거래 상대방과 계약에 의해 거래조건을 다양하게 변형시킬 수 있어 모방이 쉽지 않은 장외 파생금융상품거래에서도 신상품개발 능력과 위험관리 경험이 풍부한 영·미의 은행이 국제금융시장을 주도하고 있다. 1998년 4월 현재 영국과 미국이 전세계 장외 파생금융상품 거래량의 55%를 차지하고 있다.

(다) 대형화와 경영합리화

1980년대 이후 전세계적으로 금융자유화, 금융국제화에 따라 금융산업의 경쟁이 격화되고 수익성이 악화되는 데 대응하기 위한 방안의 하나로 주요국 은행은 인수와 합병(M&A)을 통한 대형화와 구조조정을 통한 경영합리화를 추진하였다. 그 과정에서도 영·미계 은행이 대륙계 은행보다 더 역동적인 모습을 나타내었다.

1989년 이후 주요국의 은행간 M&A 건수와 금액(M&A 대상은행의 자산규모)을 비교해 보면 영·미가 다른 나라에 비해 활발한 움직임을 보이고 있다. 먼저 절대적인 M&A 건수와 금액에서는 미국이 가장 앞서고 있다. 다음으로 건당 평균금액에서는 일본을 제외할 경우 영국이 수위를 달리고 있다. 영국의 경우 민간 소유의 중대형 은행간 자발적인 합병이 활발하였다. 반면 독일과 프랑스는 정부계 중소규모 저축은행이나 신협을 중심으로 각각 이루어졌다. 또한 미국의 경우에도 대형은행간 합병이 영국보다 더욱 활발하게 이루어졌으나, 그에 못지 않게 중대형은행이 지점망 확충을 위해 소규모 은행과 저축대부조합을 적극 인수함에 따라 건당 평균금액이 적게 나타났다. 한편 일본의 경우 대형은행간 합병[58]에 따라 M&A 금액은 비교적 크게 나타나고 있으나

---

58) ·1990년 4월 다이오고베은행＋미쓰이은행(자산규모 2,005억달러) 합병 →
　　사쿠라은행
　　·1991년 4월 교와은행＋사이타마은행(자산규모 1,061억달러) 합병 →

[표 34]　　　　　　　주요국의 은행 M&A 건수와 금액

단위 : 건, 1억달러

구 분	건수 (금액[1])						건당 평균 금액
기 간	1989 ~90	1991 ~92	1993 ~94	1995 ~96	1997 ~98.2	계	
미 국	1,501 (3,780)	1,354 (5,680)	1,477 (5,530)	1,803 (11,490)	628 (10,760)	6,763 (37,240)	0.5
영 국	86 (640)	71 (750)	40 (330)	22 (2,260)	11 (230)	230 (4,210)	1.8
독 일	19 (110)	71 (350)	83 (190)	36 (10)	25 (1,930)	234 (2,590)	1.1
프랑스	52 (270)	133 (240)	71 (50)	49 (610)	24 (130)	329 (1,300)	0.4
일 본	8 (3,120)	22 (0)	8 (230)	17 (3,380)	–	55 (6,720)	12.2

주 : 1) 피합병은행의 자산금액　2) 괄호 안은 금액
자료 : BIS, *Annual Report*, 1996 ; White(1998)

M&A 건수는 주요국에 비해 훨씬 적다.

　또한 내부경영에서도 영·미 은행이 대륙계 은행에 비해 과감한 구조조정을 추진하였다.

　먼저 지점수에서는 지점수가 가장 많았던 1980년대 중반에 비해 1996년말 현재 지점수가 독일, 프랑스, 일본은 각각 1.9%, 4.5%, 0.8% 감소에 그친 반면, 영국의 경우는 27.8%가 감소하였다. 한편 미국의 경우에는 州間 지점설치 규제가 완화됨에 따라 지점수가 점차 늘어나고 있다.

　그리고 은행직원수 변화추이를 보더라도 노동법상 강력한 노동자 보호장치(독일, 프랑스)를 두고 있거나 종신고용 등의 관행(일본)으로 인력감축에 어려움이 있는 대륙계 은행이 영·미보다 매우 완만한 감

아쓰이은행
· 1995년 4월 미쓰비시은행＋도쿄은행(자산규모 2,549억달러) 합병 →
　도쿄 미쓰비시은행

소세를 보이고 있다. 총수입대비 인건비 비율도 영·미에 비해서는 높은 수준을 유지하고 있다.

〔표 35〕　　　　　　　　主要국 은행[1]의 지점수 추이

단위 : 천개

	1980	1990	1996	1980년 이후 최대 지점수(연도)	변화율[2] (%)	은행 밀집도[3]
미 국	58.6	69.2	70.4	70.4(1996)	–	0.27
영 국	20.4	19.0	15.3	21.2(1985)	-27.8	0.26
프랑스	24.3	25.7	25.4	25.9(1987)	-1.9	0.44
독 일	39.3	39.8	38.2	40.0(1985)	-4.5	0.58
일 본	18.5	24.8	25.5	25.7(1994)	-0.8	‥

주 : 1) 예금수취기관(신협 등 저축기관 포함, 단 미국과 일본의 경우는 제외) 기준
　　 2) 1980년 이후 최대지점수 대비 1996년 지점수 증감률
　　 3) 인구 천명당 은행지점수
자료 : BIS, *Annual Report*, 1996 ; White(1998)

〔표 36〕　　　　　　　　主要국 은행[1]의 직원수와 인건비

	직 원 수(천명)					인 건 비[2](%)		
	1980	1990	1996	최대수　연도	변화율 (%)	1980~ 1982	1986~ 1988	1992~ 1995.3
미 국	1,900	1,979	1,893	2,136　1987	-12.0	35	31	27
영 국	324	425	373	430　1989	-13.0	44	38	36
프랑스	399	399	375	401　1988	-7.0	50	46	43
독 일	533	696	750	758　1994	-1.0	48	44	39
일 본[3]	612	597	6182	622　1993	-0.6	44	33	39

주 : 1) 예금수취기관(일본의 경우 신협 등 협동조합은 제외) 기준
　　 2) 인건비는 은행 총수입대비 비중
　　 3) 일본의 경우 1994년 기준
자료 : BIS, *Annual Report*, 1996 ; White(1998)

참고 1 **미국의 單店銀行制度**(unit banking system) **略史**

제1합중국 은행(the First United States Bank, 1791~1811)과 제2합중국 은행(the Second United States Bank, 1816~1836)은 연방정부로부터 은행면허를 획득하여 많은 주에 지점을 설치하고 있었다. 그러나 1836년 제2합중국 은행의 폐쇄 이후 은행은 주간 경계를 넘은 지점설치(inter-state branching)를 할 수 없었다. 즉 1864년 국법은행법(National Bank Act)이 제정될 때까지 모든 은행은 주법은행(state-chartered bank)이었기 때문에 주간 지점설치(inter-state branching)는 이루어질 수 없었으며 주내 지점설치(intra-state branching)도 주법에 따라 일부 주에서만 허용되었다. 또 주내에서의 영업도 주내 어느 지점에서나 지점설치가 가능한 state-wide branching, 주내에서의 특정 지역에 한해 지점설치가 가능한 limited branching, 본점에 한해 모든 은행업무의 취급을 허용하는 unit banking으로 주마다 그 형태가 다양하였다.

그리고 국법은행법에 의해 설립된 國法銀行의 경우에도 은행이 소재한 도시 안에서의 지점설치뿐만 아니라 주간 지점설치도 제한받고 있었다. 이런 제한은 국법은행법에 의해 명시적으로 이루어진 것은 아니다. 오히려 국법은행법에는 지점의 설치에 관한 규정이 없어 지점을 설치할 수 있는 것으로 해석될 수도 있었다. 그러나 지방분권주의 사상이 강한 연방국가로서의 특성에 따라 국법은행법 시행 당시부터 지점설치에 관한 조항이 없는 것이 지점설치를 금지하는 것으로 해석되었다. 또한 국법은행법이 제정될 당시만 하더라도 은행의 가계예금에 대한 관심도가 낮고 통신·교통 수단이 발달되지 않은 상태이였기 때문에 은행의 입장에서도 지점설치에 대해 별다른 관심이 없었다.

1927년 McFadden 법을 제정하여 州法銀行의 주내 지점설치가 허용되는 주에 한해 국법은행의 경우에도 본점이 소재한 도시 안에서의 지점설치를 허용한 뒤에도 주법은행과 국법은행의 주간 지점설치는 계속 금지되었다. 이는 지방분권주의의 전통에 따라 소수의 대형은행에 의한 금융지배를 방지하는 데 그 목적이 있었다.

한편 1950년대 이후 ATM, 신용카드 등의 보급확대와 더불어 지점출장소(branch office)의 개설이 크게 늘어나는 한편, 주간 경제를 달리하는 몇 개의 단점은행이 은행지주회사를 구성함으로써 단점은행이 은행지주회사의 지점으로서의 성격을 띰에 따라 단점은행제도는 크게 퇴색되었다.

1980년대 들어서는 은행이 타주 소재 부실저축대부조합을 합병하여 州間營業을 확대해 나감에 따라 각 주에서는 주법을 개정하여 주간영업규제를 완화하였다. 1994년에는 금융개혁법(Interstate Banking and Branchinging Efficiency Act, 소위 Riegle-Neal Act)을 제정하여 은행의 주간영업을 전면 허용하였는데, 그 법에 의해 1995년 9월부터 은행지주회사는 주법의 규정에 관계없이 他州 소재 은행을 매수할 수 있게 되었으며, 1997년 6월부터는 개별은행도 타주가 인정하는 경우 타주 소재 은행의 합병, 지점 매수 또는 신설 등을 통해 타주에 진출하는 것이 가능하게 되었다.

라. 성 과

한 나라 은행부문의 경영성과(performance)는 은행산업의 생산물인 자금중개와 각종 부대서비스가 얼마나 저렴하게 생산되느냐로 가늠할 수 있다. 흔히 은행경영의 수익성, 생산성, 건전성 지표 등으로 경영성과를 파악할 수 있다.

Steinherr & Huveneers(1993)는 선진국 은행의 경영성과자료를 비교분석해 보고 은행경영성과는 거시경제적 조건 이외에 기본적으로 은행산업의 구조, 정부의 역할과 금융행태 등에 따라 나라마다 차이를 나타낸다고 주장하였다.[59]

우선 영·미와 같이 시장중심적 금융구조를 지닌 국가의 경우 은행의 수익은 일반적으로 금융시장규모에 크게 의존한다. 반면 범위의 수익은 거의 나타나지 않으며 시장 진입장벽이 존재하지 않아 기술혁신을 통한 우수한 대체금융상품 개발이 경쟁적으로 이루어질 수 있었다. 이와 함께 외국은행의 국내시장 진입과 국내은행의 해외영업 등 국제화가 용이해짐에 따라 은행간 경쟁이 활성화되고 수익 변동성이 확대될 수 있었다.

반면 독일, 프랑스와 일본과 같이 은행중심적 금융구조를 가진 나라의 경우 규모의 수익은 시장크기보다 은행자산규모와 시장집중도 등에 주로 영향을 받는다. 범위의 수익이 다소 존재하기는 하나 은행의 공공성이 강조되고 진입과 각종 업무영역에 대한 규제 등으로 인

---

59) Demirgüç-Kunt & Huizinza(1998)도 1988~95년간 세계 80개국의 은행수지 관련 미시자료를 이용하여 은행산업의 수익성에 대한 결정요인을 은행별 특성, 거시경제 여건, 은행업에 대한 과세, 예금보험기구 등 사회안전망, 금융구조와 법적 제도적 조건 등으로 나누어 인과관계와 유의성 정도를 분석하였다. 한편 은행의 국제경쟁력과 관련된 여러 요인에 대해서는 《日本銀行 調査月報》(1992)를 참조.

〔표 37〕　　　　시장중심형과 은행중심형 금융구조의 은행경영성과 비교

	시장 중심형	은행 중심형
규모의 수익	시장 규모에 의존	기업 규모에 의존
범위의 수익	거의 없음	약간 존재
경　쟁	• 진입장벽이 존재하지 않으며 대체상품개발 등을 통한 경쟁	• 대체재의 부족 등으로 경쟁이 제한적임 • 규제와 기존의 유통망을 통하여 진입을 제한
기술혁신	• 우수한 상품 개발 • 규제를 회피하고 개방화 견지	• 증권시장의 미발달과 불완한 경쟁압력 등으로 우수한 상품 개발이 지연
위　험	• 더 높은 변동성과 유동성(업무의 다양성)	• 낮은 자산 유동성, 안정 된 예금재원 확보 (업무다양성 결여)
국제화	• 용이함	• 은행명이 외국에 잘 알려져 있지 않을 뿐만 아니라 국제화에 대한 의지 미약
외국인의 시장참여	• 용이함 • 높은 경합성	• 곤란함 • 전통적 유통망으로 보호막을 형성

자료 : Steinherr & Huveneers(1993)

하여 취급업무가 다양하지 못할 뿐만 아니라 경쟁제한 때문에 우수한 대체금융상품 개발이 지연되었다. 이와 함께 국내 거래기업과의 전통적인 관계, 즉 장기간에 걸쳐 구축된 영업관행으로 국제화에 소극적일 뿐만 아니라 보유자산가치의 변동성과 유동성이 낮게 나타날 수 있었다.

실제로 OECD가 국가별로 매년 발표하고 있는 상업은행 경영통계[60]

---

60) OECD는 매년 회원국 은행의 *Bank Profitability : financial statement of*

[표 38]   **주요국 은행의 수익구조와 경영성과**
(1980~1996년중 연평균)   단위 : %

	수익구조			수익성		생산성		건전성	
	순이자 수익률 1)	비이자 수익률 1)	운영 경비율 2)	ROA 3)	ROE 3)4)	직원 1인당 총자산 5)	직원 1인당 세전이익 6)	자기자본 /총부채	BIS자기 자본비율 7)
미국	3.48	1.57	65.7	1.08	15.26	2,026	22,891	6.67	12.3
영국	2.98	1.73	64.6	0.86	17.80	2,019	16,245	4.62	11.7
독일	2.22	0.94	65.4	0.60	12.27	3,608	19,157	4.66	9.5
프랑스	1.84	0.62	75.7	0.20	8.77	4,804	6,157	2.48	9.6
일본	1.30	0.20	67.8	0.36	13.35	10,408	28,937	2.92	8.9

주 : 1) 평균자산대비 비율
    2) 총수익(이자＋비이자 수익)대비 비율
    3) 세전당기순이익 기준
    4) 자기자본(납입＋제적립금)대비 비율
    5) 단위 천달러
    6) 단위 달러
    7) 5대 대형상업은행 기준, 1995~1997년 평균
자료 : OECD, *Bank Profitability* 각호 ; *The Banker* 각년도 7월호

자료를 이용하여 1980년 이후 주요 선진국 은행의 수익성·생산성·건전성을 비교해 보면, 영·미계의 은행이 독일, 프랑스와 일본의 은행에 비해 1인당 총자산은 다소 적으나 총자산이익률(ROA)과 자기자본이익률(ROE) 등 수익성과 건전성 면에서 대체로 우위에 있다. 특히 1980년대말까지 대규모 금융산업 구조조정을 단행한 미국과 영국의 경우 1990년대에 들어 은행수익성이 크게 높아져 선진국간 격차가 더욱 확대되는 모습을 보여주고 있다.

---

*banks*를 전 상업은행, 대형 상업은행 등 은행그룹별로 공표하고 있다.

(1) 수익성

주요국 은행이 영업활동에 투하한 자금을 이용하여 어느 정도의 수익을 실현했는지를 살펴보면 1980~1996년중 영·미계 은행의 연평균 총자산이익률(ROA)과 자기자본이익률(ROE)은 각각 0.86~1.08%와 15.26~17.80%로 독일·프랑스·일본 등 대륙계 은행의 0.20~0.60%와 8.77~13.35%를 훨씬 웃돌았다.

1980년대 이후 각국의 총자산이익률과 자본이익률의 추세를 살펴보면 영·미의 은행은 금융산업 구조조정 등이 진행되었던 1980년대 후반에 큰 변동을 보인 이후 1990년대에 들어 급격히 상승하는 반면 독일, 프랑스와 일본의 은행은 1980년대 이후 꾸준한 감소세를 보이고 있다. 특히 일본은 버블경제 이후 지속적인 경기침체 등[61]의 여파로 부실채권이 크게 늘어나고, 프랑스는 경기침체와 부동산 관련 대출채권의 부실화가 더욱 심화됨에 따라 수익성이 악화되었다.

한편 독일 은행의 경우 수익성의 변동폭이 다른 국가의 은행에 비해 안정적인 것으로 나타났다. 이는 은행간, 은행과 비은행금융기관간 금융중개의 중층화(예 : 은행간예금의 대폭 증가)가 심화되고 도매금융 취급비중이 안정적으로 확대됨에 따라 탈중개화가 점진적으로 이루어졌기 때문이다(Bauer & Domanski 1999).

영·미계 은행의 수익성이 양호하고 변동성이 큰 것은 이 국가들의 은행은 자본시장과 서로 보완관계를 지니고 있는 데 원인이 있다. 그

---

61) 이 밖에도 일본 은행의 낮은 수익성은 시장경제의 원칙에 입각, 리스크를 감안한 기대수익률을 고객에게 요구하지 않는 등 수익성보다는 공공성(은행법에 명시)을 우선 배려한 데 있으며, 금융당국에 의한 인위적인 저금리 정책과 시장점유율 확대 등 양적 성장 위주의 경영마인드가 존재하였기 때문이다(舘野敏·白石渉,《銀行システム : 發展と変容》, 1998).

가운데 자율적이고 경쟁적인 경영환경 아래에서 개인부문[62]을 중심으로 한 소매금융 취급 확대, 신종 금융상품과 신금융기법 개발, 비용절감과 경쟁력 강화를 위한 적극적인 합병, 증권화와 국제화를 통한 위험관리와 정보생산능력을 높이는 등 수익성 위주의 역동적인 경영을 한 결과이다.

반면 독일, 프랑스와 일본의 은행은 산업금융의 중추적인 자금공급 기능을 수행하는 과정에서 공공부문과 기업부문에 대한 대출비중이 높았으며, 은행산업은 정부의 묵시적 또는 명시적 보호와 규제 등으로 인해 대체로 사적 이윤보다는 은행, 기업집단 등 이해관계자의 공동이익을 추구하는 등 공공성 위주의 영업을 하였기 때문에 수익성이 상대적으로 낮았다.

〔그림 7〕　　　　　　주요국 은행의 총자산이익률(ROA) 추이

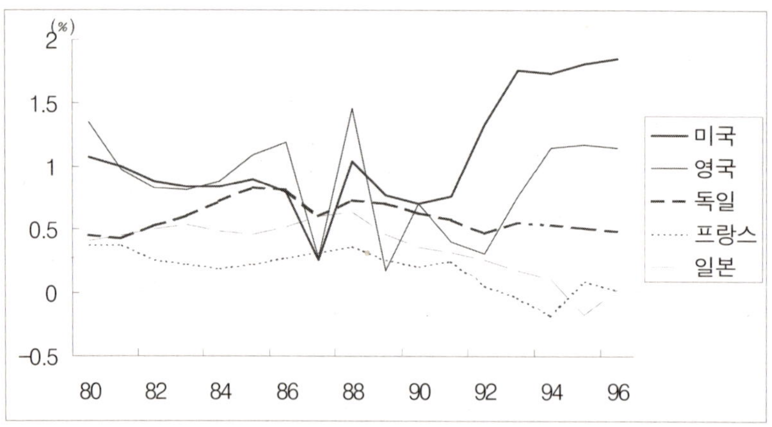

자료 : OECD, *Bank Profitability* 각호

---

62) 소비자 등 개인부문 대출은 기업(또는 공공부문) 대출과 비교할 때 규모에 비해 취급처리건수가 많아 단위당 경비가 비교적 많이 소요되며 신용리스크도 상대적으로 크기 때문에 일반적으로 높은 대출금리가 적용되는 편이다.

[그림 8] 주요국 은행의 자기자본이익률(ROE) 추이

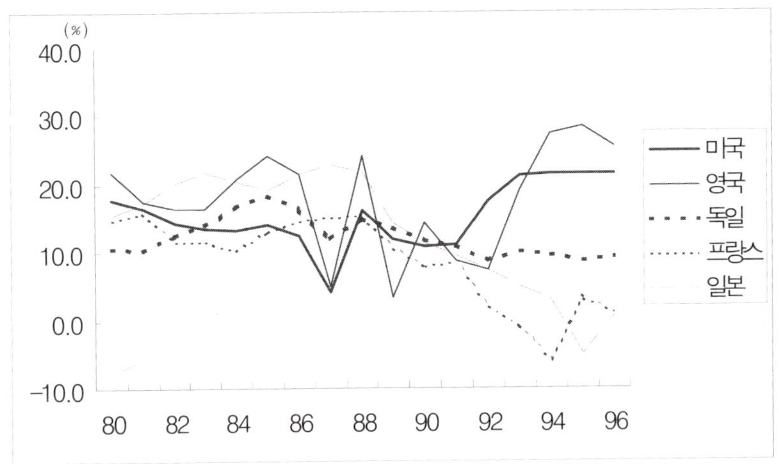

자료 : OECD, *Bank Profitability* 각호

한편 주요국 은행의 수익구조를 총자산대비 순이자수익비율과 비이자순수익비율, 총수익대비 운영경비비율 등으로 나누어 살펴보면 먼저 순이자수익(이자수입-이자지급)비율[63]은 영·미의 은행이 독일·프랑스·일본 등 대륙계 은행보다 높은 수준을 유지하였다.

[표 39] 주요국 은행의 순이자수익비율

(총자산대비) 단위 : %

	1980~84	1985~89	1990~94	1995	1996
미 국	3.16	3.45	3.73	3.72	3.73
영 국	3.39	3.18	2.66	2.33	2.20
독 일	2.33	2.31	2.16	1.98	1.83
프랑스	2.70	2.08	1.19	0.81	0.70
일 본	1.49	1.17	1.17	1.45	1.50

자료 : OECD, *Bank Profitability* 각호

---

63) 총자산대비 예대마진비율보다는 다소 포괄적인 순이자수익률로서 이자수익에는 대출금 관련이자와 유가증권이자 수익 등이 포함되어 있다.

[그림 9]   주요국 은행의 순이자수익비율 추이 (총자산대비)

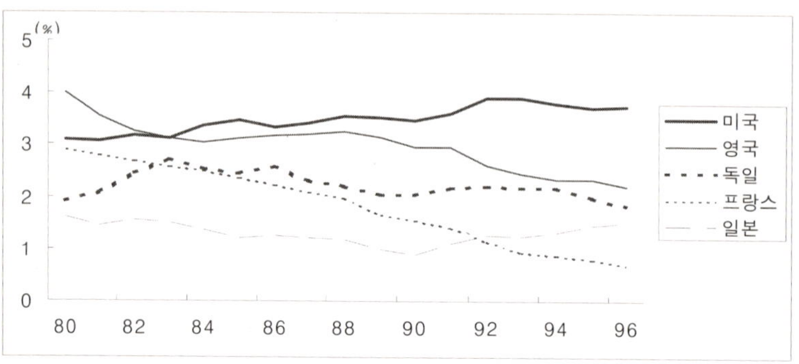

자료 : OECD, *Bank Profitability* 각호

특히 미국 은행은 1990년대에 들어 순이자수익비율이 지속적으로 증가하고 있다. 이는 경기회복에 따른 신용수요의 증가, 공격적인 대출 가격정책(aggressive loan pricing), 지속적인 자본확충, 증권화 진전에 따른 簿內(on-balance)자산의 증가 억제 등에 따른 것이다(Brady 1999).

한편 이자관련 업무를 취급함에 있어 수익(총자산대비 이자수익비율)과 위험(총자산대비 충당금비율) 간의 관계가 나라마다 큰 차이가 났다. 영·미의 은행은 우수한 위험관리능력을 바탕으로 수익성 향상을 통하여 은행주주의 이익을 극대화하는 경영전략을 구사한 결과 고수익-고위험의 수익구조를 보인다. 반면 대륙계 국가는 은행산업에 대해 각종 규제가 부과되는 데다가 수익성을 높이기보다는 공익성, 안정성에 치중함으로써 비교적 저수익-저위험의 수익구조를 나타냈다.

또 이러한 이자관련 수익의 위험변동성과의 관계를 보면 영·미 은행은 고수익성을 추구하면서 위험변동성[64]이 큰 역동적인 영업행태를

---

64) 한편 충당금비율의 변동성은 총수익에서 충당금을 제외한 유보이익(retained profits : 배당 또는 내부자본적립금 등으로 처분)에도 영향을 미치게 되었다. 수익구조가 역동적인 영·미계 은행의 총자산대비 유보이익비율은 배당

[그림 10]   주요국의 이자수익관련 업무의 수익·위험 관계

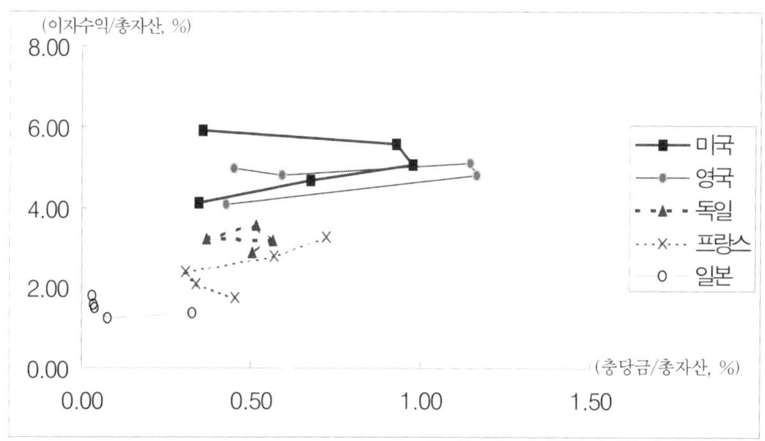

주 : 각 점은 1980~83, 1984~86, 1987~89, 1990~93, 1994~96의 평균값임
자료 : OECD, *Bank Profitability* 각호

선호한다. 대륙계 은행은 저수익하에서 상대적으로 낮은 위험변동성을 추구한 것으로 나타났다.

유가증권 매매수익, 외환 매매수익, 파생금융상품 관련수익, 지급보증료 수익 등으로 구성된 비이자 순수익(비이자수입-비이자지급)의 총자산대비 비율을 보면 순이자 수익비율과 마찬가지로 영·미계 은행이 각각 2.20%, 1.38%로 대륙계 은행(독일 0.75%, 프랑스 0.88%, 일본 -0.10%)에 비해 2~3배나 높았다. 특히 미국의 비이자 순수익비율은 1980년대 초반에 비해 2배 이상 높은 성장세를 기록하였다. 이는 증권업무취급 등 업무영역 확대에 따른 유가증권 투자비중 증대, 증권화 진전, 파생금융상품거래 확대 등으로 이와 관련된 비이자 수익이 큰 폭으로 증가하였기 때문이다.

한편 독일과 일본의 경우 영·미에 비해 대출 이외의 수익원이 다양

압력으로 인해 이윤이 저하된 해에도 배당을 하여야 하므로 불안정한 반면 대륙계 은행은 안정적이다.

[표 40]　　　　　　　　　　주요국 은행의 비이자순수익비율

(총자산대비)

단위 : %

	1980~84	1985~89	1990~94	1995	1996
미 국	1.02	1.47	2.00	2.03	2.20
영 국	1.52	1.82	1.92	1.75	1.38
독 일	0.87	1.04	0.97	0.78	0.75
프랑스	0.47	0.46	0.80	0.99	0.88
일 본	0.26	0.35	0.09	0.03	−0.10

자료 : OECD, *Bank Profitability* 각호

[그림 11]　　　　　　주요국 은행의 비이자순수익비율 추이

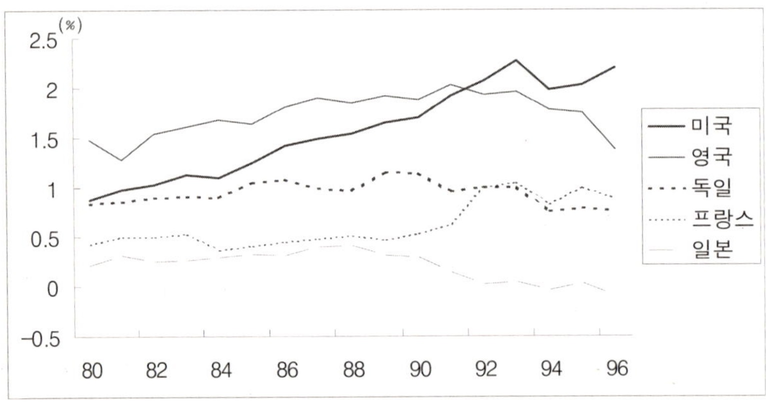

자료 : OECD, *Bank Profitability* 각호

하지 않다. 따라서 비이자 순수익비율이 낮았다. 그 밖에 프랑스의 경우 1988년 증권시장 개혁으로 유가증권 투자비중이 늘어난 데 힘입어 비이자 순수익비율이 다소 상승하였다.

비용측면에서 은행 경영성과를 보면 인건비와 물건비로 구성되는 영업비용이 이자수익에다 비이자수익을 합한 총수익에 비해 얼마나 큰지를 나타내는 총수익대비 운영경비비율은 영·미계 은행의 경우 대체로 하향 안정적이다. 반면에 프랑스와 일본의 은행은 수익감소와 인건비 상승 등으로 크게 높아져 비용면에서도 상대적으로 비효율적인

〔그림 12〕　　　　주요국 은행의 운영경비비율 추이 (총수익대비)

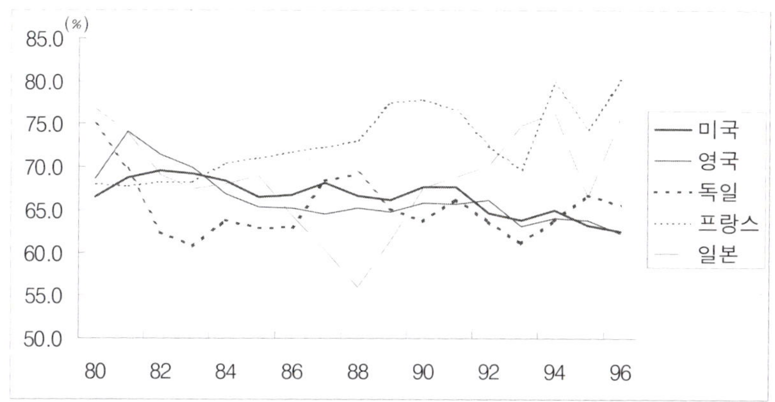

자료 : OECD, *Bank Profitability* 각호.

것으로 나타났다.

(2) 생산성

직원 1인당 은행 총자산규모는 1996년말 현재 영·미계 은행이 360
만~420만달러로 대륙계 은행(740~1,380만달러)을 크게 밑돌았다.
1980년대 초반 대비 1인당 총자산 증가율도 영·미계 은행이 3.2배인
데 비해 대륙계 은행은 4.2배로 높다. 이는 영·미 은행이 BIS 기준 자
기자본비율을 높이기 위해 대출자산 증권화를 확대하고 부실채권 발
생시 즉각적인 대손상각을 함으로써 簿內(on-balance)자산의 증가를
계속 억제해 온 데 기인한다.[65]
또한 자본시장이 발달한 영·미에서는 은행 이외에 비은행금융기관
도 영업규모를 확대하였다. 반대로 독일 등 대륙계 국가의 경우 자본

---

65) 한편 대륙계 은행의 경우 대출자산 유동화가 영·미 은행처럼 부외(off-
　　balance)가 아닌 대부분 부내(on-balance)에서 점진적으로 진행되었으며
　　부실자산에 대한 대손상각도 수시로 행하여지지 않았다.

〔표 41〕 　　　　　　　주요국 은행의 1인당 총자산과 세전수익

		1980~84(A)	1985~89	1990~94	1995	1996(B)	B/A(배)
1인당 총자산 (천달러)	미국	1,348	1,934	2,413	2,902	3,607	2.68
	영국	1,102	1,670	2,606	3,270	4,163	3.78
	독일	1,936	2,882	4,609	6,846	7,358	3.80
	프랑스	1,807	3,889	6,966	9,038	9,324	5.16
	일본	3,711	10,769	14,767	16,924	13,771	3.71
1인당 세전수익 (달러)	미국	11,872	14,697	30,195	50,744	54,587	4.60
	영국	10,251	12,332	17,030	36,942	41,151	4.01
	독일	10,327	17,773	23,501	32,396	35,274	3.42
	프랑스	5,157	10,499	2,718	9,218	3,578	0.69
	일본	17,160	52,056	34,480	-30,991	4,337	0.25

자료 : OECD, *Bank Profitability* 각호

시장의 미발달로 은행이 다양한 업무를 직접 겸영하고 있어 상대적으로 총자산규모가 커진 데도 일부 원인이 있는 것으로 보인다.

한편 대륙계 은행의 직원 1인당 稅前收益은 1996년말 현재 독일을 제외하고는 1980년대 초반에 비해 오히려 줄어들었다. 반면 영·미 은행은 4배 이상 증가함으로써 프랑스와 일본 은행의 1인당 세전수익은 영·미 은행의 1/15~1/10 수준에 불과하다. 다만 독일의 은행은 다른 대륙계 은행과는 달리 1996년 1인당 세전수익이 1980년대 초반에 비해 3.4배 증가한 것으로 나타났다.

(3) 건전성

1995~1997년 사이 BIS 기준 자기자본비율을 보면 영·미계 은행은 12% 내외로 대륙계 은행(10% 이내)보다 높다. 이는 영·미계 은행이 수익성 위주의 경영과 함께 이에 수반되는 각종 위험을 효과적으로

〔표 42〕　　　　　　주요국 은행의 BIS 기준 자기자본비율
(5대 대형은행 기준)　　　　　　　　　단위 : %

	1995	1996	1997
미 국	12.39	12.26	12.32
영 국	12.02	11.52	11.56
독 일	9.48	9.70	9.45
프랑스	9.74	9.42	9.61
일 본	8.76	9.06	9.02

자료 : OECD, *Bank Profitability* 각호 ; *The Banker* 각년도 7월호

관리함으로써 자기자본이익률(ROE) 중시의 경영방식과 자본확충이 지속적으로 이루어진 점을 반영한 것으로 보인다.

3. 최근의 변화와 전망

가. 최근의 변화

주요국의 은행제도는 고유한 역사적 배경과 자본시장 발전정도 등에 따라 은행 소유·지배구조, 금융행태, 정부의 역할 등에서 서로 다른 모습을 보였다. 그러나 각국은 최근 들어 금융국제화의 진전과 정보통신기술의 발달 등의 영향으로 은행산업의 국제경쟁력을 높이고 국제적 정합성 유지가 필요하다는 인식하에 다른 나라 은행제도의 장점을 수용하려는 움직임을 나타내고 있다.

일찍부터 산업자본이 축적되고 주식회사제도가 발달함으로써 자본시장이 빠른 속도로 발달한 영국과 미국의 경우 산업화 당시부터 산업자본의 은행 소유·지배를 배제하는 원칙을 고수하고 있다. 또한 은행 업무범위에서는 종전의 상업금융업무 중심에서 자회사 또는 금융지주회사 방식 등을 통해 겸업화 방향으로 나아가고 있다. 즉 영국의

경우 1986년 증권거래제도의 개혁조치(Big Bang) 이후 상업은행이 자회사 형태로 증권업에 참여하는 것이 가능해졌으며, 미국은 1991년 이후 의회를 중심으로 은행의 업무 확대가 활발히 논의되다가 1999년 지주회사 방식에 의한 겸업화를 전면적으로 허용하였다. 그리고 영·미의 정부는 금융제도의 안정성 유지를 위해 시장규율을 더욱 보강하는 가운데 건전성규제 장치를 강화하고 있다.

한편 영·미보다 산업화가 늦었던 대륙계 국가의 경우, 자본축적이 거의 없는 상태에서 산업화를 추진하기 위한 재원조달이 긴요해짐에 따라 19세기 후반에 설립된 은행이 산업자금 공급의 중심 역할을 하였다. 이에 따라 영·미와 마찬가지로 산업자본은 은행을 소유나 지배할 수 없었으며, 오히려 은행이 산업자본을 감시 견제하고 있다. 또 최근 들어 금융환경 변화에 능동적으로 대처하기 위하여 시장규율을 강화하고, 은행의 건전성을 높이기 위한 제도적 장치를 도입 운영하고, 아울러 자본시장 발전을 촉진하기 위해 다각적인 노력을 기울이고 있다.

즉 독일은 국제금융센터인 런던과 위상 경쟁, EU 금융개혁 등의 영향으로 주식 2부시장과 선물거래소를 설립하고 유가증권거래세를 폐지하였다. 증권거래법을 개정(1994)하여 내부자거래 금지, 연방증권감독청 설립 등 직접금융시장 기반 강화를 위한 장치를 마련하였다. 일본도 2001년까지 도쿄시장의 뉴욕과 런던 등 국제금융시장 수준으로의 발전을 목표로 금융지주회사 설립과 회계제도의 개선, 공시의무 강화 등을 추진하고 있다. 프랑스의 경우 국내 증시자금의 런던시장 유출을 막는 한편, EU 통합에 대비하기 위해 국내외 은행의 증권거래소 회원사에 대한 자본참여 허용, 내부자거래 규제 등을 주 내용으로 하는 증권거래법을 제정(1988)하였으며, 주식등록세를 폐지하고 증권중개수수료를 자유화하는 등 증권시장에 대한 경쟁제한을 대폭 완화하였다.

〔표 43〕　　　　　　　　최근 주요국 금융제도의 주요 변화내용

주 요 내 용
■ 미국
○ 1970년대 이후 금융혁신의 진전으로 은행의 업무영역이 비은행금융기관에 의해 크게 잠식됨에 따라 은행의 업무영역 규제를 점차 완화 - 1982년 은행지주회사에 대해 증권중개(brokerage)업을 영위하는 자회사의 설립을 허용한 이래 회사채(1989)와 주식(1990)의 인수·매매업도 허용 ○ 1991년 이후 의회를 중심으로 금융겸업화에 관한 논의가 이루어지면서 은행·증권·보험업간 상호진출을 허용하는 법안이 의회에 꾸준히 제출됨 - 1991년과 1997년 재무부는 은행·증권·보험회사 등을 자회사로 둘 수 있는 금융지주회사를 기업이 소유할 수 있도록 허용할 것을 제안 - 1995년과 1997년 상원의 D'Amato 은행위원장이 은행·증권·보험회사는 물론 비금융기업도 상호 진입을 허용하는 법안을 의회에 제출 ○ 1999년 11월 은행, 증권, 보험 등 금융기관간 상호진출을 금융지주회사 방식을 통해 허용하는 금융서비스현대화법(Financial Services Modernization Act, 일명 Gramm-Leach-Billey Act)을 제정
■ 영국
○ 1986년 증권거래제도의 개혁조치(Big Bang) 이후 상업은행이 자회사 형태로 증권업에 참여 가능 - 종래 엄격히 구분되었던 jobber(자기매매기관), broker(위탁매매기관)의 기능 통합, 증권거래소 비회원인 상업은행의 회원사 매입 허용 등 - 동 조치에 따라 영국의 대형은행은 자회사를 통해 각종 증권업무에 진출함으로써 거대 금융그룹을 형성
■ 독일
○ 1980년대 중반 이후 자본시장 발전을 촉진시키기 위한 조치를 점진적으로 시행 - 주식 제2부시장(1987. 5)과 선물거래소(1990. 1)를 설립하는 한편 유가증권 거래세를 폐지 - 1994년 7월 내부자거래의 금지, 연방증권감독청의 설치 등을 주요 내용으로 증권거래법을 개정함으로써 투자자 보호와 직접금융시장의 기반을 강화

<table>
<tr><td colspan="2" align="center">주 요 내 용</td></tr>
<tr><td colspan="2">

■ 프랑스

ㅇ 1988년 증권거래소 개혁법 제정(Small Bang)

 - 국내외 은행의 증권거래소 회원사에 대한 자본참여 허용, 내부자거래 등에 대한 규제 강화

ㅇ 증권관련 규제의 완화

 - 주식등록세 폐지(1985. 5), 증권브로커와 은행자회사에 대하여 증권딜링업무 인가(1985. 7), 증권중개수수료 자유화(1989. 7) 등

</td></tr>
<tr><td colspan="2">

■ 일본

ㅇ 1980년대 이후 은행의 업무영역 규제를 완화해 왔으며 1993년 금융개혁을 단행

 - 은행의 부수업무로서 국공채 창구판매와 매매업무 허용(1983), CP 발행과 유통업무 취급 허용(1987) 등

 - 1994년 자회사를 통한 타업종 진출을 허용

 - 1997년 금융지주회사 설립 허용

ㅇ 특히 2001년까지 동경시장을 뉴욕과 런던의 국제금융시장 수준으로 발전시키는 것을 목표로 1996년 이후 규제완화, 금융거래의 공정화, 국제화 등을 도모하는 방향으로 일본판 빅뱅을 추진

 - 은행에 대한 적기시정조치 도입, 회계제도 개선, 외국환관리법 개정, 정보공시의무 강화 등

</td></tr>
</table>

나. 전 망

최근 여러 나라에서 은행업무의 겸업화 현상이 확산되고 있다. 그리고 한편으로는 은행 건전성규제와 시장규율을 강화하기 위한 제도적 장치가 강화되거나 새로 도입되고 있다. 영·미의 시장중심과 대륙계 국가의 은행중심제도가 상호 수렴해 가는 가운데서도 금융의 세계화 현상이 금융제도의 국제적 정합성을 요구하고 있다. 따라서 앞으로 은행제도의 발전방향은 시장중심 금융제도를 더욱 확산시키고 중시하는 방향으로 진전될 것으로 보인다. 다만 은행제도가 장기적으로 수

렴해 가는 경향을 보이고 있더라도 각국은 자국 은행제도의 경쟁력을 강화하는 한편, 안정성을 유지하기 위해 기존 제도의 연속성을 가급적 크게 훼손하지 않는 범위 안에서 은행제도를 개선해 나갈 것으로 전망된다.

지금까지 은행중심의 금융제도를 운영해 온 독일, 프랑스와 일본의 경우에 자본시장이 영·미 수준으로 발전하는 데에는 상당한 시간이 필요하다. 뿐만 아니라 자본시장이 발전한다 하더라도 정치·경제·사회제도의 큰 틀을 규정하는 철학이나 법·규제환경 등의 현격한 차이가 있다. 때문에 앞으로도 기업금융과 기업지배구조 측면에서 은행의 역할이 중시될 것으로 보인다. 이러한 전망을 가능하게 하는 논거는 다음과 같다(함정호 외 1999).

첫째, 독일과 일본의 기업지배구조는 외부통제보다는 내부통제 지향적인 메커니즘이라고 할 수 있다. 이들 국가에서 은행은 채권자와 주주로서 기업 내부통제구조에서 핵심적인 역할을 수행해 왔다는 점이다.

둘째, 독일을 비롯한 유럽 제국과 일본 등에서 나타나고 있는 자본시장에서의 기업자금조달 비중 증가가 반드시 시장중심 금융제도의 강화만을 의미하는 것은 아니라는 점이다. 이들 국가에서 은행은 은행업무의 겸업화를 통해서 금융환경 변화에 대응해 나가는 등 시장 기능의 상당부분을 내부화하고 있다. 때문에 은행이 기업금융공급 측면에서 계속 중요한 역할을 수행할 것이다.[66]

---

66) 프랑스의 경우도 1984년 신은행법 제정을 시발로 은행중심이던 금융제도를 시장중심으로 전환하고 있으나 은행은 겸업화를 추구하여 시장 기능의 상당부분을 내부화시킴으로써 금융시장에서 은행의 역할은 오히려 전에 비하여 더 중요한 것으로 인식되고 있다. 예를 들어 은행이 주식인수와 중개, 투자신탁 업무 등을 직접 취급할 뿐만 아니라 상당 부분의 시장운용 금융수단도 은행이 발행하며 벤처자본 역시 주로 은행이 설립·운용하고 있기 때문에 비록 기업금융의 상당 부분이 자본시장으로부터 조달된다고 하더

셋째, 벤처기업에 대한 자금공급에서도 시장중심 금융제도가 유일한 방안은 아니라는 점이다. 그 이유는 미국과 같이 벤처기업에 투자하는 모험적 자본가가 충분히 존재하지 않는 나라에서 시장이 모험기업에게 자금을 조달해 주는 데는 한계가 있기 때문이다. 따라서 미국 이외의 나라에서는 오히려 은행이 시장의 기능을 내부화하여 벤처기업에 자금을 공급하는 모습을 보이고 있다.

넷째, 시장에서 적대적 매수가 활발하게 일어날 수 없는 상황에서는 기업지배구조 측면에서 외부감시자로서 은행의 역할이 대단히 중요할 수밖에 없다. 독일과 일본의 경우 자본시장을 통한 자금조달이 늘어나고 있다. 그러나 기업을 감시 통제할 수 있는 전문기관이 은행 이외에는 발달해 있지 못하다. 그러므로 앞으로 상당기간 투자가의 해당 기업 주식의 매매, 인수·합병 등 자본시장을 통한 시장규율이 은행의 기업에 대한 감시자로서의 역할을 완전 대체하는 것은 현실적으로 어렵다고 본다.

다섯째, 금융중개이론에 따르면 은행은 시장이 결여하고 있는 미시적 기능을 보유하고 있다. 금융중개 역할을 통하여 시장의 발전과 보완적인 관계에 있다는 점이다.

한편 자본시장이 발달하고 중개기관이 다양화하고 있음에도 불구하고 은행을 비롯한 금융중개기관은 아직도 중요한 위험분담 기능과 경영감시 기능을 수행한다. 뿐만 아니라 파생금융상품거래 등 새로운 금융시장의 발전에 대응하여 리스크관리 기능과 시장참여비용 절감 기능을 수행하고 있다는 점에서도 은행의 역할은 여전히 중요하다

라도 이러한 자금조달에 관련되는 대부분의 업무를 취급하는 기관은 바로 은행이다. 따라서 전체 금융시장 운영에서나 자금공급면에서 은행의 역할은 아직도 중요하며, 이러한 점에서 프랑스의 은행은 이 나라 금융제도에서 여전히 핵심적이고 선도적인 역할을 수행하는 기관으로 존재하고 있다 (Bertero 1994).

(Leland & Pyle 1977, Diamond 1984, Allen & Santomero 1997).

첫째, 은행은 차입기업의 신용위험과 금리변동위험 등을 분담하는 기능을 수행한다. 직접금융시장의 경우 일반투자자가 원하는 수준으로 투자위험을 다양화하고 분담하는 데는 한계가 있다. 그러나 은행은 기업이 발행하는 본원증권을 투자자가 원하는 간접금융자산으로 전환하는 가운데 위험분담 기능을 수행할 수 있다.

둘째, 은행은 자금제공자(예금자)로부터 감시권한을 위임받아 차입기업의 재무상태와 경영진의 행동을 늘 감시함으로써 정보의 비대칭성에 기인하는 도덕적 해이와 역선택문제를 해결하는 역할을 수행한다. 은행은 이러한 감시 기능을 통해 기업에게 자금을 신축적으로 제공하고 차입기업이 일시적으로 자금난에 봉착할 경우 장기적 수익성이 훼손되지 않는 범위내에서 이자지급을 연기하거나 대출계약을 갱신하는 등의 유연성을 발휘할 수 있으므로 기업의 投資視界를 확대할 수 있다.

셋째, 최근 정보통신기술의 발달 등으로 금융거래비용과 정보생산비용이 크게 감소하고 있음에도 불구하고 은행의 금융중개서비스(예: 파생금융상품)에 대한 수요는 줄지 않고 오히려 증가하는 경향을 보이고 있다. 은행은 선물, 옵션 등 신종 금융자산이 내포하고 있는 리스크를 분해하여 일부는 제거하고, 또는 파생금융상품거래 등을 통하여 상대방에게 이전하는 등 리스크를 체계적으로 관리한다. 또 정보가 부족한 투자자에게 정보를 제공하고 이들을 위하여 투자를 대행하는 업무를 수행한다. 그 결과 투자자의 시장참여비용(participation cost)을 줄이는 역할을 담당할 수 있다.

이 밖에 국민경제에 지급수단을 제공하고 광범위한 전산망 등을 통해 지급결제업무를 수행하는 기능은 금융기관 가운데 은행에게만 유일하게 부여되어 있다고 할 수 있다. 최근 일부 비은행금융기관도 지급수단(예 : 미국 증권회사의 MMMF)을 제공하고 있기는 하지만 지급결제 기능은 본질적으로 신용공여가 뒷받침되어야만 효율적으로 발휘될 수 있기 때문에 은행이 제공하는 지급결제서비스의 우위성은 앞으로도 지속될 것으로 보인다.

급결제 기능은 본질적으로 신용공여가 뒷받침되어야만 효율적으로 발휘될 수 있기 때문에 은행이 제공하는 지급결제서비스의 우위성은 앞으로도 지속될 것으로 보인다.

제 3 장
한국 은행산업의 개혁경과와 문제점

제3장 한국 은행산업의 개혁경과와 문제점

1. 현황과 특성

우리나라는 17세기 후반부터 상업의 발달로 거대 상업자본이 출현하고, 18세기 후반에는 선대제 공업경영 형태가 광범위하게 보급되어 자율적인 근대화의 싹을 지니고 있었다. 그러나 개항 이후 외국자본의 침투와 일본의 식민지 수탈로 자생적인 산업자본의 기반을 마련하지 못한 상태에서 해방을 맞이하였다.

해방 이후에는 귀속재산의 불하와 원조물자의 배분과정 등을 통해 상업자본이 산업자본으로 전환하는 계기를 맞이하였다. 그러나 당시의 산업자본은 특혜성 원조물자의 가공판매, 인플레이션 차익, 실세 이하의 저금리 등에서 발생하는 이윤의 대부분을 독점함으로써 엄밀한 의미에서 서구 자본주의 발전단계에서와 같은 산업자본이라기보다는 중상주의 시대의 상업자본과 다름없는 것이었다.

1950년대 후반 독점대기업이 은행자본과의 결합[67]에 의해 금융자본

---

67) 1958년 8월 시중은행의 민영화 과정에서 흥업은행(한일은행의 전신)은 삼

을 형성하게 되었으나, 1961년 5·16 이후 부정축재 환수의 일환으로 은행주의 환수가 이루어짐으로써 은행에 대한 지배권을 상실하였다. 이에 따라 우리나라의 은행금융자본은 민간의 자본축적이 제한된 상황에서 국가자본 또는 半국가자본의 형태를 취하게 되었다. 1962년 이후 정부주도로 경제개발을 추진함에 따라 은행을 정부 소유로 하였고, 은행은 이윤을 목적으로 하는 자율경영원칙을 지킬 수 없게 되었다. 정부가 은행을 통해서 자금을 배분한 결과 산업자본형성이 은행자본보다 선행하였다. 그러나 산업자본의 원천은 은행의 대부자금이었다. 더욱이 1982년 이후 시중은행의 민영화에 참여한 산업자본은 은행자금으로 은행을 소유하면서 금융자본화의 길을 모색하고 있었다. 그러나 은행자본과 산업자본이 결합된 금융자본의 형성을 억제하기 위한 은행주식에 대한 소유규제가 은행자본의 형성까지도 막는 결과를 초래하였다.

이러한 한국 자본주의의 발전과정이 결국 오늘날 누적된 은행 부실과 은행 소유·지배구조의 낙후성을 낳게 한 근본적인 원인이라고 할 수 있다.

가. 금융구조

우리나라의 금융제도는 주요국과 비교해 볼 때 총자산, 여·수신 등에서 공적 금융기관이 차지하는 비중이 매우 크다. 은행소유구조는 대주주의 소유집중도와 산업자본의 지분이 높다는 특징을 보이고 있다. 은행지배구조 측면에서는 은행임원 선임 등에 대한 주주권한 행사와 경영의 자율성을 제한하는 反시장경제법칙이 작용하였다.

성물산, 저축은행(제일은행의 전신)은 삼호무역, 상업은행은 대한제분, 조흥은행은 신동아제분이 각각 정부 보유 은행주식을 인수하였으며, 1959년 12월에는 개풍재벌에 의해 서울은행이 설립되었다.

(1) 공적 금융기관의 비중

우리나라의 공적 금융기관에는 정부 등 공적 기관이 출자한 정부계 은행과 비은행금융기관 가운데 전국의 체신관서에서 취급하는 우체국예금과 보험이 있다. 은행 중에는 설립 당시부터 특별법에 따라 정부가 전액 또는 상당 부분을 출자한 개발기관인 산업은행과 수출입은행, 특수은행인 기업은행, 그리고 특수은행으로 설립되었으나 민영화[68] 이후에도 정부의 지분이 아직 남아 있는 국민·주택은행 등 5개 금융기관이 대표적인 정부계 은행이다.

그러나 1998년 금융산업 구조조정 과정에서 기존 정부계 은행에 대한 정부출자가 확대되고 일부 시중은행에 대한 정부의 신규출자가 이루어짐으로써 정부계 은행의 수가 대폭 증가하였다. 우선 정부가 이미 대주주였던 산업은행·수출입은행·기업은행 등 3개 은행에 대해서 증자하였다. 한편 금융산업 구조조정 과정에서 부실규모가 큰 제일은행과 서울은행, 합병 예정에 있던 상업은행 한일은행과 조흥은행[69]에 대해서도 대규모의 증자를 정부가 지원함에 따라 과거 정부의 출자가 없던 이들 민간은행에 대해서 정부의 지분참여가 이루어졌다.

또한 5개 퇴출은행을 인수한 5개 은행[70]에 대해서는 의결권에는 영

---

68) 특수은행은 1960년대 발족 당시 각기 전문적이고 독자적인 업무분야를 가지고 있었으나 그 후 특수은행의 고유업무가 일반은행에까지 확산됨에 따라 정부는 이들 특수은행을 민영화 추진과 더불어 일반은행으로 점차 전환시켰다. 한국외환은행은 1989년 12월에 일반은행으로 전환되었으며, 국민은행과 주택은행은 각각 1995년 1월과 1997년 8월에 전환되었으나 국민은행과 주택은행에는 아직까지 정부의 지분이 일부 남아 있다. 농·수·축협은 출범 당시부터 조합 형태이기 때문에 정부의 지분 참여는 없었다.

69) 조흥은행에 대해서는 1999년 2월중 출자.

70) 신한·하나·한미·국민·주택은행.

〔표 44〕　　　　　　　　우리나라의 정부계 은행 현황[1]

(1998년말 현재)　　　　　　　　단위 : 억원, %

	자본금	정부 출자액[2]	정부 출자율[2]	비 고
정부의 우선주 보유은행	27,836	(10,253)	(36.8)	
(신한은행)	11,690	(2,925)	(25.0)	1998. 6. 동화은행 인수
(하나은행)	8,662	(4,728)	(54.6)	1998. 6. 충청은행 인수
				1999. 1. 보람은행 합병
(한미은행)	7,484	(2,600)	(34.7)	1998. 6. 경기은행 인수
신규 정부계 은행	89,638	83,765	93.4	
(제일은행)	16,000	15,000	93.8	
(서울은행)	16,000	15,000	93.8	
(한빛은행)	34,450	32,642	94.8	1999. 1. 상업·한일은행 합병
(조흥은행)	23,188	21,123	91.1	1999. 5. 충북은행 합병
				1999. 9. 강원은행 합병
기존 정부계 은행	97,964	75,376 (4,965)	81.1 (82.0)	
(국민은행)	13,815	970 (2,000)	8.2 (21.5)	1998. 6. 대동은행 인수 1999. 1. 장기신용은행 합병
(주택은행)	7,427	719 (2,965)	16.1 (49.6)	1998. 6. 동남은행 인수
(기업은행)	18,247	17,862	97.9	
(산업은행)	41,717	41,717	100.0	
(수출입은행)	16,758	14,108	84.2	
합 계	215,438	159,141 (15,218)	79.4 (80.9)	

주 : 1) 하나·국민·한빛은행은 1999.1 합병 후 기준이며, 조흥은행은 1999.2. 예금보험공사 출자 후 기준임
　　2) 예금보험공사 출자분(신한·하나·한미·국민·주택은행의 우선주 전부, 조흥·한빛은행의 보통주 전부, 제일·서울은행의 정부출자액 중 50%) 포함
　　3) 괄호 안은 정부의 우선주 출자분과 우선주 포함시 정부출자비율임

〔표 45〕　　　　　　**금융기관 가운데 공적 금융기관의 비중**

(1998년말 현재)

단위 : 조원, 개, %

	총 자 산	여 신	수 신	금융기관수
은행 금융기관[2]	905.6(62.2)	332.6(63.0)	418.8(46.2)	76(1.9)
민간소유은행[3]	146.9(10.1)	56.0(10.6)	78.1(8.6)	5(0.1)
정부의 우선주 보유은행	121.7(8.4)	42.2(8.0)	69.0(7.6)	3(0.1)
신규 정부계 은행	208.0(14.3)	73.2(13.9)	114.2(12.6)	4(0.1)
기존 정부계 은행	342.2(23.5)	138.1(26.2)	123.7(13.7)	5(0.1)
지방은행	52.4(3.6)	19.0(3.6)	31.4(3.5)	8(0.2)
외국은행	34.4(2.4)	4.1(0.8)	2.4(0.3)	51(1.3)
비은행 금융기관	550.3(37.8)	195.3(37.0)	487.0(53.8)	3,899(98.1)
투자기관	283.2(19.5)	63.0(11.9)	239.0(26.4)	42(1.1)
저축기관	174.2(12.0)	95.6(18.2)	151.3(16.7)	3,826(96.3)
(우체국예금)	13.6(0.9)	0.1(0.0)	10.6(1.2)	1(0.1)
보험기관	92.9(6.4)	36.7(7.0)	96.7(10.7)	31(0.8)
(우체국보험)	- (-)	0.8(0.2)	6.3(0.7)	1(0.1)
합 계	1,455.9(100.0)	527.9(100.0)	905.8(100.0)	3,975(100.0)

주 : 1) 강조 표시 금융기관은 공적 금융기관임
　　 2) 은행금융기관의 여·수신은 은행계정과 신탁계정의 원화 대출금과 예수금임
　　 3) 시중은행 중 외환·평화은행, 특수은행 중 농·수·축협
　　 4) 괄호 안은 비중

향을 미치지 않는 우선주 매입 방식으로 정부가 증자를 지원하였다. 이에 따라 1998년말 현재 25개 은행[71] 가운데 9개 은행에 정부가 지분 참여를 하고 있으며, 정부의 우선주 매입이 이루어진 은행까지 포함하면 총 12개 은행에 대해 정부의 출자가 이루어졌다.

　12개 정부계 은행의 경우 평균적으로 정부가 의결권 있는 주식의

---

71) 1998년말 현재 우리나라의 은행은 모두 28개(시중은행 13개, 지방은행 8개, 특수은행 4개, 개발기관 3개)이나 1999년 1월 2일자로 합병을 실시한 하나 (하나·보람), 국민(국민·장기신용), 한빛(상업·한일)은행을 각각 단일은행 으로 감안할 경우에는 총 25개 은행이다.

79.4%를 출자하고 있으며, 우선주 출자분까지 포함할 경우에는 80.9%를 정부가 출자하였다. 특히 5개 기존 정부계 은행에 대해서는 정부지분이 평균 81.1%이나 최근 금융산업 구조조정 과정에서 정부의 지분참여가 이루어진 4개 은행의 정부 지분은 평균 93.4%에 이르고 있다.

한편 우리나라의 경우 정부계 은행과 우체국예금·보험 등 공적 금융기관이 전체 금융기관에서 차지하는 비중은 1998년말 현재 총자산 기준으로는 47.1%이다.

여신과 수신 기준으로는 각각 48.3%와 35.8%에 이르고 있어 공영금융기관의 비중이 높은 독일과 비슷한 수준을 나타내고 있다. 특히 정부계 은행이 은행금융기관 가운데서 차지하는 비중은 총자산, 여·수신 모두 70%를 웃돌며 기존 5개 정부계 은행만으로도 비중은 30~40%에 이르고 있다.

(2) 은행의 소유구조

우리나라의 은행금융기관 가운데 특수은행을 제외한 19개 일반은행(11개 시중은행, 8개 지방은행)의 1998년말 현재 대주주 구성을 보면 최대주주의 지분이 주요국에 비해 높은 편이다. 지분 1% 이상인 대주주의 수도 6개 은행을 제외하고는 모두 10개 미만으로 나타나 주요국에 비해 적은 수준이다.

11개 시중은행의 경우 하나은행과 평화은행을 제외하고는 정부의 지분참여와 외국인과의 합작 등으로 최대주주의 지분이 상당히 높다. 4개 은행을 제외하고는 지분 1% 이상인 대주주의 수가 10개를 넘지 않는 등 소유집중도가 높다. 이 가운데 정부계 은행[72]의 경우 최대주

---

72) 정부가 의결권주식을 보유하지 않고 우선주만을 보유하고 있는 신한·한미·하나은행은 제외한다.

〔표 46〕 **우리나라 일반은행의 대주주 분포**[1]

(1998년말 현재) 　　　　　단위 : 개, %

	지 분 10% 이상	지 분 5~10%	지 분 3~5%	지 분 1~3%	계	최대주주
민간소유은행[2]						
(신한은행)	1(38.2)	–	–	7(11.6)	8(50.1)	재일교포(총 38.2)
(한미은행)	3(50.5)	–	1(3.6)	9(14.3)	13(68.4)	BOA, 대우, 삼성 (각 16.8)
(하나은행)	–	5(30.4)	3(13.1)	8(12.2)	16(55.7)	동부(7.5)
(외환은행)	2(66.0)	–	–	2(2.2)	4(68.2)	한국은행(33.6)
(평화은행)	–	–	6(22.3)	10(20.8)	16(43.1)	국민은행(5.0)
신규 정부계 은행						
(조흥은행)	1(91.1)	–	–	–	1(91.1)	예금보험공사(91.1)
(한빛은행)	1(94.8)	–	–	1(2.3)	2(97.0)	예금보험공사(94.8)
(제일은행)	2(93.8)	–	–	–	2(93.8)	정부, 예금보험공사 (각 46.9)
(서울은행)	2(93.8)	–	–	–	2(93.8)	정부, 예금보험공사 (각 46.9)
기존 정부계 은행						
(국민은행)	–	2(15.6)	1(4.9)	9(15.8)	12(36.3)	정부(8.2)
(주택은행)	1(16.1)	1(9.9)	2(7.9)	2(2.7)	6(36.5)	정부(16.1)
대구은행	–	1(9.1)	1(3.9)	2(3.0)	4(15.9)	삼성(9.1)
부산은행	1(15.1)	–	1(3.8)	1(2.2)	3(21.1)	롯데(15.1)
광주은행	1(11.4)	–	1(3.6)	4(6.0)	6(21.1)	금호(11.4)
제주은행[3]	1(57.3)	–	–	3(4.2)	4(61.5)	天馬(57.3)
전북은행	1(12.1)	4(24.7)	3(12.3)	3(5.2)	11(54.4)	삼양사(12.1)
강원은행	1(12.9)	1(6.5)	1(4.9)	4(8.6)	7(33.0)	현대(12.9)
경남은행	–	1(6.7)	2(7.8)	6(9.7)	9(24.3)	효성(6.7)
충북은행	1(12.5)	2(14.5)	–	7(11.4)	10(38.4)	대유통상(12.5)

좌측 구분: 시중은행 / 지방은행

주 : 1) 지분 1% 이상인 대주주의 수
　　2) 정부의 우선주 보유은행 포함
　　3) 최대주주인 天馬는 재일교포가 출자한 일본 기업집단
　　4) 괄호 안은 해당 주주의 지분 합계

주는 정부 또는 예금보험공사이며, 특히 금융산업 구조조정 과정에서 정부의 지분참여가 이루어진 조흥은행, 한빛은행, 제일은행과 서울은행의 경우에는 정부와 예금보험공사의 지분이 90%를 웃돌고 있다.

합작은행인 한미은행의 경우 삼성, 대우, Bank of America가 각각 16.83%를 보유하고 있다. 신한은행은 재일교포 지분이 총 38.2%를 차지하는 등 설립 당시의 투자자가 지배주주를 형성하고 있다. 한편 외환은행은 설립 당시부터 최대주주로 있던 한국은행 이외에 1998년에 독일 코메르츠 은행(Commerzbank)의 지분참여(32.4%)가 이루어져 지배주주 그룹을 형성하고 있다. 또한 하나은행과 평화은행의 경우에는 각각 지분 5% 이상과 3% 이상인 5~6개 기업이 과점 지배주주를 형성하여 총 20~30%의 지분을 보유하고 있다.

지방은행의 경우에는 시중은행과는 달리 금융산업 구조조정 과정에서 정부나 외국인의 지분참여가 이루어지지 않았음에도 최대주주의 지분이 높다. 지분 1% 이상인 대주주의 수도 시중은행과 마찬가지로 적은데, 이는 동일인의 은행주식 소유한도가 시중은행보다 높은 15%까지 허용되어 은행 본점 소재지의 연고기업이 대체로 최대주주의 지위를 차지하고 있는 데 기인한다.

한편 지분 1% 이상 대주주 가운데 산업자본의 지분은 최저 1.1%(제주은행)에서 최고 39.2%(하나은행)이나 전반적으로 산업자본의 지분이 10%를 넘는 은행이 대다수이다. 기관투자가와 개인주주를 중심으로 은행주식이 광범위하게 분산된 주요국 은행에 비해 산업자본의 지분이 높다.

지배기업의 규모에 따라 세분하면 1~5대 대규모기업집단(이하 '그룹'으로 지칭)이 지분을 소유하는 은행은 한미은행 등 9개 은행이다. 한미은행(삼성과 대우, 각각 16.8%), 강원은행(현대, 12.9%), 대구은행(삼성, 9.1%)을 제외하고는 단일그룹의 지분은 1.2(하나은행)~4.5%(주택은행) 등이다. 6~30대 그룹이 지분을 소유하는 은행은 부산은행

(롯데, 15.1%), 광주은행(금호, 11.4%), 전북은행(삼양사, 12.1%) 등 주로 지방은행을 중심으로 모두 8개 은행이다.

[표 47] 우리나라 일반은행[1]의 대주주[2] 성격별 분포

(1998년말 현재) 단위 : 개, %

| | | 산업자본[3] | | | | 금융기관 | 기타[4] |
		1~5대 그룹	6~30대 그룹	기타	소계		
시 중 은 행	민간소유은행						
	(신한은행)	1(1.8)	–	2(3.4)	3(5.2)	3(4.4)	1(2.1)
	(한미은행)	2(33.7)	–	2(5.2)	4(38.9)	8(28.2)	1(1.4)
	(하나은행)	2(3.1)	5(19.8)	3(16.3)	10(39.2)	5(15.0)	1(1.5)
	(외환은행)	–	–	1(1.2)	1(1.2)	1(32.4)	2(34.7)
	(평화은행)	1(3.8)	1(2.9)	3(6.9)	5(13.6)	9(24.0)	2(5.5)
	기존 정부계 은행						
	(국민은행)	2(4.3)	1(1.7)	–	3(6.0)	7(14.7)	2(15.6)
	(주택은행)	1(4.5)	–	–	1(4.5)	4(15.9)	1(16.1)
지 방 은 행	대구은행	1(9.1)	–	2(3.0)	3(12.1)	–	1(3.9)
	부산은행	–	1(15.1)	1(2.2)	2(17.3)	–	1(3.8)
	광주은행	1(1.9)	1(11.4)	2(3.1)	4(16.4)	1(1.1)	1(3.6)
	제주은행	–	1(1.1)	–	1(1.1)	–	3(60.4)
	전북은행	–	1(12.1)	5(20.6)	6(32.7)	2(6.9)	3(14.8)
	강원은행	1(12.9)	–	–	1(12.9)	2(7.9)	4(12.2)
	경남은행	–	1(6.7)	3(8.9)	4(15.6)	4(5.1)	1(3.6)
	충북은행	–	–	2(19.7)	2(19.7)	3(4.8)	5(13.9)

주 : 1) 정부 지분이 90%를 넘는 조흥·한빛·제일·서울은행 등 신규 정부계 은행 제외
2) 지분 1% 이상인 대주주의 수
3) 기업집단은 1999년 4월 1일 기준
4) 개인, 정부, 증시안정기금, 한국은행, 우리사주조합 등
5) 괄호 안은 해당 주주의 지분 합계

(3) 은행의 지배구조

과거 우리나라 은행은 은행장 등 임원 선임시 정부가 간여하고 은행장을 중심으로 의사결정과 집행 기능을 수행하였다. 이는 은행의 책임경영체제를 확립하지 못하고 은행경영의 부실화를 초래하였던 요인으로 지적되어 왔다. 이에 따라 은행의 지배구조를 개선하기 위한 노력을 몇 차례 시도하였으나 실질적인 효과를 거두기는 어려웠다. 그 과정을 보면 다음과 같다.

우선 은행경영의 핵심이 되는 은행장 선임을 자율화하되 과점주주인 산업자본의 과도한 영향력 행사를 방지하기 위해 1993년 이후 은행장후보추천위원회제도[73]를 도입하였다. 그러나 이 제도는 은행장 후보를 추천하는 단발적인 경영권 창출기구로서만 사용되었다. 임기중 은행장의 경영성과를 평가하고 통제하는 감시·견제 기능이 결여되었다. 그 결과 은행의 지속적인 경영혁신 노력을 유도하는 데는 미흡하였다.

1996년 12월 은행법 개정(1997년 1월 시행)을 통해 비상임이사 중심의 이사회제도[74][75]를 도입하였다. 은행경영에 대한 감시·견제 기능의

---

73) 은행장후보추천위원회는 1993년 5월 한국은행 은행감독원장이 정한 은행장 선임에 관한 지침에 의거하여 비상설기구로 운영되어 오다 1994년 12월 은행법 개정으로 법적 근거가 마련되었다. 이 위원회는 전임 은행장 3인, 주주대표 4인(대주주와 소액주주 대표 각 2인), 고객대표 2인(개인고객과 기업고객 대표 각 1인) 등 총 9인의 위원으로 구성되며, 위원은 이사회가 선임한다.

74) 우리나라에 비상임이사제도가 도입된 것은 1981~83년 시중은행 민영화를 계기로 책임경영체제 확립을 위해 이사회에 주주가 비상임이사로 참여하도록 유도한 것이 효시이다. 이후 조흥은행(1983. 11), 한일은행(1983. 12), 서울신탁은행(1984. 12), 제일은행(1985. 2)이 비상임이사제도를 각각 도입하였는데, 은행의 비상임이사제도가 은행법에 명시됨으로써 의무화된 것은

강화를 도모하는 한편 비상임이사만 참여하는 이사회에서 은행장과 감사 후보를 추천토록 함으로써 은행장후보추천위원회는 폐지되었다. 이 법에서는 비상임이사의 수를 총 이사수의 50% 이상으로 규정하였다. 상임이사와 비상임이사로 구성된 이사회에서 은행 경영목표의 설정과 평가, 정관의 제정과 변경, 임직원의 보수를 포함한 예·결산, 거액 부실여신과 사고처리 대책, 해산·영업양도·합병 등 조직의 중요한 변경사항을 심의 의결토록 하였다. 1998년 4월 개정·시행된 은행법에서는 비상임이사제도의 효과적인 운영을 위해 비상임이사의 구성비율을 종전 대주주대표 추천 50%, 소액주주대표 추천 30%, 이사회추천 20%에서 주주대표 추천 70%, 이사회 추천 30%로 변경하였다.[76]

그러나 이 제도의 도입 목적이 기존의 은행장후보추천위원회를 폐지하고 비상임이사로 구성된 후보추천위원회를 구성하기 위한 것이었기 때문에, 은행장 중심의 이사회 운영방식이 유지되고 의사결정 기능과 경영집행 기능이 제대로 분리되지 못하는 등의 문제점은 그대로 남아 있다.

한편 1999년 12월 개정된 은행법에서는 비상임이사의 명칭을 사외이사로 변경하고 3인 이상의 사외이사를 두도록 하였다. 또 이사회내에 감사위원회를 설치하고 그 위원의 ⅔ 이상을 사외이사로 구성하도록 하였다.

1996년 12월 은행법 개정을 통해서이다.

75) 한편 상장기업의 사외이사제도는 이보다 늦은 1998년 2월 유가증권 상장규정의 개정을 통해 의무화되었는데 사외이사의 비율은 총 이사수의 25% 이상으로 규정되어 있다. 이 내용은 1999년 12월 증권거래법 개정시 증권거래법에 반영되었다.

76) 또한 외국인과의 합작 등으로 설립된 은행을 제외한 여타 은행의 경우에는 외국인을 임원으로 선임할 수 없도록 제한하였으나 1998년 5월에는 외국인의 은행임원 선임제한도 폐지하였다.

나. 정부의 역할

우리나라는 산업정책을 지원하기 위해 금융시장과 금융기관에 대한 정부의 규제와 개입이 행하여졌다는 점에서 보면 19세기에 후진국이었던 독일·이탈리아 등 유럽대륙 국가와 일본의 경우와 비슷하다. 그러나 금융기관 경영에 대한 직접 개입을 지속했다는 점이 크게 다르다.

은행에 대한 건전성 규제는 성장 위주의 경제정책을 추진하는 과정에서 다소 소홀하였다. 또 주거래은행제도를 통해 기업을 직접 규제하거나 은행을 대리인으로 삼아 자금배분에도 영향을 미침으로써 은행과 기업 간의 자율적인 관계가 발전되지 못하였다.

(1) 정부의 금융개입

우리나라 정부는 고도성장 전략을 추진하기 위하여 은행을 자금공급 창구로 이용하였다. 이 과정에서 자금의 가격인 은행금리를 규제하고 정책금융제도 등을 통하여 신용배분을 주도함은 물론 은행의 내부경영에도 간여하였다.

정부의 지나친 금융개입은 은행의 자율경영기반 취약과 대내외 경쟁력 약화를 초래하였다. 또한 은행이 경제환경 변화에 탄력적으로 대응할 수 있는 능력을 갖추는 데 소홀히 하여 다양화 복잡화해 가는 실물경제활동을 원활히 뒷받침하지 못하였다. 결국 개발 초기와 달리 1980년대 이후에는 경제발전을 제약하는 걸림돌이 되었다.

정부는 1990년대에 들어 국내 금융산업이 효율성과 경쟁력을 확보할 수 있도록 금리자유화를 추진하고, 은행의 자금조달·운용과 내부경영의 자율성을 제약하는 규제를 광범위하게 완화하였다.

금리자유화는 1991년 정부와 한국은행이 4단계 금리자유화 추진계획을 수립 발표함에 따라 본격화되었다. 1995년 11월까지 재정지원 대상 자금을 제외한 모든 여신금리가 자유화되었다. 수신금리도 요구불예금과 3개월 미만의 저축성예금 금리를 제외하고 모두 자유화되었다.

자금조달에서는 양도성예금증서, 자유금리기업어음, 표지어음 등 단기시장성 금융상품에 대한 발행한도의 확대 또는 폐지, 만기 확대, 최저발행금액의 인하 등을 실시하였다. 1996년 12월에는 은행법을 개정하여 은행대출의 최장만기제한(10년)을 삭제하였다. 장기예금의 조달을 통해 자금조달·운용의 만기불일치를 해소할 수 있도록 은행예·적금의 최장만기제한(5~10년)도 폐지하였다. 자금운용에서는 제조업 대출 지도비율을 전면폐지하고 여신금지 부문 대상을 대폭 축소하였다. 지방은행의 중소기업대출 의무비율은 80%(1986. 4)에서 60%(1997. 7)로 인하 조정하는 등 자금운용의 자율화 폭을 확대하였다.

또한 여신관리제도에서는 여신한도(basket) 관리대상을 30대 계열기업군에서 10대 계열기업군으로 축소하였다. 계열기업군의 기업투자와 11~30대 계열기업군의 부동산취득 승인제도를 폐지함으로써 경제력 집중을 억제하기 위한 규제를 단계적으로 완화하였다.

내부경영에서도 은행의 자기책임원칙이 확립될 수 있도록 여러 가지 규제를 꾸준히 완화하였다. 점포 설치에 대한 규제를 완화하고 재무상태가 양호한 은행에 대해서는 대손충당금비율, 부실여신비율, 자기자본비율 등의 충족 정도에 따라 일정범위 안에서 배당률을 자율적으로 결정토록 하였다.

아울러 1994년 12월 은행법 개정을 통해 유상증자에 관한 사항을 금융통화운영위원회 인가대상에서 제외함으로써 사실상 은행의 자율적인 자본금 변경을 허용하였다.

이러한 금융규제 완화조치는 금리의 가격 기능을 높이고 은행경영의 자율화 폭을 넓혀 주는 등 다소 긍정적 효과를 나타냈으나 규제완화의 이점이 기대한 만큼 나타나지는 않았다. 그 이유는 자율화의 선결요건이라 할 수 있는 시장구조의 개혁이 진행중이어서 건전성, 수익성, 책임성과 투명성을 중시하는 행동양식이 자리잡지 못한 데 있다. 즉 과거에 정부의 규제와 보호과정에서 형성된 금융제도와 관행의 부적절성이 개선되지 못한 것이다.

또 과거 자유화가 추진되는 과정에서도 정부는 정책목표간 상충 등으로 조정이 필요한 경우 암묵적으로 규제를 가함으로써 일관성과 투명성이 부족하였다. 아울러 일반 국민은 실질적으로 규제가 완화되지 않은 것으로 인식하였다.

한편 정부는 세계적인 금융환경 변화와 우리 경제규모의 성장에 대응한 자본시장의 육성을 제때에 추진하지 못하였다. 1970년대의 고속성장과 대규모 중화학공업 투자 등으로 재벌기업을 중심으로 기업의 시설과 운전자금 소요 규모가 대폭 확대되었다. 그러나 기업의 자금공급을 담당할 자본시장 발전은 계속 지체되었다.

경제성장에 따라 자국기업이 국제적 경쟁에 합류하고 무역과 자본 자유화가 진행되면 정부는 장기적인 안목에서 자본시장의 기반을 구축해야 하나 그러한 일이 제대로 이루어지지 못했던 것으로 평가되고 있다. 즉 회계공시제도, 시장규율의 강화를 위한 관련법률 등 자본시장 기능을 활성화하기 위한 하부구조의 정비가 늦어져 자본시장이 적기에 육성되지 못함에 따라 우리나라 기업의 은행의존도가 상당히 높은 수준을 유지하였다.

우리나라 은행규제의 특징은 금융규제의 목적이 산업화 초기 당시의 대륙계 국가와 같이 경제성장에 필요한 재원의 효율적 조달과 공급에 있었다고 할 수 있다. 금융의 외부효과와 정보의 비대칭성을 극복하여 예금자를 보호하고 금융의 효율성을 높이고자 하는 영·미의 금융규제와는 달랐다. 오히려 19세기 산업화 초기의 독일이나 일본의

〔표 48〕　　　　　　　　　　증권시장 규모[1]의 국제비교

(1997년 현재)　　　　　　　　　　단위 : 개사, 10억달러, %

	상장회사수	상장주식 시가총액	상장주식 거래대금
미 국	9,091	2,884.5(189.4)	10,600.8(155.8)
영 국	2,513	1,996.2(196.2)	1,989.5(195.6)
독 일	2,696	825.2(47.5)	1,067.7(61.4)
프랑스	924	290.4(23.7)	414.3(33.8)
일 본	3,140	2,216.7(55.4)	1,117.9(27.9)
한 국	776	41.9(13.7)	170.8(55.8)

주 : 1) 외국회사를 포함한 수치임

　　2) 괄호 안은 GDP대비 비율

자료 : 한국증권거래소, 《주식》, 1998. 7

정부개입과 비슷한 형태를 나타내었다.

　정부개입 방식에서는 관련법규에 의한 규제 외에도 재량권이 많이 행사되었다. 이는 법과 규칙에 입각(rule of law)하여 원칙을 규정하고 위반시는 엄격히 규제하는 영·미와 차이가 있으며, 재량에 의한 규제와 통제(bureaucratic controls)가 지배적이었다는 점에서 프랑스와 일본과 유사하다.

　영국과 미국의 경우에는 공무원의 주요 직위가 민간에게 개방되어 있으며 공무원의 의사결정은 주로 명확한 법과 규율에 따른다. 때문에 재량적으로 규제와 통제를 가하지 못한다. 반면 프랑스, 일본, 한국의 공무원 조직은 특정교육을 받거나 시험을 통과한 계층에게만 개방되어 있다는 공통점을 갖고 있다. 프랑스의 경우 국립행정학교(Ecole Nationale d'Administration ; ENA) 출신이 요직을 차지하고 직접적인 금융개입을 해왔으며(Story & Walter 1997), 일본도 고등고시 출신이 고위 공무원의 위치에서 광범한 재량권을 행사해 왔다. 우리나라는 개발 초기의 관료 엘리트 지배특성을 많이 지니고 있다. 경제개발계획의 수립과 집행과정에서 관료는 재량권을 바탕으로 금융기관의

경영, 소유구조 등에 영향력을 행사한 것이 그 예다.

(2) 건전성 규제

은행감독의 목적은 은행의 경영상태를 상시감시하여 은행제도의 건전성과 안정성을 유지하는 데 있다. 우리나라의 경우 정부가 경제성 장목표를 추구하는 과정에서 은행의 건전성 규제를 상대적으로 소홀히 하였다.

〔표 49〕　　　　　　　　일반은행의 부실여신 규모[1]

(기말기준)　　　　　　　　　　　　　단위 : 억원, %

	1990	1992	1994	1995	1996	1997	1998.3	1998.6
부실 여신[2]	19,122	24,374	19,253	22,944	25,247	89,949	109,527	108,845
	(2.0)	(1.6)	(0.9)	(0.9)	(0.8)	(2.5)	(3.1)	(3.2)
무수익 여신[3]	72,463	103,472	117,227	124,839	122,255	213,163	259,982	290,766
	(7.5)	(6.7)	(5.6)	(5.2)	(3.9)	(5.8)	(7.3)	(8.6)

주 : 1) 1996년말부터는 주택은행을 포함하였으며 1997년말부터는 5개 퇴출은행을 제외하고 장기신용은행을 포함
　　 2) 여신건전성 분류결과 '회수의문'과 '추정손실'로 분류된 여신
　　 3) 부실여신에 '고정' 분류여신을 합한 여신
　　 4) 괄호 안은 총여신대비 비율

〔표 50〕　　　　　　　　은행법상 동일인 여신한도[1]

단위 : %

	제6차 개정 (1982. 12)	제7차 개정 (1991. 12)	제8차 개정 (1994. 12)	제14차 개정 (1999. 2)
여신한도	75	60	45	20[3]
대출한도	25	20	15	20
지급보증한도	50[2]	40	30	

주 : 1) 자기자본대비
　　 2) 동일인 지급보증한도 신설[은행법 제정 당시에는 동일인 대출한도(25%)만 규정]
　　 3) 제14차 개정시 자기자본의 정의를 자본금, 적립금과 기타 잉여금의 합계에서 BIS 기준에 의한 기본자본과 보완자본의 합계액으로 변경

동일인 여신한도는 1991년 12월 은행법 개정을 통해 대출의 경우 자기자본의 20%(은행감독원장 승인시 30%), 지급보증은 자기자본의 40%(은행감독원장 승인시 60%)로 축소되었다. 그러나 산업자본을 주로 은행을 통해 조달함에 따라 동일인 여신한도가 선진국 가운데 상대적으로 높은 대륙계 국가(독일, 프랑스, 일본. 각각 자기자본의 25%, 40%, 30%)보다 높은 수준이었다. 실제 운용에서는 은행감독원장의 특별승인을 받는 경우 이 한도를 초과할 수 있다. 이러한 예외조항은 중요산업의 집중지원이라는 취지에서 비롯된 것인데, 거액 차입기업이 경영환경 변화에 제대로 적응하지 못할 경우에는 당해 금융기관이 부실화되고 연쇄적으로 금융제도 전체의 불안이 증대되는 결과를 낳았다.

또한 1974년 여신관리제도가 도입되었으며 1984년부터는 30대 계열기업군에 대해서 은행별 여신바스켓 관리제도를 시행하였다. 그러나 주력업체(각 계열별로 3개 이내)가 바스켓 관리대상에서 제외되는 등 제도의 실효성을 저하시키는 조치가 수시로 시행되어 편중여신을 억제하는 데 많은 어려움이 있었다. 자본의 적정성도 경제개발과정에서 성장통화의 공급이 강조됨에 따라 상대적으로 경시되어 은행법 개정 때마다 위험자산 보유한도를 완화하였다.[77]

한편 정부는 1990년대에 들어 금융의 자유화·개방화가 진전되면서 금융기관간 경쟁격화에 따른 예대마진 축소로 은행의 고수익-고위험자산 비중이 늘어나고 통화·금리·환율의 변동성 증대 등으로 시장위

---

77) 일반은행의 위험자산 보유한도 추이
　　·은행법 제정 당시 : 위험자산에 대한 자기자본비율을 10/100 이상으로 규제
　　·1차 개정(1962. 5) : 상기 비율을 10/150으로 완화.
　　·3차 개정(1969. 1) : 보증과 인수채무에 대한 자기자본비율을 10/150 이상으로 제한하고 대출금은 규제대상에서 제외.
　　·4차 개정(1977.12) : 상기 비율을 10/200으로 완화.

험이 증가하자 1994년부터 건전성 규제를 위한 제도적 장치를 강화하기 시작하였다.

1994년 12월 은행법 개정을 통하여 동일인 여신한도를 축소하고 은행별 거액여신 총액한도제를 도입함으로써 편중여신을 억제하는 장치를 보강하였다. 1995년말 이후 일반은행으로 하여금 국제적으로 통일된 BIS 기준 자기자본비율을 유지토록 하였다. 1994년 3월에는 금융기관이 자체적으로 파생금융상품 거래에 관한 리스크 관리지침을 수립 시행토록 하였다. 1994년 8월말에는 은행에 대해 경영공시제도를 도입한 이후 순차적으로 비은행금융기관에까지 확대 운영하였다. 한편 은행이 보유하고 있는 산업합리화 관련 여신 등 부실채권의 조기정리를 촉진하기 위해 1994년 3월 이후 은행여신의 대손상각 승인요건을 점진적으로 완화[78]하였으며, 대손충당금의 적립기준을 강화하였다. 거액부실여신이 신규로 발생하는 것을 방지하기 위하여 각 금융기관이 여신거래처의 부실징후를 조기에 발견하여 관리하는 부실징후조기경보제도를 1994년 9월부터 도입 운용하였다. 1996년 9월에는 감독당국이 臨店檢査 이외의 기간중에 문제은행 또는 은행경영의 취약부문을 조기에 발견하여 이를 시정하도록 하는 상시감시제도를 도입하여 감독·검사의 연계성을 강화하였다.

그러나 건전성 규제를 위한 제도적 장치의 강화에도 불구하고 실제

---

78) ·금융기관 자체 확인에 의한 대손상각 금액 확대(2억원→10억원)

·회수의문 여신에 대한 대손상각 승인 신청가능금액 확대(대상채권의 50%→90%)

·구비서류 없이 대손상각 승인을 신청할 수 있는 소액채권범위 확대(1천만원 이하→3천만원 이하)

·대손상각 승인 신청회수 확대(연 2회→연 4회)

·일반은행의 대손상각을 위한 재산조사확인 위임대상 채권금액 상향조정(10억원→15억원)

운용에서는 규정에 명시되지 아니한 규제가 재량적으로 수행되는 경우가 많았다. 또한 금융자유화에 대비하여 금융기관이나 금융산업의 건전성을 강화하기 위한 실질적인 노력은 상대적으로 미흡하였다. 이 점에서 우리나라는 일본과 프랑스와 유사하다고 하겠다.[79]

(3) 정부와 은행의 관계

우리나라의 금융산업은 실물경제의 하부구조로서 경제개발의 효과적인 지원역할에 집중되었다. 이 과정에서 은행은 산업자금의 동원과 배분 역할을 담당하였디. 은행에 대한 정부의 직접적인 개입과 통제는 빠른 속도의 경제개발을 가능하게 하였다. 자본시장이 사실상 존재하지 않고 기업의 대외적인 신인도가 매우 낮은 상황에서 정부, 은행과 기업의 공동 위험부담체제를 통하여 1980년대까지 고속성장에 正의 영향을 준 것으로 평가되고[80] 있다(Cho & Kim 1995).

은행경영에 대한 직접적인 개입은 은행산업의 자율적인 발전을 저해하였고 은행의 半국가적 경영체제를 정착시켰다. 경제개발과정에서 정부는 여신관리제도와 주거래은행제도를 통해 기업을 직접 규제하거나 은행을 대리인으로 하여 기업의 자금배분에 직접 영향을 미쳤다. 따라서 우리나라 은행산업이 발전하지 못한 것은 자율적인 경영능력

---

79) IMF는 프랑스와 일본이 금융자유화에 따른 은행 위험에 대해 체계적인 대책이 가장 늦은 대표적인 국가로 인식하고 있다. 프랑스는 1990년대 들어 Crédit Lyonnais 은행의 부실로 1992~1994년간 대규모 공적자금을 투입한 바 있으며, 일본도 1980년대 말부터 금융기관의 부실채권이 급증하고 중소 금융기관의 도산이 빈발하였다(Aglietta & Laurence 1997).

80) Stiglitz(1991)는 경제개발 초기에 자본시장을 육성해 가면서 산업자금을 조달하는 것보다 은행을 통하여 자금을 조달하는 것이 유리한데, 그것은 정부가 은행을 국유화하거나 은행에 대해 영향력을 행사함으로써 은행은 사실상 정부에 의해 보증되므로 예금자가 안심하고 돈을 맡기게 되어 저축동원에 유리하기 때문이라고 하였다.

을 갖춘 은행자본을 창출하지 못한 데 있다.

정부가 은행을 산업정책의 하부구조로 이용하였다는 점에서 독일, 프랑스와 일본의 경우와 유사하다. 다만 우리나라의 경우는 이들 국가보다 정부의 은행 경영에 대한 개입이 직접적이었다는 점이 다르다. 그리고 독일과 일본에서는[81] 은행과 기업의 관계에서 기본적으로 은행이 우월(bank seniority)한 위치에서 자율적으로 기업투자의 심사와 감시 기능을 행사하였다. 다시 말해서 독일과 일본은 은행과 기업이 장기밀착관계를 맺고 있다. 반면 우리나라에서는 은행이 기업자금공급에서 가장 중심적인 역할을 담당했음에도 불구하고 기업투자의 사업성에 대한 심사 기능을 수행하지 못하고 오히려 이를 정부가 대신하였다.

우리나라와 비교해 볼 때 독일은 은행의 자율성이 상당히 보장되어 있다. 국가경제에서 은행의 역할이 큰 편이다. 독일에서 은행장은 사회·경제적으로 상당한 영향력을 행사하고 있으며, 전통적으로 독일 국민은 여유자금이 생기면 증권에 투자하기보다 주로 예금을 하는 성향이 강한 것으로 알려져 있는데, 이는 은행의 높은 안정성과 경제적

---

81) 프랑스의 경우 은행 중심의 금융제도를 유지해 왔으나 은행과 기업의 관계가 일본이나 독일과 같이 긴밀하지 않다. 대부분의 기간산업은 전통적으로 국가소유였으며 국영기업에 대한 대출과정에서 정부가 직접적으로 간여하였다. 제2차 세계대전 이후 국유화된 예금은행이 1970년대에 민영화되기 시작하였으나 1982년 좌파정부에 의해 다시 국유화되었으며 1986년 시락정권의 등장으로 다시 민영화되는 등 은행의 소유구조와 경영이 정치와 행정에 의해 큰 영향을 받아왔다. 따라서 프랑스 은행제도는 독일과 일본의 기업밀착형도 아니고 영·미의 간격유지형도 아닌 형태로서 정부개입이 서구 어느 나라보다도 강한 편이다. 다만 국유화되지 않은 소규모 은행은 기업과 비교적 긴밀한 관계를 맺고 정부개입 없이 자금을 공여한다. 그리고 은행이 기업과 긴밀한 관계를 맺고 안정적인 투자자금을 공급하는 독일형을 모방하려는 노력이 1990년대 초 Crédit Lyonnais 은행 등을 중심으로 나타난 바 있으나 아직 발전되지는 못하였다(Story & Walter 1997).

위상 등에서 비롯되는 국민의 은행제도에 대한 신뢰 때문이다. 또한 국민의 보수성, 검소함, 장기적인 안목, 안정성에 대한 선호 등이 자본주의경제에서 가장 보수·안정적인 은행제도를 선호하고 발전시켜 나가게 하였다. 이러한 전통에서 독일의 은행은 국가의 기간산업에 대한 투자결정권, 기업지배권, 기업구조조정 등의 권한을 가지게 되었다. 같은 맥락에서 일반은행을 감시하고 보호하는 중앙은행의 역할도 매우 중요시되었다. 즉 독일의 은행이 안정적으로 성장하고 중요한 역할을 담당할 수 있었던 것은 독일연방은행이 마르크화의 가치를 유지함에 따라 예금자가 은행을 신뢰하고 예금을 맡길 수 있었기 때문인 것으로 평가된다.

일본의 경우 정부가 은행 경영에 영향력을 행사함으로써 대출을 통제했다는 점과, 정부의 전·현직 엘리트 관료가 기업과 은행의 지도자로 활동하며 상호 비공식적인 협력을 도모했다는 점 등에서는 한국과 유사하다. 그러나 일본은 기업 투자계획의 심사, 중간감시, 부실기업에 대한 지원과 퇴출 등에서 은행이 main-bank로서 상당히 주도적인 권한을 행사하였고, 은행과 기업이 비교적 자율적인 관계를 맺어 왔다는 점에서 우리나라와는 차이가 있다.

우리나라의 은행은 상업성보다는 공공성이 강조되고 은행경영에 자율성과 주주권이 충분히 보장되지 못했다. 은행 경영진의 능력도 시장에서 주가수준이나 수익성에 따라 평가되지 못했다.

다. 은행 행태

우리나라는 자본축적이 부족한 상태에서 정부주도로 경제개발을 추진함에 따라, 은행 행태가 대륙계 은행과 유사한 모습을 보이는 부분이 있다. 즉 우리나라 은행은 대륙계 은행과 같이 1980년대까지 자금조달을 주로 예금과 중앙은행 차입에 의존하고 대출 위주로 운용하였다. 은행과 기업간 관계도 외형상으로는 독일의 Hausbank, 일본의 main-bank와 유사한 주거래은행제도가 형성되어 있다. 또한 대륙계 은행과 마찬가지로 은행산업의 공공성이 강조됨에 따라 은행의 창의 성이 제약되었고, 금융혁신, 경영합리화 노력도 부족한 상태에 있는 등 역동성이 약한 경영행태를 보이고 있다.

그러나 은행과 기업의 관계에서는 대륙계 은행과 달리 은행이 기업 에 대해 감시와 통제를 제대로 하지 못하고 있다. 업무영역에서도 대 륙계 은행은 겸업주의를 택하고 있는 데 비해 우리나라 은행은 전업 주의를 택하고 있는 점이 다르다.

(1) 은행의 업무영역

우리나라는 은행, 증권회사와 보험회사가 각각 은행업, 증권업과 보 험업을 고유업무(예 : 은행－지급수단의 발행·교환·결제, 증권－유가 증권의 위탁매매, 보험－보험의 인수와 운영)로 하고 일부 업무에 한 해 서로 부분적으로 겸영하고 있어, 우리나라 은행은 겸업주의 성격이 없는 것은 아니나 원칙적으로 전업주의를 택하고 있다.

우리나라는 1950년 은행법 제정 당시부터 은행에 대해 신탁업무와 장단기 금융업무를 겸영할 수 있도록 하고 금융통화위원회(현재는 금 융감독위원회)의 인가를 얻는 경우 은행업이 아닌 업무를 겸영[82]할 수

---

82) 현행 은행법에 의해서도 우리나라의 은행은 금융감독위원회의 승인을 얻어 비은행업무를 직접겸영하거나 자회사를 통해 영위할 수 있다.
　　·은행은 신탁업무를 겸영할 수 있고(제29조) 상업금융과 장기금융을 취급할 수 있다(제31조).
　　·은행이 영위할 수 있는 은행업무의 구체적인 범위는 대통령령으로 정하도 록 하고 있으며(제27조) 금융감독위원회의 인가를 받아 은행업이 아닌 업 무를 영위할 수 있고(제28조) 금융감독위원회가 정하는 업종에 속하는 회 사에 대해서는 출자한도제한(대상회사지분의 15%)에서 제외된다(제37조).

있도록 하는 등 은행의 타업종 겸영이 금지되지 않았다.[83]

그러나 1960년대에 들어 정부가 국내자금 동원을 극대화하기 위해서 각종 특수은행법과 증권과 보험관계법을 제정하였다. 1970년대 이후에는 종합금융회사, 투자금융회사, 상호신용금고, 투자신탁회사 등 각종 비은행금융기관 관련법의 제정을 통해 비은행금융기관을 대거 설립하는 과정에서 금융업간 업무영역을 엄격하게 유지함으로써 영·미와 일본과 유사한 전업주의 체제를 갖추게 되었다.

한편 1970년대 후반부터는 은행이 일부 비은행업무를 직접 겸영하거나 자회사를 통해 영위하기 시작함으로써 점차 겸업화가 진전되기 시작하였다. 그러나 우리나라 은행의 겸업화는 영·미나 일본의 경우와 같이 겸업화에 대한 종합적인 계획수립과 법제화를 통해 체계적으로 이루어진 것이 아니라 그때그때의 금융시장 여건에 따라 단편적으로 이루어졌다.

즉 1970년대 후반 이후 상대적으로 규제를 덜 받는 비은행금융기관은 급성장한 반면, 은행의 경쟁력은 저하되어 은행의 자금중개 기능이 위축되었다. 정부는 은행의 비이자수익원 확대를 위한 조치로서 국공채와 회사채 인수업무(1977), 환매조건부 국공채매도업무(1982), 환매조건부 회사채매도업무(1990), 사모사채 인수업무(1990), 국공채 창구판매업무(1995) 등 일부 증권업무와 신용카드업무(1982)의 직접겸영을 허용하였다. 한편 보험업무에 대해서는 은행법[84]과 보험업법[85] 등

---

83) 은행이 증권업, 보험업 등 타금융업종을 영위하기 위해서는 은행법과는 별도로 증권거래법, 보험업법 등 업종별 근거법에 의거 금융감독위원회의 인가를 받아야 한다.

84) 종전 은행법 제27조에서는 은행이 영위할 수 있는 은행업무의 범위를 재정경제부장관(현재는 대통령령)이 정하도록 하고 있는데, 재정경제부장관의 '은행업무의 범위에 관한 지침'에서는 보험업을 은행업무의 범위에서 제외하고 있다.

85) 보험업법 제144조에 따르면 보험사업자(보험회사) 이외에 보험모집업(보험

[표 51]　　　　　　　　　은행의 주요 비은행업무 직접겸영 현황
(1999년 6월말 현재)

업 무 종 류	겸영여부	업 무 종 류	겸영여부
증권업무		보험업무	
발행시장 관련업무		인수	×
– 인수·매출		모집	×
(국공채)	○	판매	×
(회사채)	×[1]		
(주식)	×	신탁업무	
– 모집·매출의 주선		수탁	○
(국공채)	○	판매, 관리, 운용	○
(회사채)	○		
(주식)	×	투신업무	
		관리, 운용	×
유통시장 관련업무		수익증권 판매	○
– 위탁매매	×	뮤추얼펀드 판매	○
– 매매중개	×		
		기타 비은행업무	
자기매매		리스	×
(국채)	○	신용카드	○
(공채·회사채)	×	팩토링	○
(주식)	×	선물거래	○
환매조건부채권 매도	○		

주 : 1) 인수단 참여는 가능(단 인수간사회사는 될 수 없음)

관계법령을 제한적으로 운용함에 따라 은행의 직접겸영이 허용되지

　　상품판매)을 영위할 수 있는 자는 보험회사에 소속된 보험모집인, 보험회사
로부터 독립된 보험중개인과 보험회사와 계약에 의해 보험을 모집하는 보
험대리점으로 구분된다. 이 가운데 보험중개인은 법인의 경우 소속직원의
과반수가 보험중개인 자격을 가져야 하고(시행령 제30조의 2), 보험대리점
은 '경쟁을 실질적으로 제한하는 등 불공정한 보험모집행위를 할 우려가 있
는 경우 재경부장관이 등록을 제한'(법 제149조)할 수 있는데, 은행, 증권회
사 등이 그에 해당되어(시행규칙 제47조의 2) 은행의 보험업 직접겸영은 실
질적으로 금지되고 있다.

않고 있다.

1980년대 이후 자회사를 통한 타금융업 진출이 활발해지기 시작하였다. 그러나 그것도 금융업종간 겸영에 관한 체계적인 틀 속에서 이루어진 것이 아니라 은행·증권·보험업간 타업종 자회사의 설립이 원칙적으로 허용되지 않는 가운데 당시의 금융시장 여건에 따라 진입제한이 일시적으로 완화된 것에 불과하였다.

증권자회사의 경우 일부 은행이 부실기업에 대한 대출채권을 정리하는 과정에서 당해기업 소유의 증권회사를 인수하거나 인수한 투자금융회사가 증권회사로 전환하게 되어 증권자회사를 소유하게 되었다. 또한 상호신용금고 자회사의 경우 은행이 상호신용금고업으로 진출할 유인이 별로 없었음에도 은행이 부실상호신용금고를 구제하기 위해 소유하게 된 경우가 대부분이다. 그리고 1984~1991년 동안 집중적으로 설립된 리스자회사는 당시 정부가 리스업에 대한 진입제한을 완화하면서 외화차입을 주재원으로 하는 리스업의 특성에 따라 외국계 리스회사와 합작 또는 국내은행의 자회사 형태에 한해 설립을 허용함으로써 은행이 소유할 수 있었다.

〔표 52〕　　　　일반은행의 금융업 자회사 소유내용

단위 : 개

	1980 이전	1981 ~90	1991	1992	1993	1994	1995	1996	1997[1]	계
증 권	1	4				1(1)		1		6
신용금고	5	8			1	2	3	2	(1)	20
리 스		16	4							20
팩 토 링							2	6		8
합 계	6	28	4		1	3(1)	5	9	(1)	54

주 : 1) 1997년 1~4월중
　　2) 괄호 안은 정리 자회사수
자료 : 한국은행 은행감독원, 《감독업무정보》 제180호, 1997. 6

한편 1986년까지 신규 진입이 허용되지 않았던 보험업의 경우 1987년부터 개방되었으나 그 경우에도 국내 산업자본과 외국계 보험회사에 한해 보험회사의 신설을 허용함으로써 은행의 보험자회사 소유는 전무하다.

(2) 자금의 조달과 운용

우리나라 은행은 1980년대까지 자금조달은 주로 예금과 중앙은행 차입에 의존하고 자금운용은 유가증권보다는 대출 위주로 이루어졌다. 그러나 1990년대에 들어서는 중앙은행으로부터의 차입비중을 줄이고 유가증권투자비중을 확대하고 있다.

먼저 자금조달상의 특징을 살펴보면 다음과 같다. 1980년대까지 은행은 필요자금의 상당부분을 해외차입과 중앙은행차입을 통해 조달하였다. 이는 투자에 필요한 자금을 국내저축을 통해 충족할 수 없었고 정부가 중앙은행 대출제도를 단기유동성 조절보다는 기업자금의 공급수단으로 운영한 데 주로 기인하였다. 특히 은행 수신(예금, CD 등) 비중은 1970년대 60% 수준에서 1980년대에는 50%대로 하락하였는데 이는 수신금리가 비은행금융기관에 비해 낮게 규제됨에 따라 은행 수신상품의 경쟁력이 저하되었기 때문이다.

1990년대에 들어서는 공개시장조작 등 간접조절방식에 따른 통화관리여건 조성을 위해 자동재할인 성격의 중앙은행 대출제도를 개선함에 따라 은행의 중앙은행 차입이 줄어들기 시작하였다. 또한 금리가 단계적으로 자유화되면서 CD를 비롯한 고수익 금융상품의 취급이 확대되는 등 은행수신상품의 경쟁력이 향상된 데 힘입어 수신 비중이 60%대로 다시 상승하였다.

자금운용을 보면 1980년대까지는 자본시장의 발달이 충분히 이루어지지 못해 기업의 은행의존도가 높게 유지되면서 은행은 자산의

〔표 53〕　　　　　　　　　일반은행의 부채내역별 구성

단위 : %

	1975	1980	1985	1990	1995	1996	1997	1998
예 금	60.4	55.4	50.0	66.9	68.0	65.2	61.3	62.3
(CD＋외화예금)	7.0	4.4	3.4	14.5	17.9	15.6	19.8	11.9
한은차입금	13.4	12.2	18.7	9.4	4.0	2.0	2.5	2.9
해외차입금	12.6	19.3	21.2	7.4	10.8	13.3	11.8	8.7
기 타	13.6	13.1	10.1	16.3	17.2	19.5	24.4	26.1
계	100.0	100.0	100.0	100.0	100.0	100.0	100.0	100.0

자료 : 금융감독원, 《은행경영통계》 각호

55% 내외를 대출로, 유가증권투자에는 10% 미만만을 운용하였다. 그러나 1990년대에 들어 은행의 자산운용 가운데 대출비중이 낮아지고 유가증권투자비중이 크게 상승하였다. 이는 정부가 증시부양과 금리안정을 위하여 은행에 대해 유가증권 보유를 확대하고 매각을 억제하도록 지도한 데 주로 기인하였다. 더욱이 고금리 수신상품 도입으로 자금조달비용은 상승하였으나 대출금리는 규제가 지속되어 예대마진[86]이 줄어들고 경기침체에 따른 부실채권 누적 등으로 수익이 악화되는 데 대처하여 은행이 유가증권 투자를 늘리는 영업전략을 택한 데도 일부 원인이 있다.

한편 우리나라 은행은 1994년 이후 파생금융상품 거래확대를 통한 수수료 수입 증대에도 역점을 두어 1993년 7조 5천억원에 불과하였던 파생금융상품 거래규모가 1997년에는 83조 5천억원으로 크게 늘어났다. 그러나 파생금융상품 거래의 위험은 간과한 채 단순히 자금을 부

---

86) 일반은행의 원화 예대금리차[1] 추이　　　　　　　　단위 : %포인트

1975	1980	1985	1990	1995	1996	1997	1998
4.00	6.89	4.59	4.53	3.02	3.52	3.57	2.05

주 : 1) (대출금이자수입÷대출금평잔) － (예금·부금·CD지급이자÷예수금평잔)
자료 : 금융감독원, 《은행경영통계》 각호

[표 54]　　　　　　　　　일반은행의 자산내역별 구성

단위 : %

	1975	1980	1985	1990	1995	1996	1997	1998
현금과 예치금	24.7	17.3	18.6	23.0	13.0	12.0	9.2	6.9
대 출	53.4	57.4	54.5	47.8	48.1	47.7	44.9	41.1
유가증권	3.9	6.9	6.2	10.3	14.8	15.1	15.9	26.0
해외자산	12.5	9.9	9.1	6.0	8.5	9.3	12.8	9.3
기 타	5.5	8.5	11.6	12.9	15.6	15.9	17.2	16.7
계	100.0	100.0	100.0	100.0	100.0	100.0	100.0	100.0

자료 : 금융감독원, 《은행경영통계》 각호

[표 55]　　　　　　　　일반은행의 파생금융상품 거래 규모

단위 : 조원, %

	1990	1992	1993	1994	1995	1996	1997
파생상품 거래규모	3.9	6.5	7.5	13.8	23.4	39.6	83.5
파생상품 거래규모÷총자산	3.3	4.3	4.5	6.7	9.0	12.7	19.8

자료 : 금융감독원, 《은행경영통계》 각호

담하지 않고 수수료 수입을 올릴 수 있다는 점만을 고려하여 파생금융상품 거래를 늘린 결과 일부 은행[87]의 경우 파생금융상품 거래와관련하여 거액의 손실을 입는 등 오히려 파생금융상품 거래가 수익을악화시킨 요인으로 작용하기도 하였다.

---

87) 예를 들어 JP Morgan사는 SK증권, 한남투신, LG금속 등 3개사가 역외펀드로 설립한 Diamond Fund에 대해 파생금융상품 거래의 일종인 Total Return Swap(TRS)을 통해 5,300만달러를 대출하였는데 JP Morgan사는 이 거래의 위험을 헤지하기 위해 보람은행에 수수료를 지급하고 반대조건의 TRS 계약(일종의 지급보증 계약)을 체결하였다. 그 뒤 Diamond Fund가 인도네시아에 대한 투자실패로 파산하자 JP Morgan사는 SK증권, 한남투신, 보람은행 등에 대해 차입금 상환을 요구하였다(한국은행 국제부, 《신용파생금융상품의 개요와 국내금융기관 취급상황》, 1998. 8).

(3) 점포운영

우리나라 은행의 점포운영 행태를 보면 대륙계 은행과 같이 지점주의(branch banking)를 채택하고 있다.

우리나라는 근대적 은행제도의 도입 당시부터 일본의 영향을 받아 지점주의를 채택하였다. 특히 1960년대 이후 시중은행은 정부의 경제개발정책에 따라 기업금융을 적극적으로 취급하면서 그 소요자금을 우선적으로 국민의 저축으로 조달하기 위해 지점망을 전국적으로 꾸준히 확대하였디. 1967~1971년 동안 설립된 지방은행의 경우에도 영업지역이 특정지역에 국한되었지만 영업지역내에 지점망을 광범위하게 유지하였다. 또한 1970년대까지 시중은행 평균 100개, 지방은행 평균 30개 미만이었던 은행당 지점수는 1980년대에 들어 외형확대 위주 영업전략에 따라 급속히 늘어나기 시작하여 1997년에는 시중은행 평균 293개, 지방은행 평균 131개를 기록하였다.

한편 일반은행 이외에도 정책자금의 공급확대 등을 위하여 설립된

〔표 56〕 　　　　　　　　　　　　**일반은행의 점포수**

단위 : 개

		1945	1975	1980	1985	1990	1997	1998
은행수	시중은행	2	5	6	8	11	16	12
	지방은행	–	10	10	10	10	10	8
	계	2	15	16	18	21	26	20
지점수	시중은행	136	378	610	957	1,695	4,682	4,210
	지방은행	–	194	316	398	638	1,305	892
	계	136	572	926	1,355	2,333	5,987	5,102
은행당 지점수	시중은행	68	76	102	120	154	293	351
	지방은행	–	19	32	40	64	131	112
	평 균	68	38	58	75	111	230	255

자료 : 금융감독원, 《은행경영통계》 각호

중소기업은행·국민은행·주택은행 등 특수은행[88]도 대출재원을 일반 예금으로 충당하기 위하여 지점을 꾸준히 확대하였다.

(4) 은행과 기업의 관계

우리나라 은행과 기업의 관계를 살펴보면 외형상으로는 대륙계 국가와 유사하다. 그러나 은행이 기업에 대해 강력한 영향력을 행사하지 못하고 있는 점에서는 대륙계 국가와 다르다. 그렇다고 영·미에서와 같이 일정한 거리를 유지하는 관계도 아니다.

우리나라는 자본시장이 발달되어 있지 않은 상태에서 은행이 기업금융을 주도적으로 공급하여 왔다. 독일의 Hausbank, 일본의 main-bank에 대비되는 주거래은행(1998년 4월 주채권은행으로 명칭 변경) 제도가 형성되어 있으므로 외형상으로는 은행과 기업의 관계가 대륙형의 은행중심체제와 유사하다. 그러나 은행과 기업의 관계를 내용면에서 볼 때 대륙형 국가에서는 기업주식 소유와 임원파견 등 경영참가를 통해 은행이 주주와 채권자로서 기업에 대한 감시와 통제에 강력한 영향력을 행사하면서 장기·안정적인 결속관계를 형성하고 있다. 그러나 우리나라 은행은 기업주식소유와 임원파견 등 주주로서의 경영참가가 제도적으로 금지되어 있는 데다 기업에 대한 채권자로서 감시와 통제의 역할도 충분히 하지 못하고 있다는 점이 대륙계 은행과 가장 중요한 차이다.

먼저 대륙계 국가에서는 은행의 기업소유와 임원파견에 제한이 없

---

88) 중소기업은행(1961년 설립)은 舊 농업은행의 도시점포를 기반으로 설립된 뒤 전국적으로 점포를 신설·확대하고, 국민은행(1962년 설립)의 경우는 기존의 無盡會社를 흡수 합병하면서 이를 지점으로 전환하였으며, 한국주택은행(1969년 설립)도 일반 수신업무의 취급을 통해 주택금융의 재원을 확충하기 위하여 전국적으로 지점을 설치하였다.

다. 이에 비해 우리나라는 금융에 의한 기업지배를 방지하기 위한 목적으로 1950년 은행법 제정 당시부터 은행은 원칙적으로 기업발행주식의 20%(현재는 15%)를 초과하여 소유할 수 없도록 하였다. 1982년에는 은행법 개정을 통해 임원[89]의 타영리법인 겸직도 금지하는 등 기업주식소유와 경영참여를 제한하고 있다. 결국 은행이 기업에 대해 강력한 경영감시를 행할 수 있는 환경이 조성되어 있지 못하다.

또한 독일과 일본의 주거래은행제도는 은행이 거래기업에 공급한 장단기자금의 부실화를 막기 위해 거래기업의 주식을 소유하고 주주권 행사와 임원파견 등 기업경영에 적극적으로 참여하는 과정에서 자발적으로 형성되었다. 우리나라의 주거래은행제도는 정부가 대기업정책의 일환으로 실시한 여신관리제도를 수행하기 위하여 타율적으로 도입되었다. 정부는 지나친 외부자금 의존으로 인해 악화된 계열기업군의 재무구조를 개선하고 편중여신을 억제하기 위하여 1974년에 여신관리제도를 도입하여 주거래은행으로 하여금 계열기업군의 재무구조개선계획에 대한 검토·감시, 운전자금의 대출한도 결정, 경영지도 등을 담당하도록 하였다. 1980년대 이후에는 계열기업군의 부동산과 타기업 투자에 대해서도 주거래은행의 승인을 받도록 하는 등 여신관리제도를 경제력집중 억제책으로 운용하였다. 그 결과 주거래은행은 정부를 대리하여 계열기업군을 관리하는 행정기관의 성격을 갖게 되었다.

그리고 기업에 대한 채권자로서의 역할에서 시장중심체제인 영·미의 은행은 시장에 공시되거나 입수 가능한 객관적인 기업관련 정보를 면밀히 분석하여 철저한 여신심사를 행하고 있다. 은행중심체제인 독일과 일본에서는 은행이 경영참가를 통해 기업의 투자계획과 성과 등

---

89) 은행법상으로는 은행직원의 타영리법인의 겸직이 금지되지 않았으나 실제로는 감독당국이 행정지도로 겸직을 금지하였다(한국은행 은행감독원, 《은행법해설》, 1987, 173쪽).

에 대한 내부정보를 지속적으로 수집할 수 있어 채권자로서 여신심사를 원활히 수행하고 있다. 그러나 우리나라는 과도한 정책금융의 취급과 신용배분에 대한 정부의 간여 등으로 여신심사와 감시 기능을 제대로 발휘하지 못하기 때문에 채권자로서의 기능도 충실히 수행하지 못하였다. 즉 정책금융이 투자계획과 기업신용 평가 등 여신심사를 바탕으로 결정되기보다는 정부가 제정한 관련규정에 따라 거의 기계적으로 이루어졌다. 은행은 그와 관련된 대출집행과 담보설정 등 채권보전실무만 담당하였다. 그리고 일반여신에 대해서도 정부가 명시적인 법규 또는 비명시적인 창구지도 등을 통해 수출과 중공업 등 특정산업 분야와 중소기업 등에 대한 여신을 확대하도록 유도함에 따라 여신심사 기능을 발휘할 여지가 적었다.

또한 대륙계 국가를 비롯한 주요 선진국의 은행은 제공된 여신이 당초 목적대로 사용되지 않거나 부실화의 위험이 증대될 경우 대출금리 인상, 여신의 조기회수 등의 조치를 취한다. 이미 부실화된 기업 중에서 회생 가능성이 있다고 판단되는 기업에 대해서는 이자유예와 대출원금 감면, 출자전환 등을 통해 대출채권의 회수 가능성을 높이는 방식으로 여신에 대한 사후감시와 관리에 만전을 기하고 있다. 그러나 우리나라의 경우에는 여신의 조기회수 등 은행의 사후관리 강화로 인해 기업의 거래조건이 악화되는 것을 용인하지 않는 사회적 분위기가 팽배하였다. 또 1980년대 산업합리화 프로그램에 따른 부실기업 정리, 1997년의 협조융자, 1998년의 퇴출기업결정과 기업개선(workout) 대상기업 선정 등에서 볼 수 있듯이 대기업에 대해서는 정부가 은행을 대신하여 사후관리 기능을 수행하는 경우가 빈번하여 은행이 여신제공기업을 면밀히 감시할 여건도 불충분하였다.

우리나라는 은행이 기업금융을 상당 부분 공급하고 있음에도 불구하고 여신관리대상 대기업에 대해서는 은행을 대신하여 정부가 감시하고 여신관리대상이 아닌 대기업과 중소기업에 대해서는 은행이 단순한 여신공급자로서의 역할만 담당할 뿐 채권자로서의 감시와 통제 역할도 수행하지 못하는 비정상적인 관계를 보였다.

이러한 은행과 기업의 관계에 따라 우리나라 은행은 여신 결정에서 借主의 신용보다는 담보능력을 우선적으로 고려하는 담보 위주의 여신취급이 관행화되었다. 또 중소기업보다는 대기업에 편중하여 여신을 공급하고 고객의 신용, 투자계획의 사업성, 차주의 미래상환능력 등을 평가하는 여신심사기법의 개발도 소홀히 하는 행태를 보이게 되었다.

우리나라 은행은 철저한 여신심사를 거치지 않고 제공한 여신의 회수와 관련된 책임을 회피하기 위해 여신을 결정할 때 무엇보다도 차주의 담보능력을 우선적으로 고려한다. 담보의 형태도 부동산 담보를 선호하고 부동산 담보가 부족한 경우 대기업에 대해서는 상호지급보증을, 중소기업에 대해서는 신용보증기관의 보증 등 신용보증을 요구하는 등 담보 위주의 여신취급을 관행화하였다.

은행은 대기업을 주요 거래처로 삼았다. 대기업고객의 경우 중소기업고객보다 예금유치와 외환수수료 수입 등 은행의 외형확대와 수익 증대에 직접적으로 도움이 되기 때문이었다. 또 중소기업을 대상으로 여러 건의 대출을 취급하는 것보다는 대기업에 대한 거액대출이 여신취급과 관리에 따른 사무비용을 줄일 수 있었다. 그리고 대기업이 국민경제에서 차지하는 비중이 막대하여 대기업의 도산을 정부가 방치하지 않을 것이므로 부실화 위험이 상대적으로 적을 것이라고 판단한 것도 대기업에 여신을 편중하여 지원한 원인으로 작용하였다.

이에 따라 수익성이 높은 유망 중소기업의 투자사업이 도태되는 이른바 역선택의 문제가 나타났다. 아울러 거액차입기업에 대해서는 부실화가 우려되더라도 은행이 'too-big-to-fail'을 의식하여 자금지원을 계속하는 불건전한 여신관행을 야기하였다. 실제로 대기업이 도산하는 경우 은행경영에 치명적일 정도로 거액 부실채권이 발생하는 결과를 초래하였다.

그 밖에 우리나라 경제는 고도성장이 지속되고 은행대출금리는 시장금리보다 낮은 상태에서 오랫동안 유지되어 왔다. 때문에 은행자금에 대한 초과수요가 만성적으로 존재하여 은행도 신용대출 취급 등을 위해 여신심사기법을 적극적으로 개발할 필요가 거의 없었다. 또 여신창구의 부정을 방지하기 위해 여신담당자도 수시로 교체하였다. 따라서 여신담당자의 경험과 전문지식 축적이 부족해지고 전문성도 결여되었다. 그 결과 은행에 신상품과 새로운 금융기법 개발의 기초가 되는 위험관리 전문인력이 육성되지 못하였다. 이것이 은행산업의 경쟁력 저하로 이어졌다.

(5) 은행의 역동성

그동안 정부가 은행을 산업정책 지원수단으로 활용하기 위해 은행의 내부경영에 광범위하게 간여하는 등 은행산업을 통제해 오면서 상업성보다는 공공성이 지나치게 강조되었다. 그 결과 은행이 수익성 향상을 위해 창의성을 높이기보다는 정부의 보호와 규제에 순응하고 금융개혁도 정부주도로 진행되어 우리나라 은행의 행태는 대륙계 은행처럼 비역동적인 모습을 나타내었다.

1980년대에 들어 경제규모가 확대되고 경제구조가 고도화되면서 개방압력이 강해지자, 정부는 정부주도 경제개발정책의 한계를 인식하고 정부주도에서 시장원리를 존중하는 민간주도로 경제운용체제의 전환을 추진하였다. 특히 금리규제, 자금의 조달과 운용과 내부경영에 대한 통제로 인해 은행산업이 낙후되고 은행의 자금중개 기능이 위축되어 실물부문의 지속적 성장에 걸림돌로 작용하였다. 이를 타개하고 은행의 상업성을 회복하기 위해 금리의 가격 기능 제고, 업무영역 확대, 경영자율화 등 금융자유화 조치가 다각적으로 시도되었다. 그러나

1980년대 후반에 들어 거시경제가 불안정해지면서 이러한 조치들은 대부분 명시적인 법규에 근거하지 않은 각종 창구지도[90] 형태로 변형되어 은행경영에 대한 정부의 간여가 계속되었다. 은행이 상업성에 기초하여 창의성을 발휘할 수 있는 여건이 제대로 조성되지 못했던 것이다. 이에 따라 우리나라 은행은 새로운 수익원 개발을 위한 신종 금융상품과 새로운 금융기법의 개발, 경영합리화를 통한 비용절감과 합병 등을 통한 대형화 추진 등 수익 극대화를 도모하려는 역동성이 대륙계 은행과 마찬가지로 크게 부족하였다.

영·미에서는 신종 금융상품의 개발에서 은행이 비은행금융기관의 성장에 대응하여 금리규제를 회피하고 신종 금융상품을 개발하려는 자발적인 혁신노력을 먼저 보이고, 정부가 사후적으로 이를 수용하는 형태를 보였다. 우리나라는 정부가 은행간 또는 은행과 비은행금융기관간 과도한 受信 경쟁에 따른 폐해를 줄이고 금융권간 업무영역을 보호하기 위해 금융상품의 종류와 금리를 엄격히 규제하였기 때문에 신종 금융상품의 개발이 제대로 이루어질 수 없었다. 즉 우리나라도 각종 금리규제가 은행에 비해 덜 엄격히 적용되었던 비은행금융기관이 1980년대에 들어 급성장하면서, 은행의 수신 경쟁력이 급격히 저하되었다. 이를 타개하기 위해 정부는 은행에 대해 자유저축예금(1985), 가계우대정기적금(1985), 가계금전신탁(1985), 기업금전신탁(1987), 기업자유예금(1988), 시장금리부 수시입출금식예금(1997), 신종적립신탁(1997) 등 새로운 수신상품의 취급을 허용하였다.

그러나 이와 같은 금융상품도 금융시장의 기조적 변화에 대응한 차원에서 새로이 개발된 것이라기보다는 금융시장 안정을 위한 단기대책으로서 단순히 우대금리 또는 세제혜택을 적용하는 등 기존상품의

---

90) 예컨대 대출금리가 자유화되었음에도 불구하고 경기가 침체되는 경우 금리 인하를 요구하는 사회적 분위기를 반영하여 정부는 창구지도를 통해 대출 금리를 인위적으로 인하하도록 하였다.

〔표 57〕　　　　　　　　　　장외시장에서의 파생금융상품 거래규모
(1998년 4월중 일평균 거래량 기준)　　　　　　단위 : 억달러, %

	한국	미국	영국	독일	프랑스	일본	기타	소계[1]
거래규모	0.1	90.9	170.8	34.4	45.8	42.1	90.0	474.0
비중	0.02	19.2	36.0	7.3	9.7	8.9	18.9	100.0

주 : 1) 43개국
자료 : BIS(1998)

조건을 조정한 것에 불과하였다. 또한 1980년대 고금리상품 도입과 1990년대 단계적 금리자유화로 수신금리는 점차 상승하였다. 반면 대출금리에 대한 비명시적 규제가 계속됨에 따라, 은행의 꺾기를 통한 대출금리의 실질적 인상 등 금리규제시기의 불건전 금융행태는 근절되지 않고 계속되었다.

그리고 여신심사 기능이 제대로 발휘되지 못해 은행의 담보 위주 여신취급 관행이 고착되었다. 이에 따라 대출의 형태별(기업, 가계 등), 산업별 구성에 대한 합리적 관리기법, 자산부채관리기법, 원화와 외화 유동성 리스크 관리기법 등의 개발도 충분히 이루어지지 못했다. 그 결과 대표적인 새로운 금융기법인 파생금융상품 거래에서 우리나라 은행이 전세계 거래에서 차지하는 비중은 겨우 0.02%에 불과한 실정이다.

또한 1990년대 들어 대륙계 은행도 영·미계 은행의 역동성에 대응하여 경영합리화와 대형화를 통한 비용절감 노력을 강화하고 있다. 이에 반해 우리나라 은행은 경영합리화 또는 금융기법 선진화 등에 힘쓰기보다는 모든 역량을 수신증대에 집중[91]하고 점포와 인원을 늘리

---

91) 외국은행 지점과 국내은행의 담당업무별 인력비중을 비교해 보면 1997년말 현재 외국은행 지점은 전체 인력 가운데 수신담당과 여신담당 인력의 비중이 각각 27%로서 균형을 이루고 있는 데 비해 국내은행의 수신담당 인력비중은 33.2~43.5%, 여신담당 인력비중은 16.3~20.8%로 나타난다.

는 외형확대 위주의 영업전략을 지속하였다. 이는 정부의 암묵적인 보호와 은행산업에 대한 진입제한 등으로 안정적인 예대마진을 계속적으로 확보할 수 있었기 때문이었다. 이와 같이 우리나라 은행이 경영합리화는 고려하지 않은 채 외형만을 확대한 결과 점포와 인력은 급속히 증가한 반면 생산성은 외국은행 지점에 비해 저조한 모습을 보였다.

한편 주요 선진국에서는 은행간 합병이 부실은행 퇴출과 은행 대형화 수단으로 효과적으로 사용되고 있으나, 우리나라에서는 1970년대에 이루어진 서울은행과 신탁은행간 합병을 제외하고는 1997년말 시작된 은행구조조정 이전까지 은행간 합병이 한 건도 이루어지지 않았다. 왜냐하면 그동안 금융제도에 미칠 혼란을 우려하여 정부가 은행퇴출을 허용하지 않음으로써 부실은행 퇴출수단으로 은행간 합병이 활발하게 사용되지 않았고, 우량은행간 합병도 은행경영층의 합병추진 유인 부족, 고용불안을 우려한 은행직원의 반발 등 합병에 대한 보수적인 경영문화가 만연해 있어 합병을 통한 대형화가 추진되기 어려웠기 때문이다. 그 밖에도 합병을 촉진시킬 수 있는 세제정비와 합병절차의 간소화, 잉여인력의 정리제도 등 제도적인 장치도 충분하지 못하였다.

우리나라 은행의 업무별 인력구성 (1997년말 현재)

담당 업무	선발 6대 은행 평균		후발 4개 은행 평균		외국은행지점 평균	
	인원수 (명)	비중 (%)	인원수 (명)	비중 (%)	인원수 (명)	비중 (%)
수신	2,631	33.2	1,062	43.5	64	27.0
여신[1]	1,287	16.3	507	20.8	64	27.0
기타	4,000	50.5	870	35.7	109	46.0
계	7,918	100.0	2,439	100.0	237	100.0

주 : 1) 지급보증업무 포함

168

〔표 58〕　　　　　　　　　　일반은행의 점포·인원·순이익

단위 : 개, 명, 백만원

	1980	1985	1990	1995	1996	1997	1998[1]
일반은행[2]							
은행수	15	17	21	25	25	26	20
점포수	872	1,355	2,333	4,557	4,723	5,987	5,083
인원수	44,078	58,602	82,181	103,182	103,913	113,994	75,604
1인당 순이익	2.4	1.1	8.7	7.9	7.4	-35.1	-191.6
점포당 순이익	129	55	342	224	181	-765	-2,849
외은지점							
은행수	–	–	–	52	49	53	51
점포수	52	73	93	86	91	91	89
인원수[3]	–	–	–	2,671	2,587	2,575	–
1인당 순이익	–	–	–	88	142	506	–

주 : 1) 1998년중 일반은행의 1인당 순이익과 점포당 순이익은 일반은행 당기순이익을 인
　　　 원수와 점포수로 나누어 산출
　　 2) 외은지점 제외
　　 3) 외은지점 인원수는 외은지점 총자산합계를 외은지점 1인당 자산으로 나누어 역산
자료 : 금융감독원,《은행경영통계》 각호

　한편 선진국의 은행에서는 대손충당금과 유가증권평가충당금을
100% 이상 적립하고 있으나, 우리나라에서는 감독당국이 그 적립비
율을 수시로 변경하는 등 회계처리에까지 영향을 미침으로써 자율경
영의식을 손상시켰다.

　또한 은행의 타율적인 경영 때문에 자금조달과 운용의 자율성과 경
쟁성을 발휘하지 못하여 개별은행의 경영능력 차이가 경영실적에 반
영되지 못했다. 그에 더해 자본시장의 역사가 일천하여 상장은행의 경
영상황에 대한 공시요구 압력이 약했고 금융사고, 부실채권규모 등 개
별 상장은행에 대한 경영관련 공시내용도 선진국 수준에 비해 미흡하
였다.

라. 성 과

우리나라 은행은 자율과 경쟁에 입각한 경영혁신 유인이 거의 없었다. 더구나 은행이 공공기관으로 오인되는 경향이 계속되어 수익성 등 기업성을 확보하기가 어려웠다. 다시 말해서 수익성에 둔감한 은행경영 행태에서는 좋은 성과를 기대할 수 없는 것이다.

선진국과 비교해 보면 우리나라 은행은 규모면에서도 매우 영세하고 위험관리능력이 제대로 발달하지 않아 수익성·생산성·건전성이 미국·영국 등 주요 선진국 은행에 비해 열위[92]에 있다. 특히 1997년말 금융·외환위기를 전후하여 우리나라 은행산업의 취약성이 일거에 드러났다. 1997년중 국내 일반은행의 당기순이익 규모는 마이너스 3조 9,199억원으로 사상 처음 적자를 기록하였으며 1998년에는 마이너스 12조 5,106억원으로 손실이 크게 확대되었다.

(1) 수익성

총자산과 자기자본대비 당기순이익(세전 은행계정 기준) 비율인 총자산이익률(ROA)과 자기자본이익률(ROE)[93]의 연도별 추이를 보면 우리나라 은행은 금융·외환위기가 있기 전인 1996년까지만 해도 영·미 은행과 대륙계 은행의 중간수준에 있었으나, 이후 급락하여 1998년에는 각각 -3.5%와 -37.0%에 이르는 등 負(-)의 수치를 나타내고 있

---

92) 1999년에 발표된 스위스 국제경영개발연구원(IMD)의 세계경쟁력 보고서에 따르면 우리나라의 금융환경은 47개 평가대상국 가운데 41위에, 금융정보의 정확성과 투명성은 44위에 각각 머무는 등 여전히 하위그룹에 속하고 있다.
93) 총자본은 부채와 자기자본으로 구성되며 은행의 소유주인 주주는 자기자본이익률(ROE)에 더 많은 관심을 보이는데, 이는 이 지표가 자기지분인 자기자본이 얼마나 효율적으로 운용되었는가를 나타내기 때문이다.

다.[94]

은행의 총수익은 크게 예대마진과 유가증권 관련이자 등이 포함된 이자수익 부분과 신탁, 증권매매 관련 각종 수수료 수익 등의 비이자수익 부분으로 구성되어 있다. 우선 우리나라 은행의 총자산대비 순이자

〔그림 13〕　　우리나라와 주요국 은행의 총자산이익률(ROA) 추이

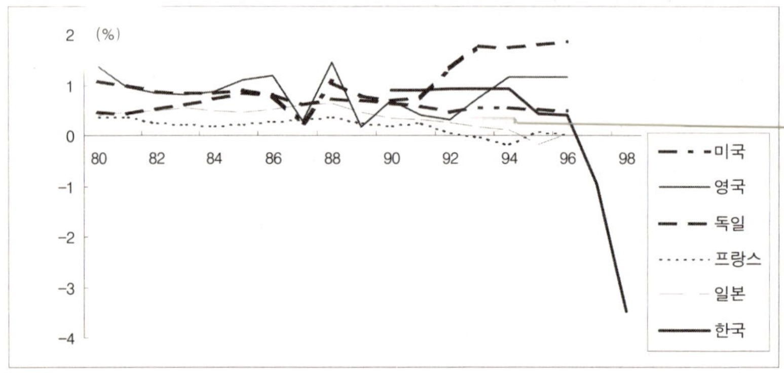

자료 : 금융감독원, 《은행경영통계》 각호 ; OECD, *Bank Profitability* 각호

〔그림 14〕　　우리나라와 주요국 은행의 자기자본이익률(ROE) 추이

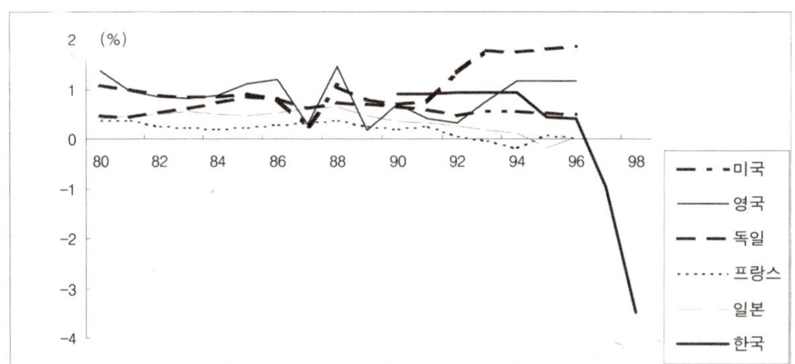

자료 : 금융감독원, 《은행경영통계》 각호 ; OECD, *Bank Profitability* 각호

---

94) 국내 일반은행의 1998년중 ROA와 ROE를 세후 당기순이익(신탁계정 포함) 기준으로 보면 각각 -2.23%, -52.53%이다.

수익(이자수입-이자지급) 비율은 영·미계 은행보다는 낮은 수준이나 독일과 비슷하며 프랑스와 일본에 비해서는 높다.

1980년 이후 총자산대비 순이자수익비율은 1985년 2.28%에서 1990년 1.68%로, 다시 1998년에는 1.21%로 하락세를 지속하였다. 이와 같이 1990년대에 들어 이 비율이 큰 폭으로 감소한 것은 예대마진이 전반적으로 감소한 데 주로 기인한 것으로 보인다.

우리나라 은행산업의 비이자부문 수익성을 보면 총자산대비 비이자순수익비율이 1990년 이후 대체로 영·미계 은행과 비슷한 수준을 보였으나, 증권시장의 침체가 본격화되기 시작한 1995년부터 크게 하락하여 다른 선진국 수준을 크게 밑돌았다. 비이자순수익비율은 신탁수수료와 신용카드 관련 수익 등의 급증으로 1994년에는 약 2%까지 상승하였으나, 그 후 하락세를 지속하여 1998년에는 −0.7%를 기록하였다. 특히 1997년말 금융·외환위기 이후 이 수익비율이 급락한 것은 주식시장의 장기침체로 주식매매와 평가손실이 늘어나고 한국자산관리공사(舊 성업공사)에 부실채권을 매각함에 따라 특별손실이 크게 확대되었기 때문이다.

〔그림 15〕   **우리나라와 주요국 은행의 순이자수익비율 추이** (총자산대비)

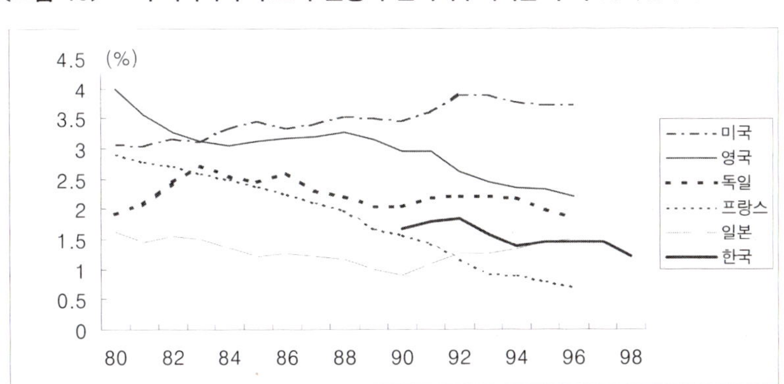

자료 : 금융감독원, 《은행경영통계》 각호 ; OECD, *Bank Profitability* 각호

　한편 비이자순수익의 내역별 동향을 보면 신탁 관련 수익은 1995년까지 빠른 증가세를 보이다가 그 후 둔화되어 1998년에는 9,076억원 적자를 보였다. 유가증권 관련 수익은 1997년부터 손실을 보이기 시작하여 1998년에는 1조 2,742억원의 대규모 적자를 기록하였다. 반면 신용카드 관련 수익과 외환 관련 수익은 꾸준히 상승하여 1998년중 각각 1조 5,224억원과 1조 6,925억원을 기록하였다.

〔표 59〕　　　　　우리나라 일반은행의 순이자수익비율

(총자산대비)　　　　　　　　　　　　　　단위 : %

	1980	1985	1990	1995	1996	1997	1998
순이자수익비율[1]	1.93	2.28	1.68	1.44	1.46	1.44	1.21
예대마진율[2]	6.89	4.59	4.53	3.02	3.52	3.57	2.05
대출금÷총자산	57.4	54.5	47.8	48.1	47.7	44.9	41.1
대손상각규모 (억원)	–	48	1,991	9,502	13,793	16,424	26,356

주 : 1) 총자산(은행＋신탁계정 평잔기준)대비 비율
　　 2) 평균예대마진÷대출금평균이자율(대출금이자 수입÷대출금평잔) - 예수금평균이자율(예수금이자 수입÷예수금평잔)
　자료 : 금융감독원, 《은행경영통계》 각호

〔그림 16〕　우리나라와 주요국 은행의 비이자순수익비율 추이 (총자산대비)

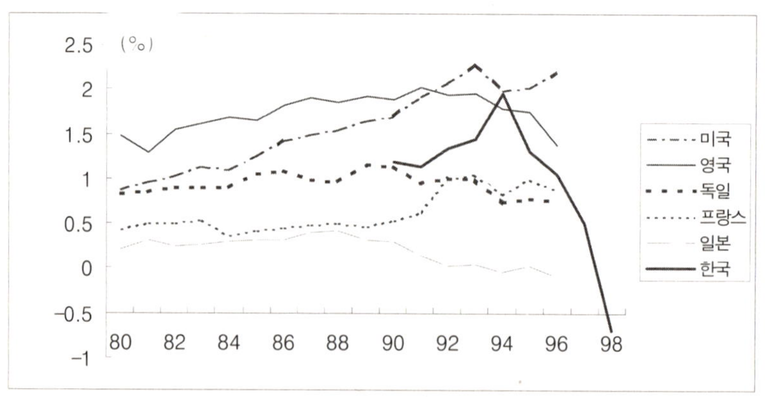

　자료 : 금융감독원, 《은행경영통계》 각호 ; OECD, *Bank Profitability* 각호

〔표 60〕 우리나라 일반은행의 비이자순수익비율

(총자산대비)　　　　　　단위 : 억원, %

	1980	1985	1990	1995	1996	1997	1998
비이자순수익비율[1]	1.90	0.79	1.19	1.30	1.05	0.50	-0.69
비이자순수익	3,967	2,910	13,660	44,195	43,586	26,887	-38,678
신탁관련 수익	212	279	3,630	14,567	13,418	11,677	-9,076
신용카드관련 수익	-	37	2,133	8,972	12,273	15,292	15,224
유가증권관련 수익	-25	-572	1,438	5,683	2,199	-65	-12,742
외환관련 수익[2]	2,504	1,391	2,436	4,391	4,432	9,460	16,925
기 타[3]	1,276	1,775	3,723	1,891	1,586	-22,681	-58,999

주 : 1) 총자산(은행+신탁계정 평잔 기준)대비 비율
　　 2) 외환거래수수료와 매매(순)수익
　　 3) 보증료, 기타 수수료, 영업외순수입 등을 포함
자료 : 금융감독원, 《은행경영통계》 각호

〔그림 17〕 우리나라와 주요국 은행의 운영경비비율 추이 (총수익대비)

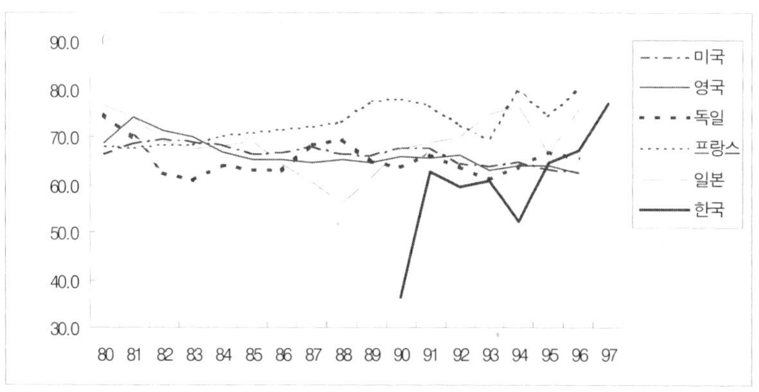

자료 : 금융감독원, 《은행경영통계》 각호 ; OECD, *Bank Profitability* 각호

　우리나라 은행의 총수익대비 운영경비비율[95]은 1996년까지는 여타
선진국에 비해 대체로 낮은 수준을 보였으나 1994년을 저점(52.4%)으

---

95) 현재 미국 상업은행의 경우 이 비율의 목표상한치를 60%로 설정하고 있다.

174

로 다시 상승하여 1997년에는 77.0%에 이름으로써 영·미의 은행보다 높은 수준을 나타내었다.

특히 1998년에는 운영경비비율이 260.9%로 전년에 비해 크게 높아졌는데, 이는 금융산업 구조조정에 따른 과감한 인력감축과 영업점 축소[96] 등 경비감축에도 불구하고 대규모 퇴직금의 일시지급과 부실채권의 발생으로 인하여 총수익이 전년에 비해 1/3 수준으로 크게 감소하였기 때문이다.

또한 은행의 당기순이익에 영향을 미치는 회계상의 경비인 충당금 적립금의 총수익에 대한 비율은 1980년대에는 하락세를 보이다가 1990년대에 들어서는 일본과 프랑스처럼 급증하는 모습을 보이고 있다. 그러나 일본과 프랑스의 경우 부동산 등 자산가격의 거품붕괴로 인하여 부실채권이 크게 늘어난 것이 주요인이었던 반면 우리나라는 금융감독 당국이 대손충당금 적립비율을 1994년부터 은행별로 단계적으로 상향조정[97]하였기 때문이다. 그리고 1990년 12.7%를 기록하였던 우리나라 은행의 총수익대비 충당금 적립비율은 금융·외환위기 이후 대폭 증가하여 1998년에는 224.1%로 급상승하였다.

한편 우리나라 은행의 충당금적립 구성내역을 살펴보면 1997년까지는 대출금 관련 대손충당금 적립비중은 계속 낮아졌으나, 유가증권

---

96) 1998년중 일반은행(외은지점 제외)의 직원수는 1997년말에 비해 39,015명 (-34.0%), 국내외 점포수는 577개(-11.8%) 각각 감소하였다.

97) 국내 일반은행의 대손충당금적립비율은 1989년 이전에는 충당금설정대상 채권의 1% 이상, 1990~93년 기간중에는 2% 이상, 1994년부터는 대손충당 금요적립잔액의 100% 이상을 각각 적립토록 하였으며, 대손충당금비율이 낮은 수준에 머무르고 있는 일부 은행의 경우는 해당은행의 수지상황을 감 안하여 은행별로 최장 1998년까지 연도별 중간목표비율을 따로 정하되 1998년도 결산 때부터는 대손충당금을 100% 이상으로 적립토록 하였다. 이 와 함께 유가증권평가충당금의 경우도 1994년부터 중간목표를 설정하여 1997년에는 요적립금의 50%, 1998년에는 100%까지 적립토록 하였다.

〔표 61〕 우리나라 일반은행의 운영경비비율
(총수익대비) 단위 : 억원, %

	1980	1985	1990	1994	1995	1996	1997	1998
운영경비비율(II/I)	36.5	57.9	45.6	52.4	64.6	67.0	77.0	260.9
총수익(I)[1]	6,712	11,496	34,723	83,327	93,396	104,181	105,059	29,094
운영경비(II) (인건비 비중)[2]	2,452 (63.4)	6,652 (57.7)	15,845 (56.1)	43,626 (73.1)	60,330 (70.1)	69,820 (71.1)	80,939 (69.3)	75,873 (73.8)

주 : 1) 이자와 비이자 순수익의 합계
2) 운영경비에서 차지하는 비중
자료 : 금융감독원, 《은행경영통계》 각호

〔그림 18〕 우리나라와 주요국 은행의 충당금적립비율 추이 (총수익대비)

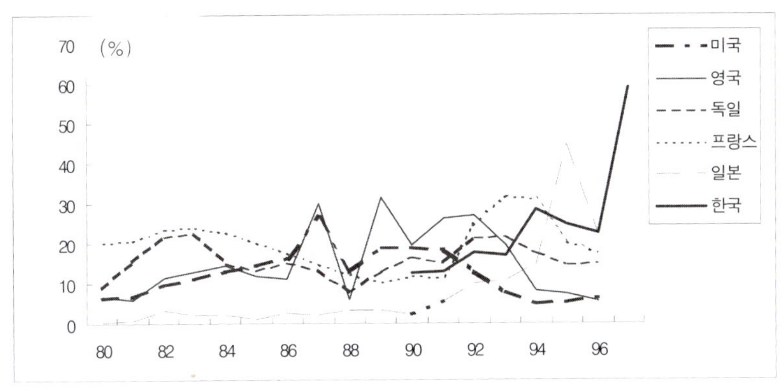

자료 : 금융감독원, 《은행경영통계》 각호 ; OECD, *Bank Profitability* 각호

평가 충당금적립비중은 유가증권투자비중의 확대와 함께 크게 높아졌다. 그러나 1998년에는 자산건전성 분류기준의 강화와 함께 추가 부실채권의 발생 등으로 대손충당금이 크게 늘어난 반면, 유가증권평가충당금은 1998년도 하반기 이후 유가증권 시가평가제로의 전환과정에서 평가익이 일부 발생하였다.

[표 62]　　　　　우리나라 일반은행의 충당금적립 구성내역

단위 : 억원, %

	1980	1985	1990	1995	1996	1997	1998
충당금÷총수익	35.4	19.8	12.7	24.8	22.5	59.0	224.1
충당금적립규모[1]	2,373	2,280	4,093	23,197	23,420	61,927	77,804
대손충당금	1,737 (73.2)	1,738 (78.2)	3,818 (93.3)	17,580 (75.8)	15,477 (66.1)	35,113 (56.7)	80,667 (103.7)
유가증권평가충당금	– (–)	– (–)	275 (6.7)	5,435 (23.4)	8,950 (38.2)	27,594 (44.6)	-1,258 (-1.6)

주 : 1) 퇴직급여충당금 등 제충당금 포함 (연중적립액 기준)
　　　2) 괄호 안은 충당금 적립액 대비 비율
자료 : 금융감독원, 《은행경영통계》 각호

(2) 생산성

　은행의 생산성은 투입에 대한 산출의 비율로 은행 영업활동의 능률과 업적을 평가하는 지표가 되며 경영합리화의 정도를 나타낸다. 우리나라 일반은행의 생산성은 규모의 영세성과 직원과 점포수의 과다로

[표 63]　　　　　　　은행 생산성의 국별 비교

(1990~1996년 평균)

	1인당 대출금(천달러)	1인당 세전수익(달러)
한　국[1]	1,375(4,368)	16,461(-136,434)
미　국	1,612 [0.85]	36,615 [0.45]
영　국	1,637 [0.84]	23,321 [0.71]
독　일	3,095 [0.44]	26,453 [0.62]
프랑스	2,647 [0.52]	3,770[2][4.37]
일　본	9,540 [0.14]	20,821 [0.79]

주 : 1) 괄호 안은 1998년 실적
　　　2) 1993, 1994년도의 대규모 적자(-43.7억달러) 발생으로 인해 여타 선진국에 비해 이례
　　　　적으로 규모가 적으며, 이 적자를 제외할 경우 1인당 세전이익은 1만 5,448달러
　　　3) [ ] 안은 각국의 1인당 대출금과 세전수익에 대한 한국의 비율
자료 : 금융감독원, 《은행경영통계》 각호 ; OECD, *Bank Profitability* 각호

선진국에 비해 대체로 낮은 수준을 보이고 있다.

1990~1996년 동안 우리나라 은행의 1인당 대출금은 주요국의 0.14(일본)~0.85(미국), 1인당 稅前收益도 주요국(프랑스 제외)의 0.45(미국)~0.79(일본)에 불과하였다. 또한 1998년에는 은행산업 구조조정으로 대규모 인원감축이 이루어짐에 따라 1인당 대출금은 440만달러로 증가하여 여타 선진국(일본 제외)에 비해 높은 수준을 기록하였으나 1인당 세전수익은 큰 폭의 적자를 나타내 수익규모를 감안한 생산성은 매우 저조하였다.

(3) 건전성

은행의 재무건전성은 개별은행의 자기자본과 자금운용 등이 얼마나 적정하고 건실한가를 보여주는 지표이다. 따라서 재무건전성 정도는 개별은행의 신인도와 자금조달능력 등에 영향을 미치게 된다. 예컨대 재무건전성이 양호하여 대외신인도가 높은 은행의 경우 상대적으로 낮은 금리의 해외자금을 차입하는 등 자금조달을 저렴하게 할 수

〔표 64〕　　　　　**BIS 기준 자기자본비율의 국별 비교**
(5대 상업은행 기준)　　　　　단위 : %

	1995말	1996말	1997말	1998말
한국(시중은행) (부실여신비율)	8.97 (5.2)	8.97 (3.9)	6.66 (5.8)	8.25 (7.4)
미 국	13.01	12.58	12.37	-
영 국	12.02	11.52	11.77	-
독 일	9.69	9.73	9.12	-
프랑스	11.34	11.78	11.53	-
일 본	8.93	9.11	9.01	-

자료 : 금융감독원, 《은행경영통계》 각호 ; *The Banker* 각년도 7월호

있기 때문에 결과적으로 예대마진이 확대되어 수익성을 높일 수 있다.

　금융·외환위기 이후 은행산업 구조조정 과정에서 정부는 부실은행 정리와 함께 자본확충을 위하여 대규모 공적자금을 지원함으로써 우리나라 은행의 재무건전성은 어느 정도 확보되어 5대 시중은행의 BIS 기준 자기자본비율이 1997년말 6.66%에서 1998년말에는 8.25%로 크게 상승하였다. 그러나 주요 선진국, 특히 영·미의 은행에 비해서는 여전히 낮은 수준이다.

2. 개혁경과

　선진국 은행제도와 비교할 때 우리나라 은행제도는 과거 30여 년간의 고도성장기 동안 누적되어 온 고비용·저효율의 구조적 취약성을 지니고 있었다. 이러한 상태에서 1997년말 금융·외환위기로 문제점이 한꺼번에 표출되자 정부는 IMF와의 합의에 따라 강도 높은 금융산업 구조조정을 추진하였다.

가. 은행구조조정과 공적자금 지원

(1) 은행구조조정

　정부는 금융·외환위기 이후 금융시장 불안을 해소하고 대외신인도를 회복하기 위해서는 회생 불가능한 금융기관은 정리하고 회생 가능한 금융기관은 강력한 자구노력과 함께 정부의 증자지원, 부실채권 매입 등을 통해 조속히 정상화하는 것이 긴요하다는 인식에서 은행구조조정을 강력히 추진하였다.

　정부와 예금보험공사가 출자한 서울은행과 제일은행을 제외한 24

개 일반은행 가운데 1997년말 현재 BIS 기준 자기자본비율이 8% 미만인 12개 은행에 대해서는 금융감독당국의 위임을 받은 민간회계법인이 자산·부채를 실사하고, 이 은행들로 하여금 경영정상화계획을 제출하게 하였다. 이를 토대로 경영정상화 가능성이 희박하다고 판단된 대동은행·동남은행·동화은행·경기은행·충청은행 등 5개 은행에 대해서는 우량자산과 부채를 BIS 기준 자기자본비율이 8% 이상인 우량은행(각각 국민은행·주택은행·신한은행·한미은행·하나은행)에 이전하도록 계약이전(P&A)명령을 내림으로써 퇴출조치(1998. 6. 29)하였다.

한편 경영정상화계획을 조건부로 승인받은 7개 은행 가운데 코메르츠 은행(Commerzbank)과 합작을 통하여 3,500억원을 증자한 외환은행과, 외국환업무 등 국제업무를 포기하기로 한 평화은행을 제외한 5개 은행은 합병을 완료하였다. 즉 상업은행과 한일은행이 한빛은행(1999. 1. 6 합병등기)으로, 하나은행과 보람은행이 하나은행(1999. 1.

〔표 65〕　　　　　　　　　　은행구조조정 추진내역

(1999년 9월말 현재)　　　　　　　　　　단위 : 개

	1997년말 금융기관수(A)	구조조정내역			영업중인 기관수 (A-B)
		퇴출	합병	계(B)	
시중은행	16	3[1]	2[2]	5	11
지방은행	10	2[3]	2[4]	4	6
특수은행	4	–	–	–	4
개발기관	3	–	1[5]	1	2
계	33	5	5	10	23

주 : 1) 동화은행, 대동은행, 동남은행
　　 2) 상업은행과 한일은행이 한빛은행으로 합병, 하나은행과 보람은행이 하나은행으로 합병
　　 3) 경기은행, 충청은행
　　 4) 충북은행과 강원은행이 조흥은행으로 합병
　　 5) 국민은행과 장기신용은행이 국민은행으로 합병

6 합병등기)으로, 국민은행과 장기신용은행이 국민은행(1999. 1. 5 합병등기)으로 각각 합병하였다. 그 밖에 충북은행이 조흥은행과 합병(1999. 5. 4 합병등기)하였으며, 강원은행이 조흥은행과 합병(1999. 9. 15 합병등기)하였다.

(2) 공적자금 지원

정부는 회생 가능한 금융기관의 자본충실화와 부실채권 정리 등을 위해 예금보험공사와 부실채권정리기금 등을 통해 1997년 11월부터 1999년 9월까지 총 55조 3천억원을 지원하였다. 이 가운데 은행구조조정에 투입된 자금의 규모는 41조 6,410억원이다.

먼저 부실금융기관 정리과정에서 예금자를 보호하고 인수 금융기관의 부실화를 방지하기 위해 예금보험공사를 통해 퇴출 금융기관 예금 대지급금 등 10조 2,368억원과 인수 금융기관에 대한 손실보전 출연금 6조 9,519억원 등 총 17조 1,887억원을 지원하였다. 이 가운데 은행에 대해서는 5개 인수은행의 손실보전을 위하여 5조 7,790억원을 지원하였다.

한편 합병은행과 부실금융기관 인수은행에 대해서는 BIS 기준 자기자본비율을 유지할 수 있도록 예금보험공사를 통해 16조 7,527억원(제일은행과 서울은행에 대한 정부의 현물출자 1조 5천억원 제외)의 증자자금을 지원하였다. 그 내용을 보면 상업은행과 한일은행에 각각 1조 6,321억원, 보람은행과 합병하는 하나은행에 3,295억원, 5개 인수은행에 1조 1,923억원을 출자하였다. 1999년에 들어서도 조흥은행에 2조 7,179억원, 평화은행에 2,200억원, 1999년 3월 18일 完全減資를 실시한 충북은행에 5천만원을 각각 출자하였다.

또한 제일은행과 서울은행에 대해서는 감자조치(각각 자본금 8,200억원→1천억원)와 함께 정부와 예금보험공사가 각각 1조 5천억원을 출자한 데 이어 1999년중 추가로 4조 2,086억원과 3조 3,201억원을 각각 출자하였다. 그 후 제일은행은 미국계 투자회사인 뉴브리지 캐피탈(Newbridge Capital)사를 주축으로 하는 투자콘소시엄에, 서울은행은 영국계 은행지주회사인 HSBC(HSBC Holdings BV)그룹에 각각 매각하기로 양해각서를 교환(1998. 12. 31과 1999. 2. 22)하였다.[98]

〔표 66〕 **예금대지급과 손실보전 내역**
(1998년 1월~1999년 9월중)   단위 : 억원

지원일자	지 원 대 상	예금 대지급	손실보전을 위한 출연 등
1998. 1. 3	14개 업무정지 종금사의 개인예금 대지급	30,000	
1. 21	14개 업무정지 종금사의 법인예금 대지급	10,000	
1. 23	14개 업무정지 종금사의 법인예금 대지급	10,000	
7. 30	종금사, 금고, 신협의 예금대지급	10,378	
7. 31	종금사, 금고, 신협의 예금대지급	5,702	
9. 30	5개 인수은행 손실보전		57,790
9. 30	4개 인수보험회사 손실보전(선지급)		9,247
10. 23	금고, 신협의 예금대지급	7,997	
11. 20	4개 인수보험회사(추가정산)		2,287
11. 20	인수금고에 대한 손실보전		89
12. 4	증권회사, 금고, 신협의 예금대지급	3,800	
1999. 3. 12	금고, 신협의 예금대지급	4,985	
3. 19	금고의 예금대지급	85	
4. 9	금고의 예금대지급	21	
4. 12	금고, 신협의 예금대지급	1,400	
5. 20	금고, 신협의 예금대지급	7,000	
5. 27	금고, 신협의 예금대지급	6,600	
7. 9	4개 인수보험회사 손실보전(추가정산)		106
8. 9	금고, 신협의 예금대지급	4,400	
합 계		102,368	69,519

〔표 67〕　　　　　　　　　　　**은행증자 지원내역**

(1998년 1월~1999년 9월중)　　　　　　　　단위 : 억원, %

은행별	일자	출자규모	정부지분[1]	출자방법
제일은행	98. 1.30	7,500 (15,000)[2]	100.0	예금보험공사 : 현금출자 정부 : 현물(정부보유 　　공기업주식) 출자
	99. 7. 9	42,086		예금보험기금채권(보통주)
서울은행	98. 1.30	7,500 (15,000)[2]	100.0	예금보험공사 : 현금출자 정부 : 현물(정부보유 　　공기업주식) 출자
	99. 9.18	33,201		예금보험기금채권(보통주)
합병은행		35,937		
(한빛)	98. 9.30	32,642[3]	74.7	예금보험기금채권(보통주)
(하나)	98.12.28	3,295	–	예금보험기금채권(우선주)
인수은행		11,923	–	
(국민)		2,000	7.3	
(신한)		2,925	–	
(주택)	98.12.28	2,965	14.5	예금보험기금채권(우선주)
(하나)		1,433	–	
(한미)		2,600	–	
조흥은행	99. 2.13	21,123	86.8	예금보험기금채권 1조 8,707억원과 ADB자금 2,416억원(보통주)
	99. 5. 6	2,123		예금보험기금채권(보통주)
	99. 9.29	3,933		예금보험기금채권(보통주)
충북은행[4]	99. 3.19	1	100.0	예금보험기금채권(보통주)
평화은행	99. 3.31	2,200	–	예금보험기금채권(우선주)
합 계		167,527 (182,527)[2]		

주 : 1) 1999년 9월말 현재, 공적자금 출자 후 의결권 있는 보통주를 기준으로 산출한 지분
　　　이며 우선주는 지분산정시 제외
　　2) 제일·서울은행에 대한 정부의 현물출자 포함시의 출자규모
　　3) 상업·한일은행에 각각 1조 6,321억원
　　4) 조흥은행에 합병(1999. 5. 4 합병등기)
　　5) 예금보험공사를 통한 증자지원 이외에도 정부는 공공자금관리기금 보유 국공채로
　　　1997년 12월 24개 일반은행(한미·제주은행 제외)과 중소기업은행이 발행한 4조
　　　3,693억원의 후순위채권을 매입한 데 이어 1998년 12월에도 5개 인수은행과 중소
　　　기업은행, 11개 중소기업지원 우수은행의 후순위채권 1조 4,517억원을 매입하여
　　　은행의 BIS 기준 자기자본비율 높이는 것을 지원

[표 68] **금융기관 부실채권 매입 내역**
(1997년 11월~1999년 9월중)   단위 : 억원

매입일자	대상금융기관	부실채권 장부가액	부실채권 매입가격
1997.11.28	서울은행	19,586	13,827
11.29	제일은행	24,357	15,276
11.29	30개 종금사	26,988	17,555
12.15	30개 은행	39,510	24,743
1998. 2.19	대한·한국보증보험	28,166	4,121
7.23	서울은행	10,400	4,989
7.31	제일은행	11,335	6,066
9.29	13개 은행	127,048	59,350
9.29	대한·한국보증보험	30,461	9,543
9.30	정리·인수 10개 은행	72,260	21,772
11. 6	3개 은행	3,956	2,186
11. 6	2개 증권사, 5개 생보사	1,380	614
12.30	특수은행, 개발기관	45,308	19,030
1999. 2.13	조흥은행	876	429
3.31	충북은행	78	25
5.19	5개 인수은행	17,514	2,804
6.30	50개 상호신용금고	1,873	1,051
6.30	한미은행	237	83
7. 8	제일은행	43,624	8,970
9.18	서울은행	45,593	11,543
합 계[1]		550,550 (461,682)	223,977 (191,093)

주 : 1) 괄호 안은 은행 부실채권 합계

---

98) 그러나 서울은행의 경우에는 정부와 HSBC간 매각조건에 관한 입장 차이로
1999년 8월 31일 매각협상이 종결됨에 따라 공적자금 투입을 통한 경영정상
화가 추진되고 있다.

또한 정부는 금융기관의 거액 부실채권 부담을 완화하기 위해 1997년 11월 성업공사 안에 설치한 부실채권정리기금을 통하여 1999년 9월말까지 55조 550억원 규모의 금융기관 부실채권을 매입(매입가격 22조 3,977억원)하였다. 이 가운데 은행 부실채권 매입규모는 46조 1,682억원(매입가격 19조 1,093억원)이다.

나. 소유구조와 지배구조의 개선

정부는 은행의 경영자율성을 높이고 책임경영체제를 강화하기 위하여 1998년 1월과 5월, 1999년 4월과 12월 은행법을 개정하여 은행의 소유구조와 지배구조를 개편하였다.

(1) 소유구조의 개선

먼저 1998년 1월 은행법을 개정하여 동일인[99]의 은행주식 소유한도[100]를 현행과 같이 4%(지방은행은 15%, 전환은행[101]은 8%, 합작은행[102]과 현지법인은행[103]은 설립시 금융감독위원회의 승인을 받은 한

---

99) 주주 1인과 동 주주의 배우자, 8촌 이내의 혈족, 4촌 이내의 인척, 동 주주와 직·간접적으로 연계되어 있는 회사·단체·조합·비영리법인 등을 포괄한다 (은행법 시행령 제3조).

100) 동일인의 은행주식 소유한도는 1982년 12월 처음 도입(8%)된 이후 1994년 12월 4%로 인하되었다(참고 2. 우리나라의 은행주식소유에 대한 규제 추이 참조).

101) 1991년 3월 금융기관의 합병과 전환에 관한 법률이 제정되어 8개 투자금융회사가 합병 또는 단독으로 2개 시중은행과 5개 증권회사로 전환되었는데, 이때 설립된 하나은행과 보람은행(1999년 1월 2일 하나은행에 합병)이 전환은행에 해당된다.

102) 합작은행은 외국인이 대한민국 국민 또는 법인과 합작투자하여 외국인투자기업으로 등록된 은행으로서, 외국인 전체가 당해 은행의 의결권 있는 발행주식 총수의 25% 이상을 소유하고 동일 외국인이 의결권 있는 발행주식 총

도)로 하되 그 한도의 예외 인정대상을 조정하였다.

즉 외국인이 동일인 주식소유한도를 초과하여 10%까지 소유하고자 하는 경우 별도의 승인절차 없이 금융감독위원회에 신고토록 하고 이를 초과하여 소유하고자 하는 경우에는 10%(지방은행은 15%) 초과시, 25% 초과시, 33% 초과시 등 각 단계별로 금융감독위원회로부터 한도승인을 얻어 소유할 수 있도록 하였다. 내국인의 경우에는 외국인이 은행주식을 한도를 초과하여 소유하기 위해 금융감독위원회에 신고하였거나 승인을 얻은 범위 안에서 외국인과 동일한 절차를 거쳐 은행주식을 소유할 수 있도록 하였다.

다만 대통령령이 정하는 계열기업군 소속 기업체와 그 관계인[104]에 대해서는 동일인 주식소유한도를 초과하여 주식을 소유할 수 있는 금융기관의 수를 하나로 제한하였다. 그리고 은행소유구조 변경으로 그 실효성이 없어진 금융전업기업가제도를 폐지하고 연·기금 등 기관투자가의 동일인 주식소유한도 예외인정 규정[105]을 삭제하였다.

이어 1999년 4월 은행법 개정 때에는 은행의 최대주주가 되거나 최대주주로서 최대주주가 아닌 자로 되고자 하는 경우 그 변경내용에 대하여 금융감독위원회의 승인을 받도록 하던 은행의 최대주주 변경에 대한 규제를 폐지하였다.

　　　　수의 10% 이상 50% 이하를 소유하는 은행으로서 한미은행이 해당된다.

103) 현지법인은행은 외국인이 단독으로 투자하거나 대한민국 국민 또는 법인과 합작투자하여 외국인투자기업으로 등록된 은행으로서, 동일 외국인이 소유하는 주식수가 당해 은행의 의결권 있는 발행주식 총수의 50%를 초과하는 은행이다.

104) 금융기관 여신규모가 1~30위인 동일계열기업군 소속 기업체와 당해 계열기업군을 지배하는 자나 그와 특수관계에 있는 자를 지칭한다.

105) 종전 은행법에 따르면 경영권 지배를 목적으로 하지 않는 경우, 기관투자가는 은행의 의결권 있는 발행주식 총수의 8%까지 소유할 수 있도록 되어 있었다.

참고 2   **우리나라의 은행주식소유 규제 추이**

우리나라는 1980년대초 시중은행 민영화 과정에서 은행이 대기업의 사금고화되는 것을 방지하기 위하여 동일인의 은행주식 소유한도를 설정한 이후 동 규제를 점차 강화하여 왔다.

1982년 은행법 개정 이전에는 금융기관에 대한 임시조치법과 동 시행령에 의해 은행주식에 대한 대주주의 의결권 행사범위를 당해은행의 의결권 있는 주식총수의 10%로 제한하였다. 그러나 1982년 12월 은행법 개정을 통해 동일인은 시중은행의 의결권 있는 주식총수의 8%를 초과하여 소유하거나 지배하지 못하도록 규제하였다. 다만 지방은행에 대해서는 지역경제개발자금의 원활한 지원 등을 위하여 은행주식소유 규제의 한도적용을 배제하였다.

1992년 5월에는 친인척 위주로 되어 있던 동일인의 포괄범위를 확대하고 지방은행 주식에 대해서도 소유한도를 설정함으로써 규제를 강화하였다. 즉 주주 1인이 〈독점규제 및 공정거래에 관한 법률〉에 의하여 지정된 대규모기업집단을 지배하는 자인 경우 그가 지배하는 대규모기업집단 소속 기업체를 동일인의 범위에 추가함과 아울러 지방은행 주식의 동일인 소유한도를 15%로 설정하였다.

1994년 12월에는 산업자본의 은행지배를 방지하면서 은행의 책임경영체제를 확립하기 위해 금융전업기업가제도를 도입하고 금융전업기업가 이외의 동일인 주식소유한도는 4%로 하향 조정하였다. 4% 초과분에 대해서는 1995년 5월 29일(비상장은행의 경우에는 상장일)부터 3년 이내에 처분하도록 하되 동 유예기간중 의결권은 4% 이내로 제한하였다. 금융전업기업가에 대해서는 은행주식을 12%까지 소유할 수 있도록 하였으며 1997년 1월에는 금융전업기업가에 대한 은행주식 소유제한(12%)을 완화하여 은행감독원장이 승인하는 한도까지 소유할 수 있도록 하였다.

1998년 1월 금융전업기업가제도를 폐지하고 은행주식 소유에 대한 규제를 현행과 같이 정비하였다.

〔표 69〕　　　　　　　　　**동일인 주식소유한도 예외규정**

소유주체	개 정 전	개 정 후
정 부	없 음	없 음
외국인[1]	• 합작·현지법인 은행에 해당하는 경우로서 은행감독원장의 승인을 받은 한도	• 4% 초과시 : 금감위에 신고만으로 10%까지 보유 • 10% 초과시 : 10%(지방 은행은 15%), 25%, 33% 초과시마다 금감위의 승인을 얻어 보유
금융전업기업가	은행감독원장의 승인을 받은 한도	제도 폐지로 삭제
기관투자가[2]	8%	예외규정 폐지

주 : 1) 국내은행의 기존 주식을 취득하는 경우에 적용
　　 2) 적용대상 : 법률에 의하여 설치된 기금을 관리 운용하는 법인, 상장유가증권 투자를 통한 증권시장의 안정을 목적으로 설립된 조합

(2) 지배구조의 개선

　은행 지배구조의 개선에서는 먼저 1998년 1월 은행법 개정시 은행의 비상임이사제도가 효과적으로 운영될 수 있도록 하기 위하여 비상임이사 구성비율을 종전 대주주 대표 50%, 소액주주 대표 30%, 이사회 추천 20%에서 주주 대표 70%, 이사회 추천 30%로 변경하였다.

　다음으로 그 해 5월 은행법 개정 때에는 외국인과 합작한 금융기관에 한해서만 외국인이 임원이 될 수 있도록 한 조항을 삭제하여 외국인 합작 여부에 관계없이 국내 금융기관의 임원이 될 수 있도록 하였다. 1999년 4월 은행법 개정 때에는 제도의 보완으로 규제의 필요성이 적어지거나 과도한 규제사항을 폐지하거나 완화하는 차원에서 은행 이사의 임기[106]나 수[107]에 관한 조항을 삭제하여 상법의 관련조항[108]을

---

106) 개정전 은행법에서는 상임이사 3년, 이사회 추천 비상임이사 2년, 주주대표 추천 비상임이사 1년으로 구분하여 규정하고 있었다.

〔표 70〕 **일반은행의 은행별 이사회 구성**
(1999년 3월말 현재) 단위 : 명

은행명	상임	비상임	계	은행명	상임	비상임	계
조흥은행	5	6	11	대구은행	2	7	9
한빛은행	2	9	11	부산은행	3	6	9
제일은행	6	7	13	광주은행	2	7	9
서울은행	5	6	11	제주은행	3	5	8
외환은행	5	9	14	전북은행	2	8	10
국민은행	6	9	15	강원은행	3	4	7
주택은행	4	9	13	경남은행	4	6	10
신한은행	3	33	36	충북은행	2	5	7
한미은행	4	7	11	지방은행 평균	2.6	6.0	8.6
하나은행	4	12	16				
평화은행	2	9	11				
시중은행 평균	4.2	10.4	14.6	일반은행 평균	3.5	8.5	12.0

적용하도록 하였다.

또한 1999년 12월에 개정된 은행법에서는 비상임이사의 명칭을 사외이사로 변경하고 3인 이상의 사외이사를 두도록 하였다. 또 이사회 내에 감사위원회를 설치하고 그 위원의 ⅔ 이상을 사외이사로 구성하도록 하였다.

한편 금융·외환위기 이후 금융개혁의 주요 과제로서 은행 지배구조의 개선 필요성이 제기되면서, 금융감독위원회는 공적자금이 투입된

---

107) 개정전 은행법에서는 이사의 수는 금융기관의 자본금과 총자산 등을 감안하여 대통령령이 정하는 범위내(납입자본금 5천억원 이상 또는 총자산 30조원 이상인 은행은 11인 이상 25인 이하, 그 외의 은행은 7인 이상 15인 이하)에서 정하도록 규정되어 있었다.
108) 상법상 주식회사의 경우 이사의 임기는 3년이며 이사의 수는 3인 이상으로 되어 있다.

은행을 중심으로 이사회가 경영진을 견제할 수 있도록 이사회 체제를
개편하고 운영을 개선하도록 권고 지도하였다. 이에 따라 1999년도 정
기주총 때 주요 일반은행의 지배구조가 크게 개편되었다. 즉 이사회
의장은 대부분의 은행에서 종전과 마찬가지로 은행장이 겸임하고 있
으나 일부 은행[109]의 경우에는 비상임이사가 이사회 의장을 맡도록 함
으로써 이사회가 집행 기능으로부터 독립된 위치에서 견제 기능을 수
행할 수 있는 장치를 마련하였다.

이사회 구성에서는 종래 이사회 운영이 은행장에 의해 좌우되는 폐
단을 방지하기 위하여 비상임이사의 비중을 크게 높였다. 이에 따라
비상임이사의 비중이 시중은행은 60.2%에서 71.2%로, 지방은행은
57.4%에서 69.6%로 크게 높아졌으며, 은행별로는 신한은행(91.7%),[110]
한빛은행(81.8%), 평화은행(77.8%) 등의 비상임이사 비중이 높다.

또한 이사회가 의사결정 기능을 효율적으로 수행할 수 있도록 운영
위원회, 리스크관리위원회, 경영발전보상위원회, 윤리위원회 등 각종
소위원회를 이사의 경력이나 배경 등을 감안하여 3~4명 규모로 각행
실정과 필요에 따라 다양하게 설치하였다. 아울러 다수 은행이 이사회

〔표 71〕　　　　　　　　　　　일반은행의 이사회 구성내용

단위 : %

	시중은행			지방은행		
	상임이사	비상임이사	계	상임이사	비상임이사	계
1998년 3월말	39.8	60.2	100.0	42.6	57.4	100.0
1999년 3월말	28.8	71.2	100.0	30.4	69.6	100.0

109) 한빛·외환·국민·신한·하나·평화은행 등 6개 은행.
110) 신한은행의 경우 전체 이사 36명 가운데 33명이 비상임이사인데 이는 이 은
　　　행의 최대주주그룹인 재일교포가 일본내 지역별·단체별 대표 27명을 비상
　　　임이사로 선임한 데 따른다.

190

[표 72]　　　　　　　　　소위원회 설치 은행수[1]
(1999년 6월말 현재)　　　　　　　　　단위 : 개

	운영위원회	리스크관리 위원회	경영발전 보상위원회	감사위원회
시중은행	6	7	6	4
지방은행	1	4	2	0
계	7	11	8	4

주 : 1) 제일·서울·강원은행 제외

개최횟수를 종전 분기 1회 이상에서 월 1회 이상으로 확대[111]하여 이사회 기능을 활성화하였다.

그리고 일부 은행의 경우에는 은행장과 상임이사와 집행간부로 구성되는 경영위원회(또는 집행위원회)를 별도로 신설하여 종전 상임이사회를 대신하여 이사회의 결정사항을 집행하는 기능을 수행토록 하였다.

한편 내부인사의 감사선임을 제한하는 개정 증권거래법[112]의 취지를 반영하고 감사의 독립성·전문성을 높이기 위해 외부인사의 감사선임을 확대하여 19개 일반은행 감사 가운데 18명(종전 15명)이 외부인사로 충원되었으며 비상임이사의 구성도 은행경영에 실질적으로 기여할 수 있는 각계 전문가를 영입함으로써 기업인[113]의 비중이 감소(57.8%→45.7%)한 반면, 교수·연구원·변호사·외국인 등의 비중이 증가(12.3%→31.5%)하였다.

---

111) 조흥·한빛·국민은행 등 9개 은행은 월 1회 이상, 제일·서울·외환은행 등 10개 은행은 분기 1회 이상 개최한다.

112) 1998년 12월 개정된 증권거래법(제191조의 12)에서는 상장회사의 경우 당해 회사의 상근 임직원 또는 최근 2년 이내에 상근 임직원이었던 인사는 상근 감사가 될 수 없도록 규정되어 있다.

113) 산업자본의 실질적인 은행지배를 방지하기 위해 1997년 1월 은행 비상임이사제도 도입시 5대 계열기업군 소속 기업체, 계열주와 계열주의 특수관계인은 은행 비상임이사에 선임될 수 없도록 하였다.

다. 적기시정조치제도 개선

정부는 금융기관 부실화의 사전예방과 대외신인도를 높이기 위해 IMF와의 합의에 따라 은행에 대한 적기시정조치제도를 지속적으로 개선하였다. 우선 1998년 4월 금융산업의 구조개선에 관한 법률 개정과 은행감독규정 제정을 통해 적기시정조치의 발동요건을 더욱 명확히 하고 BIS 기준 자기자본비율, 경영실태평가결과와 부실금융기관 여부에 따라 단계별 시정조치를 의무적으로 실시하도록 하여 감독당국의 재량권을 배제하였다.

1998년 9월에도 금융산업의 구조개선에 관한 법률을 개정하여 적기시정조치제도를 추가로 정비하였다. 주요 개정내용을 보면, 첫째 종전에는 부채가 자산을 초과하거나 예금 등 고객의 채권이 지급정지 상태에 있는 금융기관 등으로 부실금융기관의 범위가 한정되었으나, 거액의 금융사고 또는 부실채권 발생으로 부채가 자산을 초과하여 정상적인 경영이 어렵게 될 것이 명백하다고 금융감독위원회 또는 예금보험공사 운영위원회가 결정하는 금융기관을 추가하였다. 둘째, 적기시정조치의 내용으로서 종전에 열거되었던 주의·경고·증자·감자·조직 축소·주식의 일부 소각 또는 병합·영업의 전부 또는 일부의 양도·합병과 인수 등 이외에 주식의 전부 소각·영업의 전부 정지·예금, 대출 등 금융거래와 관련된 계약의 이전·금융기관의 재무건전성을 높이기 위하여 필요하다고 인정되는 조치 등을 추가하였다. 또한 적기시정조치의 이행을 촉진하기 위해 금융감독위원회가 다른 금융기관을 지정하여 해당 부실금융기관의 합병, 영업의 양수 또는 계약이전 등을 권고할 수 있도록 하였다. 셋째, 금융기관의 합병, 감자 등에 관한 절차를 대폭 간소화하였다. 즉 금융기관의 합병, 감자 등을 위한 주주총회소집 통지기간, 채권자 이의제출기간 등을 상법과 증권거래법에 규정된 기간보다 대폭 단축하였다. 금융감독위원회의 적기시정조치에 따라 감자명령을 받은 금융기관과 주식의 시가가 액면가에 미달하는 금융기관으로서 금융감독위원회의 증자명령을 받아 주식을 병합하는 금융기관은 주주총회의 특별결의 대신에 당해 금융기관 이사회의 결의만으로 감자와 주식병합에 관한 사항을 정할 수 있도록 하였다.

또한 1998년 6월과 11월에 은행감독규정을 개정하여 BIS 기준 자기자본비율이 6% 이상 8% 미만인 경우 또는 경영실태평가결과 종합평가등급이 3등급(재무상태 등이 취약) 이상이더라도 자산건전성이 4등급(자산건전성에 문제가 있는 경우) 이하 또는 자본적정성이 4등급(자본부족이 현저한 경우) 이하인 경우에는 금융감독원장이 자본금의 증액 또는 감액, 이익배당의 제한, 특별대손충당금의 설정 등 경영개선권고를 하도록 하였다. 그리고 BIS 기준 자기자본비율이 6% 미만이거나 경영실태평가결과 종합평가등급이 4등급(재무상태 등이 크게 취약) 이하인 은행 또는 경영개선권고를 받고도 경영정상화계획을 성실히 이행하지 않는 은행에 대해서는 금융감독위원회의 의결을 거쳐 금융감독원장이 자회사 처분, 영업의 일부정지 등 경영개선요구를 하도록 하였으며, 부실금융기관으로 판정된 은행에 대해서는 금융감독위원회가 주식의 소각과 병합, 영업의 전부 또는 일부 양도, 합병 등 경영개선명령을 하도록 하였다.

그리고 1999년 4월에도 은행감독규정을 개정하여 경영개선조치명령의 발동요건에 BIS 기준 자기자본비율이 2% 미만인 경우와 경영정상화계획의 불이행 또는 이행곤란으로 정상적인 경영이 어려울 것으로 인정되는 경우를 추가하였다. 그리고 적기시정조치를 받은 은행이 자본확충 등 경영정상화계획의 주요 내용을 조기에 달성하여 경영상태가 현저히 개선된 경우 당해 적기시정조치를 완화하거나 면제할 수 있는 근거를 마련하였다.

〔표 73〕　　　　　　은행에 대한 적기시정조치제도의 주요 내용

| | | 단 계 별 조 치 | | |
		경영개선권고	경영개선요구	경영개선명령
발동요건	자기자본 비율	·6% 이상 8% 미만	·2% 이상 6% 미만	·2% 미만
	경영실태 평가 결과	·종합평가등급이 3등급 이상으로서 자산 건전성이나 자본 적정성 부문의 평가 등급이 4등급 이하	·종합평가등급 4등급 이하	—
	기 타	·거액의 금융사고 또는 부실채권의 발생으로 위의 기준에 미달할 것이 명백하다고 판단되는 경우	·거액의 금융사고 또는 부실채권의 발생으로 위의 기준에 미달할 것이 명백하다고 판단되는 경우 ·경영개선권고를 받은 금융기관이 경영개선 계획을 성실히 이행하지 않는 경우	·부실금융기관[1] ·경영개선 요구를 받은 금융기관이 경영개선 계획을 성실히 이행하지 않는 경우
조치내용		·인력과 조직운영 개선 ·경비절감 ·영업소관리의 효율화 ·고정자산투자, 신규업무영역 진출, 신규출자 제한 ·부실자산의 처분 ·자본금의 증액 또는 감액 ·이익배당의 제한 ·특별대손충당금의 설정	·영업소의 폐쇄, 통합 또는 신설 제한 ·조직의 축소 ·위험자산보유 제한과 자산의 처분 ·예금금리수준의 제한 ·자회사 정리 ·임원진 교체 요구 ·영업의 일부정지 ·합병, 제3자 인수, 영업의 전부 또는 일부 양도계획 수립 ·경영개선권고시의 조치내용	·주식의 전부[2] 또는 일부의 소각 ·임원의 직무집행 정지와 관리인의 선임 ·합병 ·영업의 전부[2] 또는 일부의 정지·양도 ·제3자에 의한 당해 금융기관의 인수 ·6월 이내의 영업정지 ·계약의 전부[2] 또는 일부의 이전 ·경영개선요구시의 조치내용
경영개선 계획 제출		조치일로부터 2개월 이내		—
경영개선계획 이행시기		·경영개선계획승인 일부터 1년 이내	·경영개선계획승인일 부터 1년 6개월 이내	—
조치권자		·금융감독원장	·금융감독위원회 의결을 거쳐 금융감독원장이 조치	·금융감독위원회

주: 1) ① 경영상태의 실사 결과 부채가 자산을 초과하는 금융기관 또는 거액의 금융사고 또는 부실채권의 발생으로 부채가 자산을 초과하여 정상적인 경영이 어려울 것이 명백한 금융기관 ② 예금 등 채권의 지급 또는 다른 금융기관으로부터의 차입금 상환이 정지상태에 있는 금융기관 ③ 외부자금 지원 또는 별도의 차입 없이는 예금 등 채권의 지급이나 차입이 곤란한 상태에 있는 금융기관(〈금융구조의 개선에 관한 법률〉 제2조 제3호)

2) 부실금융기관 또는 BIS 기준 자기자본비율이 2% 미만이고 건전한 신용질서나 예금자의 권익을 해할 우려가 현저하다고 인정되는 경우로 제한함

아울러 경영정상화계획 이행기간 만료시 경영상태가 충분히 개선되었다고 인정되는 경우 금융감독원장 또는 금융감독위원회로 하여금 당해조치가 종료되었음을 통지하도록 하고, 경영상태가 부실한 경우에는 별도의 적기시정조치를 발동하도록 하였다. 한편 금융권별 형평성을 높이기 위해 적기시정조치제도의 단계별 조치내용을 일부 조정[114]하고 관련용어를 정비[115]하였다.

1999년 6월에는 적기시정조치 대상 은행이 아니더라도 경영실태 분석과 평가결과 경영지도비율이 악화될 우려가 있거나 경영상 취약부분이 있다고 판단되는 은행에 대해서는 이의 개선을 위한 계획 또는 약정서를 제출토록 하거나 당해 은행과 경영개선협약을 체결할 수 있도록 은행감독규정을 개정하였다.

---

114) 경영개선요구에서는 조직의 축소를 신설하는 반면 신규출자 동결과 외부감사인 교체요구를 삭제하고 경영개선명령에서는 주식의 전부소각과 함께 단서조항(영업의 전부정지, 전부양도, 계약 전부이전, 주식 전부소각은 부실금융기관 또는 BIS 기준 자기자본비율 2% 미만이고 건전한 신용질서나 예금자의 권익을 해칠 우려가 현저하다고 인정되는 경우에 한함)을 신설하고 은행업 인가취소요청을 삭제하였다.

115) 경영개선조치요구를 경영개선요구로, 경영개선조치명령을 경영개선명령으로, 그리고 경영정상화계획을 경영개선계획으로 각각 명칭 변경하였다.

라. 건전성규제 강화

(1) 여신건전성 분류기준 강화

1998년 7월 은행감독규정 시행세칙을 개정하여 은행의 여신건전성 분류기준을 강화하였다. 즉 요주의 여신의 분류기준을 종전의 3개월 이상 6개월 미만 연체여신에서 1개월 이상 3개월 미만 연체여신으로 변경하고, 고정 이하 여신은 종전의 6개월 이상 연체여신에서 3개월 이상 연체여신으로 변경하는 한편, 요주의 여신에 대한 대손충당금 적립비율을 1%에서 2%로 상향조정하였다.

또한 1999년 9월에는 은행감독규정을 개정하여 借主의 과거 원리금 상환실적뿐만 아니라 미래의 상환능력까지 반영할 수 있도록 자산건전성 분류와 대손충당금 적립기준을 개편하고, 이를 1999년 12월 31일부터 시행하도록 하였다.

먼저 자산건전성 분류대상 자산을 종전의 13개 항목에서 대출채권, 확정지급보증, 유가증권, 리스자산, 가지급금·미수금, 기타 금융기관이 건전성 분류가 필요하다고 인정하는 자산 등 6개 항목으로 간단명료화하였다. 그리고 자산건전성 분류단계는 현행과 같이 정상(0.5% 이상), 요주의(2% 이상), 고정(20% 이상), 회수 의문(50% 이상), 추정손실(100%) 등 5단계로 유지하도록 하고, 대손충당금(또는 지급보증충당금) 최저적립비율을 명시하였다. 다만 1999회계년도 결산과 2000회계년도 분기 가결산 때에는 최저적립기준을 충족하기 위하여 필요한 대손충당금과 지급보증충당금 추가적립액의 50% 이상만을 적립할 수 있도록 하였다.

구체적인 자산건전성 분류와 대손충당금 적립기준은 개별 은행이 은행감독규정에 명시되어 있는 자산건전성 분류를 위한 기본원칙과 최저기준을 반영하여 자체적으로 설정하도록 하였으며, 금융감독원은 동 기준의 적정성을 점검한 후 부적절하다고 판단하는 경우 이의 시정을 요구할 수 있도록 하였다.

한편 기업개선작업(workout) 대상 여신의 경우에는 자산건전성 분류기준에 불구하고 2001회계년도말까지 해당 기업의 채무상환능력에 따라 '요주의' 또는 '고정'으로 분류하고, 2~20% 범위 안에서 대손충당금과 지급보증충당금을 적립토록 하였다.

(2) 은행 신탁업무에 대한 건전성 감독기준 강화

1998년 4월과 7월 두 차례에 걸쳐 신탁업감독규정 시행세칙을 개정하여 채권상각준비금의 적립대상을 종전 '이익보전 금전신탁상품에서 운용하는 자산'에서 '원본 또는 이익보전 금전신탁상품에서 운용하는 자산'으로 확대[116]하고 신탁계정의 기업어음(보증어음 포함)과 사모사채를 채권상각준비금 적립대상에 포함시켰다.

한편 1999년 2월에는 은행에 대한 건전성 감독기준 강화방안의 일환으로 경영관리와 회계처리 측면에서 신탁계정을 고유계정에서 분리하는 업무장벽을 더욱 강화하여 신탁부문을 완전한 독립사업부제로 운영하는 세부방안을 마련하여 2000년부터 시행하도록 하였다. 주요 내용을 보면 먼저 경영관리 측면에서 은행부문과 신탁부문 사이의 인사교류를 제한하고 영업점내 신탁전담창구를 설치하도록 하는 한편 신탁부문을 독립사업부제로 운영하도록 함으로써 조직과 인력운영 차원에서 은행부문과 신탁부문 사이의 이익상충을 방지하고 신탁담당 전문인력을 양성하도록 하였다. 또한 은행계정이 신탁보전금을 지원하는 제도를 폐지함과 아울러 은행계정과 신탁계정 간의 대출전

---

116) 1999회계년도 결산시부터는 실적배당상품을 포함한 모든 불특정금전신탁에서 운용하는 자산으로 적립대상을 확대하였다.

환을 금지하고 신탁재산을 통해 당해 은행과 그 계열회사가 발행한 주식·CP·회사채 등을 취득할 수 없도록 함으로써 자금운용 차원에서 신탁재산 운용의 건전성 높이기를 꾀하였다. 그리고 고객의 동의가 없는 비공개정보의 교환을 금지하는 등 정보의 유용과 누설 방지장치를 도입하여 위탁자 보호를 강화하였다.

다음으로 회계처리 측면에서는 신탁부문의 실질적인 독립사업부제 운영을 위해 신탁부문에 원가회계제도를 도입함으로써 신탁상품계정 외에 별도의 신탁관리계정을 신설하여 신탁보수와 중도해지수수료의 수입, 신탁부문 인건비·물건비·손실보전금 등 각종 경비, 영업점에 대한 대행수수료 등을 계리토록 함으로써 신탁사업부문 수익·비용 처리의 투명성을 높였다. 또한 신탁운용 수익의 5% 이내에서 임의적립토록 되어 있는 특별유보금을 신탁보수에서 일정비율 이상 의무적으로 적립하도록 개선함으로써 고객에게 배당되어야 할 부분이 일부 원본손실보전에 충당되는 폐단을 방지하는 한편 신탁상품계정의 손실을 자체 흡수할 수 있는 완충장치를 강화하였다.

(3) 외국환 업무에 대한 건전성감독 강화

1998년 7월 외화자산·부채에 대한 유동성 리스크, 신용 리스크와 국가별 리스크관리체제를 정비하고자 외화유동성 규제제도를 확충하여 기존의 외화유동성비율규제 이외에 잔존만기별 자금조달·운용 불일치(GAP) 규제제도[117]를 도입하였다. 또한 외화대출·지급보증·유가증권·역외금융 등을 모두 포괄하는 거래처별 종합익스포저(exposure) 한도관리제도와 국제신용평가기관의 국가별 신용등급을 기준으로 한

---

117) 대상기간을 7단계로 구분하고 외화총자산대비 기간별 자산·부채간 GAP 금액비율을 7일 이내는 0% 이상, 1개월 이내는 −10% 이내, 3개월 이내는 −20% 이내로 유지하도록 규정하였다.

국가별 종합익스포저한도관리제도를 각 은행이 자체적으로 도입·시행하도록 하였다.

(4) 은행경영실태 평가제도 개선

1998년 6월 은행감독업무 시행세칙을 개정하여 은행에 대한 종합경영실태 평가방법인 CAMEL의 평가요소 가운데에서 자기자본기준 가중부실여신비율과 단기부채비율을 제외하는 대신 거액여신비율·수지비율·단기대출비율·외화유동성비율을 추가하여 평가의 유용성을 높였다.

또한 같은 해 10월에는 국내 금융시장의 개방과 금융기관 사이의 경쟁격화 등으로 금융기관의 시장리스크가 크게 증가한 데 대응하여 은행감독업무 시행세칙의 개정(1999. 1 시행)을 통해 평가요소에 '시장리스크에 대한 민감도'(sensitivity to market risk)를 추가함으로써 종합경영실태 평가방법을 CAMEL방식에서 CAMELS방식으로 전환하였다.

(5) BIS 기준 자기자본비율 산출기준 개선

1998년 8월 은행감독업무 시행세칙을 개정(1999. 1 시행)하여 은행이 보유하고 있는 고정 이하 여신에 대한 대손충당금 적립액을 보완자본 인정대상에서 제외하였다. 그리고 위험자산 산정시 신탁자산의 신용환산율과 위험가중치를 연차적으로 조정하여 2000년부터는 은행계정 자산과 동일한 기준으로 계산하도록 하는 한편, 신탁유보금을 자기자본으로 인정하도록 하였다.

〔표 74〕   신탁자산의 BIS 기준 자기자본비율 산정시 처리방법

	1998	1999	2000년 이후
신용환산율	50%	50%	100%
위험가중치	일률적으로 20%	자산내역별로 거래 상대방에 대한 위험 가중치 차등 적용	좌 동
특별유보금	자기자본 불인정	50%를 기본자본으로 인정	100%를 기본자본으로 인정
채권상각준비금	자기자본 불인정	50%[1]를 보완자본으로 인정	100%[1]를 보완자본으로 인정

주 : 1) 고정이하 분류자산에 대한 적립분 제외

(6) 편중여신규제 강화

1998년 7월 신탁업감독규정을 개정하여 은행신탁계정이 동일법인과 동일계열기업군이 발행한 어음을 보유할 수 있는 한도를 각각 금전신탁 전월평균 수탁금액의 1%와 5%로 제한하는 동일인 발행어음 보유한도제를 도입하였다.

이어 그 해 10월에는 은행(신탁계정 포함)이 동일계열 기업군이 발행한 회사채를 보유할 수 있는 한도를 전월말 현재 회사채 총보유액의 10%로 제한하는 회사채 보유한도제를 도입하였다. 한편 1999년 4월에는 은행법을 개정하여 동일인과 동일계열기업군에 대한 여신규제대상의 범위를 확대하는 한편 여신한도를 축소하여 편중여신규제를 강화하였다.

〔표 75〕 은행법 개정에 따른 편중여신관리제도 변경 내용

	종 전	변 경 후
동일인 여신한도[1]	·동일인에 대한 대출한도를 금융기관 자기자본(자본금＋적립금＋잉여금)의 15% 이내로 제한 ·지급보증의 경우 30%	·동일인에 대한 신용공여(여신＋유가증권매입＋신용위험을 수반하는 모든 거래)는 금융기관 자기자본(BIS 기준 기본자본＋보완자본)의 20% 이내로 제한
동일계열 기업군 여신한도[1]	·동일 계열기업군에 대한 여신은 금융기관 자기자본의 45% 내로 제한	·동일차주(동일한 개인·법인 과 그와 신용위험을 공유하는 자)에 대한 신용공여는 금융기관 자기자본의 25% 내로 제한
거액여신 총액한도제[2]	·거액여신*합계액을 금융기관 자기자본의 5배 이내로 제한 * 금융기관 자기자본의 15%를 초과하는 동일인 또는 계열기업군에 대한 여신	·거액신용공여*합계액을 금융기관 자기자본의 5배 이내로 제한 * 금융기관 자기자본의 10%를 초과하는 동일인 또는 동일차주에 대한 여신

주 : 1) 2000년 1월 1일부터 시행하며 시행 당시 동 개정규정에 의한 한도를 초과하는 신용공여는 2002년 말까지 해소
　　 2) 1999년 4월 1일부터 시행하며 시행 당시 동 개정규정에 의한 한도를 초과하는 신용공여는 2000년 3월 말까지 해소

마. 회계와 공시제도 정비

정부는 우리나라의 은행 회계처리기준과 은행경영 관련 각종 자료나 정보에 대한 공시기준이 국제기준에 비해 낮아 은행 재무제표에 대한 신뢰도가 떨어지고 시장규율이 제대로 작동하지 못하는 점을 감안하여 은행 회계제도와 경영공시제도를 정비하였다.

먼저 회계제도에서는 1998년 4월 은행감독업무 시행세칙을 개정하여 貸損充當金과 有價證券評價充當金을 국제회계기준대로 100% 적립하도록 의무화하여 1998년 6월말 가결산기부터 적용하도록 하였다.

또한 그 해 6월에도 은행감독업무 시행세칙을 개정하여 은행이 보

유하고 있는 상품유가증권과 시장성 있는 투자유가증권에 대한 평가방법을 이전까지의 低價法에서 時價法으로 전환하는 등 유가증권에 대한 시가평가제도를 도입하였다. 그리고 1998년 12월에는 국제적 회계기준과의 정합성과 금융업종 사이의 비교 가능성을 높이기 위하여 은행업 회계처리준칙을 새로이 제정하여 1999년부터 적용하도록 하였다.

경영공시제도도 지속적으로 정비하였는데, 우선 1998년 4월에 은행감독업무 시행세칙 등을 개정하여 은행경영에 중요한 영향을 미치는 경영방침, 리스크관리 등에 관한 사항을 공시항목에 추가하도록 하여 정기공시 내용이 국제기준에 부합하도록 대폭 확충하였다. 금융사고 발생 때 실시하도록 하고 있는 隨時公示에서도 공시대상 부실여신 발생금액의 산정기준을 여신거래처별에서 계열기업군 단위로 확대하고 거액 무수익여신 발생, 민사소송 패소 등을 공시대상에 추가하는 등

〔표 76〕   은행업 회계처리준칙 제정에 따른 주요 변경·신설 내용

구 분	주 요 내 용
대차대조표 작성기준	중요성 기준에서 유동성 기준으로 배열방식 변경
손익계산서 작성기준	거래유형별 손익발생 기준에서 손익발생 원천에 따라 영업이익, 경상이익, 법인세 차감전 순이익, 법인세 비용과 당기순이익으로 구분 표시하도록 변경
유가증권평가	원화표시채권에 대해서는 기업회계기준과 같이 시가평가를 실시하고, 투자유가증권 가운데 관계회사 주식의 평가방법을 원가법(또는 저가법)에서 지분법으로 변경
채권재조정시 회계처리	법정관리, 화의 등으로 채권의 원금, 이자율 등 계약조건이 변경되어 채권가치가 변동되었을 경우 이를 현재가치로 평가하여 경제적 실질가치의 하락분을 반영토록 함
지급보증충당금	지급보증에 의해 장래 발생 가능한 손실액을 추정하여 충당금을 설정하도록 함

대상과 기준을 강화하였다. 또한 같은 해 10월에는 은행감독규정을 개정하여 은행이 공시자료를 허위로 작성하거나 중요한 사항을 누락하여 불성실하게 공시하는 경우에는 금융감독원장이 정정공시와 재공시를 요구할 수 있도록 함으로써 공시제도의 실효성을 높이는 한편 정기공시의 주기도 종전 연 1회(결산일로부터 4월 이내)에서 연 2회(결산일로부터 4월 이내와 가결산일로부터 2월 이내)로 늘리고 최소 공시기간도 1년에서 3년으로 연장하였다. 1999년 9월에도 은행감독규정을 개정하여 1999회계년도 3·4분기부터 실시되는 은행의 분기별 가결산제도에 맞추어 가결산 결과에 대한 공시도 분기별로 시행하도록 분기공시제도를 도입하였으며, 종전 4월 이내에서 이행하도록 한 결산공시도 3월로 단축하였다.

바. 금융시장 개방

정부는 1996년 OECD 가입 당시 외국은행 현지법인 설립을 비롯하여 금융기관에 대한 외국인투자를 1998년말까지 전면 허용하기로 하고 그동안 외국은행지점 설립요건 가운데 500대 은행 기준을 폐지(1997. 2)함과 아울러 외국인의 국내 상장주식 투자한도를 점진적으로 확대(1998. 5 전면폐지)하는 등 여러 조치를 취하여 왔다.

그러나 1997년말 IMF와 협의과정에서 정부와 IMF는 국내금융부문에 대한 외국인투자 개방계획을 가속한다는 원칙 아래 외국인의 국내 은행 주식소유 제한을 완화(1998년 1월 은행법 개정)하는 한편 당초 1998년말로 설정되어 있던 외국은행 현지법인의 설립허용시기도 1998년 3월말로 앞당기기로 하였다. 이에 따라 외환은행에 대한 코메르츠은행의 지분참여를 필두로 제일은행을 외국금융기관에 매각하기로 하는 등 국내 은행산업의 대외개방이 대폭 확대되었다.

〔표 77〕 **시중은행의 외국인 지분**

(1998년말 현재) 단위 : %

	외국인 총지분	주요 외국인 대주주[1]	비 고
조 흥	5.61	-	
한 빛	0.06	-	
제 일	0.10	-	NEWBRIDGE 에 지분 51% 매각 예정
서 울	0.14	-	
외 환	34.87	COMMERZBANK AG(32.39)	
국 민	28.64	BANK OF NEWYORK(4.96) MSS-PRUDENTIAL ASSURANCE COMPANY LTD(2.17) SR INVESTMENT LTD(2.10)	
주 택	44.93	BANK OF NEWYORK(9.89) SR INVESTMENT LTD(3.32)	
신 한	19.19	CMB-SCHRO CMCT PEMP(2.04) 씨티증권(1.32) SR INVESTMENT LTD(1.04)	
한 미	25.71	BANK OF AMERICA(16.83) LION ASSET MANAGEMENT(2.22) DECO INVESTMENT LTD(1.55) ASIAN OPPORTUNITY FUND(1.38) UBS AG(1.18) ALDEM INVESTMENT LTD(1.08)	
하 나	27.70	I.F.C.(6.22) CMBL-TEMP GLOB STRATEGY(1.11) CMB-PUB INST SOC SEC KUW(1.06)	

주 : 1) 지분 1% 이상 기준 2) 괄호 안은 지분율
자료 : 금융감독원 ; 증권예탁원

사. 여신관행 혁신[118]

　정부는 1998년 중반부터 은행이 담보 위주 여신관행에서 조속히 벗어나 여신심사와 사후관리 기능을 정상적으로 발휘할 수 있도록 지도하고 있다. 즉 은행별로 여신관행혁신 워크숍 개최, 여신관행혁신 추진계획 작성 등을 독려하고 이를 수시로 점검하는 한편, 전국은행연합회를 통해 공동실무작업반을 구성토록 하여 은행이 공동으로 추진할 여신관행혁신 업무계획을 수립토록 하였다. 정부가 독려하고 있는 여신관행혁신방안의 주요 내용은 마케팅 개념에 기초한 여신상담 실시, 신용대출 정착 등을 위한 여신심사 강화, 여신 사후관리 강화, 여신업무조직체계와 인력운용의 효율화 등이다.

　국내은행은 이 방안에 따라 각행별로 여신관행 개선을 추진하고 있다. 예를 들어 조흥은행과 신한은행의 경우에는 차주의 신용수준에 바탕을 둔 신용평가모형 개발, 여신심사·여신취급결정과 관련한 심사역합의체[119]의 도입, 부실징후여신을 조기에 선별하기 위한 Loan Review제도[120] 강화, 이와 관련한 전산시스템과 내부 인력·조직개편 등 행내 하부구조의 정비 등을 추진하고 있다. 한빛은행의 경우 신용위험을 체계적으로 관리할 수 있는 기업대상 신용등급제도와 가계대상 고객평점제도 및 종합위험관리시스템의 개발·구축, 최적 포트폴리오 구성을 위한 신용위험관리체계 구축 등을 추진하고 있다.

---

118) 금융감독원, 여신관행혁신 Workshop 발표자료(1999. 4)

119) 여신취급 결정시 은행장, 이사 등이 행사해 오던 여신취급 결정권한을 폐지하고 전문심사역들로 구성된 합의체에서 공동으로 심사·결정하는 시스템으로 합의체 결정사항에 대해서는 은행장이 거부 또는 재심을 요구할 수 없다.

120) 대출실행 이후 차주의 상환능력 변동여부를 수시 또는 정기적으로 파악하고 상환능력 악화시 적절한 채권보전조치를 취하는 여신감리제도이다.

3. 문제점

금융산업 구조조정으로 제도 측면에서는 은행의 건전성을 높이고 시장규율을 강화할 수 있는 여러 장치가 마련되었다. 그러나 다른 한 편에서는 구조조정 과정에서 발생한 정부소유 금융기관의 증가와 정부의 금융개입 등이 관치금융 재현으로 발전할 가능성이 크고 은행의 책임경영체제가 제대로 작동하지 않는 등 은행의 경영행태도 아직 뚜렷한 개선을 보이지 못하고 있다.

가. 금융구조

(1) 정부계 은행의 비중

앞서 살펴본 바와 같이 우리나라의 경우 1998년말 현재 총 25개 국내은행 가운데 9개 은행에 정부가 지분참여를 하고 있다. 이 정부계 은행이 비은행까지 포함한 금융기관 총자산규모에서 차지하는 비중은 약 38%, 은행의 총자산규모에서 차지하는 비중은 60%를 웃도는 수준[121]으로서 공적 금융기관의 비중이 높은 독일의 경우와 비슷한 것으로 나타났다. 이는 1960년대 이후 경제개발과정에서 산업지원을 목적으로 여러 개의 특수은행을 설립하는 등 처음부터 정부계 은행의 역할이 컸던 점에도 원인이 있다. 그러나 1998년 이후 금융산업 구조조정과정에서 회생 가능한 금융기관의 경영정상화를 위해 정부가 일반은행에 대한 지분참여를 대폭 확대하였기 때문이다.

금융산업 구조조정과정에서 정부계 은행의 역할이 증대하는 것은

---

121) 더욱이 정부가 지분참여는 하고 있지 않으나 우선주를 포함하고 있는 3개 은행을 정부계 은행에 포함할 경우 동 비율은 각각 10% 내외 상승한다.

민간은행의 자금중개 기능이 제대로 발휘되지 못하는 여건에서 불가피한 면도 있다. 그러나 정부계 은행이 시장원리보다 주로 정책적 판단에 따라 운영될 수 있다는 점에서 산업정책 위주로 금융을 운용하는 데 따르는 부작용이 재현되고 금융시장에서의 공정경쟁과 금융자금의 효율적 배분이 저해될 우려가 있다. 이를 구체적으로 보면 다음과 같다.

첫째, 일반은행에 대한 증자 지원과 부실채권 매입 등으로 은행에 대한 정부의 영향력이 크게 증대됨에 따라 기업의 사업계획을 바르게 심사하여 부실을 방지하는 금융기관 본연의 기능이 존중되기 어려울 수 있다.

예를 들어 정부가 대출금리 인하와 중소기업에 대한 대출확대를 유도하는 것은 기업도산 방지와 경기부양이라는 단기정책목표 달성에 초점을 둔 것이다. 그런데 대폭 증대된 정부의 영향력 때문에 금융기관이 대출금리 인하와 대출확대를 서두를 경우 여신심사 기능과 수익관념이 소홀해질 가능성이 크다.

둘째, 정부계 은행의 역할은 시장의 실패를 보완하는 데 있으므로 자금의 조달과 운용에서 시장원리에 의존하는 민간금융기관과 경합하지 않도록 하는 것이 바람직하다.[122] 그러나 우리나라에서는 정부계 은행의 자금조달이 일반은행과 직접 경합하는 관계에 있을 뿐만 아니라 여러 가지 면에서 일반은행보다 유리하게 되어 있어 금융시장에서의 공정경쟁을 저해할 수 있다.

현재 정부계 은행에는 일반은행에 허용된 자금조달수단(예금 등)이

---

122) 일본의 경우 정부계 은행인 일본개발은행(JDB)과 일본수출입은행(JEXIM) 등은 정부의 재정투융자계획에 의해 자금을 지원받아 산업개발과 수출입 지원 등에 정책금융을 공급함으로써 민간금융을 보완하는 기능을 수행하고 있으며 민간금융기관과의 경쟁을 금지하는 규정을 개별기관 설립법에 명시하고 있다(일본개발은행법 제22조, 일본수출입은행법 제24조).

모두 허용되어 있을 뿐만 아니라 일부 자금조달수단은 오히려 정부계 은행에 유리하게 되어 있다.[123] 특히 일반은행은 자신의 신용을 바탕으로 금융시장에서 자금을 조달하는 데 비해 정부계 은행은 정부의 신용을 배경으로 자금을 조달하고 있다. 이와 같은 불공정한 경쟁여건에서 정부계 은행의 선도은행화, 대규모 증자와 업무범위 확대는 시장원리에 의해 운영되는 일반은행의 기능을 위축시키는 결과를 초래할 우려가 있다.

셋째, 정부계 은행의 경우 자금공급이 시장원리보다는 정책적 목적에 따라 이루어질 뿐만 아니라 결손이 발생하더라도 정부가 이를 보전[124]해 주므로 자기책임원칙에 따라 운영되는 일반은행에 비해 상대적으로 여신심사가 소홀해지고 비용 개념도 취약한 편이다. 특히 과거에 우리나라의 대표적인 정부계 은행의 경우 여신심사에서 정책적 판단을 중시함에 따라 자산건전성이 취약한 것이 일반적이다.

정부계 은행의 기능이 시장 기능의 실패를 보완하는 데에 있다고 하더라도 이는 정부계 은행이 시장원리를 전적으로 배제한다기보다 시장원리에 의해서는 여신이 이루어지기 어려운 부문에 자금이용기회를 제공하는 데 목적이 있음을 감안할 때 정부계 은행이라 하더라도 일단 지원하는 부문에 대한 여신심사나 사후관리를 제대로 하여야 할 것이다.

그러나 지금까지의 실적을 보면 이러한 기능을 제대로 수행하지 못

---

123) 자기자본대비 채권발행한도가 산업·수출입(각각 30배 이내)·기업(20배 이내) 은행의 경우 일반은행(3배 이내)에 비해 훨씬 높게 설정되어 있으며, 주택부금 등 주택청약 관련 예금은 주택은행에만 허용되고 있는 한편 1998년 9월 이후 수출입은행의 단기무역금융업무를 허용하고 산업은행에 대해서는 무역어음할인 전담기금을 조성하여 동 업무의 활성화를 유도하였다.

124) 산업·수출입·기업은행의 경우 사업년도마다 결산 순손실금은 적립금으로 보전하고 적립금이 부족할 때에는 정부가 보전하도록 되어 있다(산업은행법 제44조, 수출입은행법 제37조, 중소기업은행법 제43조).

하고 있어 정부계 은행의 비중 증대가 제한된 금융자금의 효율적 배분을 저해할 우려가 크다. 특히 산업은행이나 수출입은행이 특정기업에 여신을 제공하는 경우에 다른 일반은행은 그 차입기업의 사업성 등에 관한 심사가 일단 끝난 것으로 간주하여 별도의 여신심사 없이 자금을 지원하려는 유인 또는 부담을 갖게 되는 등 일종의 부정적 외부효과가 나타날 수 있다.

(2) 은행의 소유구조

우리나라 은행의 소유구조를 보면 전반적으로 대주주의 수는 적은 반면 이들 주주의 지분 합계는 높은 것으로 나타나 미국은 물론 독일·일본 등에 비해서도 은행 소유구조의 집중도가 높다고 할 수 있다.

특수은행과 정부계 은행을 제외한 13개 일반은행(5개 시중은행과 8개 지방은행)의 최대주주 지분평균은 1998년말 기준으로 18.3%에 달해 다른 나라에 비해 월등히 높은 수준이며, 지분 5% 또는 1% 이상 대주주의 지분 합계도 매우 높은 편이다.

대주주의 수에서는 지분 5% 이상 대주주의 수는 은행당 평균 2.0개로 다른 나라에 비해 다소 많은 편이나 지분 1% 이상 대주주의 수는 은행당 평균 8.5개로 미국이나 일본에 비해 적다. 은행 소유구조의 집중도가 높기 때문에 일부 대주주의 담합에 의해 은행경영이 좌우되거나 특정 대주주에 대한 과다여신 등의 문제가 발생할 소지가 있다. 특히 주요국에 비해 소유구조의 집중도가 높은 데도 불구하고 '주인 없는 은행'이라는 비판을 받아온 우리나라 은행의 실정에 비추어 보았을 때 책임경영체제 확립에도 기여하지 못하였다.

한편 주요국의 경우 앞에서 살펴본 바와 같이 은행의 대주주가 주로 기관투자가 등 금융자본으로 구성되어 있는 반면 우리나라의 경우 산업자본이 대주주인 경우가 많아 금융산업 구조조정 이전에도 산업

〔표 78〕 　　　　　　우리나라와 주요국의 은행 소유구조 집중도 비교

	한 국[1]			미국[2]	독일[2]	일본[2]
	시중은행	지방은행	평균			
최대주주의 지분평균(%)	20.2	17.1	18.3	4.8	10.1	5.0
지분 5% 이상 평균						
은행당 주주수(개)	2.2	1.9	2.0	0.2	1.3	0.7
은행당 지분 합계(%)	37.0	22.9	28.3	1.3	16.2	3.8
지분 1% 이상 평균						
은행당 주주수(개)	11.4	6.8	8.5	12.3	3.0	14.8
은행당 지분 합계(%)	57.1	33.7	42.7	25.4	19.5	30.3

주 : 1) 한국은 정부가 지분 참여한 9개 정부계 은행과 농·수·축협을 제외한 5개 시중은행
　　　 과 8개 지방은행 등 13개 일반은행 대상(1998년말 기준)
　　 2) 미국, 독일, 일본은 이 책 표 6, 표 8, 표 11에서 각각 예시한 은행(미국은 1998년말
　　　 기준 6개 은행지주회사, 독일은 1997년말 기준 3개 은행, 일본은 1995년 3월말 기준
　　　 6개 은행) 대상

자본의 지분이 전반적으로 금융자본에 비해 높은 수준이었다.

이는 우리나라의 경우 경제개발과정에서 자금수요 초과상태가 지속됨에 따라 산업자본이 자금조달의 편의를 위해 은행을 소유하고자 하는 욕구가 큰 편이었던 데다 기관투자가가 다른 나라에 비해 발달하지 못한 상태에서 비교적 자본금 규모가 큰 은행의 주식은 정부나 대기업 등 산업자본에 의해 소유될 수밖에 없었던 점에 기인한다.

특히 1998년 동안 외국 기관투자가의 철수와 국내 금융기관의 구조조정에 따라 금융자본의 지분은 더욱 크게 하락하였다.

이러한 점에 비추어 산업자본이 은행을 소유할 경우 경제력집중, 이익상충 등의 결과 자원의 비효율화 등 여러 가지 부작용이 발생할 개연성이 있다. 또한 관련 기업에 대한 편중여신으로 은행의 건전성이 위협받을 수 있으며, 금융제도의 공공성과 안정성 유지를 목적으로 한 정부의 예금보험제도와 중앙은행의 최종대부자 기능 등 금융제도의

〔표 79〕　　　우리나라와 주요국 기관투자가의 금융자산 보유비율 비교

(1995년말 현재)　　　　　　　　단위 : 억달러, %

	한 국	미 국	영 국	독 일	프랑스	일 본
금융자산 보유액	2,631	118,709	17,887	11,322	11,588	39,535
GDP대비 비율	58	171	162	46	75	77
주식보유비율	13	36	69	12	22	18

자료 : OECD(1998)

〔표 80〕　　　1998년중 우리나라 일반은행[1] 대주주[2] 구성의 변화

단위 : 개, %

		1997년말		1998년말		증 감	
		산업자본	금융자본	산업자본	금융자본	산업자본	금융자본
	민간 소유 은행						
시 중 은 행	(신한은행)	3(6.0)	7(10.2)	3(5.2)	3(4.4)	- (−0.8)	−4(−5.8)
	(한미은행)	6(45.6)	6(13.2)	4(38.9)	8(28.2)	−2(−6.7)	2(15.0)
	(하나은행)	7(35.8)	7(17.4)	10(39.2)	5(15.0)	3(3.4)	−2(−2.4)
	(외환은행)	1(1.7)	1(1.2)	1(1.2)	1(32.4)	- (−0.5)	- (−31.2)
	(평화은행)	1(7.3)	6(32.1)	5(13.6)	9(24.0)	4(6.3)	3(−8.1)
	기존 정부계 은행						
	(국민은행)	1(2.0)	7(18.2)	3(6.0)	7(14.7)	2(4.0)	- (−3.5)
	(주택은행)	-	3(27.9)	1(4.5)	4(15.9)	−1(−4.5)	1(−12.0)
지 방 은 행	대구은행	2(6.9)	6(10.6)	3(12.1)	-	1(5.2)	−6(−10.6)
	부산은행	3(27.8)	6(7.9)	2(17.3)	-	−1(−10.5)	−6(−7.9)
	광주은행	4(21.7)	5(8.1)	4(16.4)	1(1.1)	- (−5.3)	−4(−7.6)
	제주은행	1(2.2)	7(18.2)	1(1.1)	-	- (−1.1)	−7(−18.2)
	전북은행	6(38.3)	7(16.7)	6(32.7)	2(6.9)	- (−5.6)	−5(−9.8)
	강원은행	3(16.3)	8(18.5)	1(12.9)	2(7.9)	−2(−3.4)	−6(−10.6)
	경남은행	7(29.0)	9(15.2)	4(15.6)	4(5.1)	−3(−13.4)	−5(−10.1)
	충북은행	3(21.3)	5(10.4)	2(19.7)	3(4.8)	−1(−1.6)	−2(−5.6)

주 : 1) 1998년말 현재 정부의 지분이 90%를 넘는 조흥·한빛·제일·서울 은행 등 신규 정부
　　　 계 은행 제외
　　2) 지분 1% 이상인 대주주의 수
　　3) 괄호 안은 해당 주주의 지분 합계

안정성 유지를 위한 공적 안전망(public safety net)이 산업자본에까지
확대됨으로써 산업자본의 도덕해이(moral hazard)를 초래할 수 있다.
더욱이 이러한 부작용을 효과적으로 방지할 수 있는 금융감독체제가
아직 확립되어 있지 않고, 기업경영의 투명성도 매우 낮은 수준에 머
물러 있는 실정임을 고려할 때 산업자본의 은행지분은 과다하다고 할
수 있다.

(3) 은행의 지배구조

국내은행이 책임경영의 부재와 경영투명성의 부족으로 금융·외환
위기를 맞게 됨에 따라, 이를 계기로 각 은행은 의사결정 기능과 집행
기능을 분리한 선진국형 이사회 제도를 1999년도 정기주총시 도입하
는 등 은행 경영지배구조의 획기적인 변화를 도모하였다.

그 결과 국내은행의 이사회 구성에서 비상임이사 비중은 약 70%
정도로 비상임이사제도가 의무화되어 있지 않은 일본보다는 훨씬 높
은 수준이고, 다른 선진국과는 비슷한 수준이다. 이사회 의장과 은행
장을 분리한 은행은 영국이나 이원화된 이사회 제도를 운영하고 있는
독일 등에 비해서는 적으나 미국, 프랑스 등에 비해서는 오히려 많다.

은행지배구조의 변화가 일어난 지 불과 몇 개월이 지나지 않았기
때문에 새로운 은행지배구조의 성공 여부를 섣부르게 단정할 수는 없
으나 주요 선진국 은행의 사례와 국내은행의 과거 경험에 비추어 보
았을 때 몇 가지 우려되는 점이 지적되고 있다.

첫째, 최근에 은행들이 도입한 새로운 형태의 이사회 제도는 구조
조정 과정에서 감독당국 등이 제시한 모델을 각 은행 실정을 고려하
지 않고 대부분 그대로 수용한 것이다. 감독당국이 제시한 모델도 미
국의 모델에 기반을 둔 것이어서 과연 국내은행이 이를 실질적으로
수용할 수 있는지 의문스럽다. 예를 들어 은행 지배구조의 핵심은 의

사결정 기능과 집행 기능을 분리하여 경영감시와 책임경영을 효과적으로 유도하는 데 있으나, 이사회 의장과 은행장의 분리는 선진국 은행에서도 아직까지 보편적이지는 않다.

둘째, 비상임이사 중심의 이사회 구성으로 이사회의 집행기구에 대한 견제 기능이 강화됨으로써 갈등이 생길 여지가 있다. 특히 이사회 의장과 은행장이 분리된 은행의 경우 둘 사이의 조화가 이루어지지 못할 경우 갈등이 더욱 커질 우려가 있다. 비상임이사 중심의 이사회 제도가 이론적으로는 경영감시에 도움이 될 수 있으나 실제로는 의사결정이 지연되어 은행의 경영효율성이 저하되는 현상이 발생할 가능성도 배제할 수는 없다.

셋째, 은행 이사회에 과거에도 비상임이사가 있었으나 은행장이 사실상 선임 또는 추천한 인사가 대부분으로 은행장이 제시하는 안건만을 수동적으로 처리하여 유명무실하였던 전례도 있듯이, 이사회의 가장 중요한 역할인 경영목표의 제시와 사후감독과 경영성과의 평가 등에서 실질적이고 독립적인 역할을 수행할 수 있을지도 우려된다.

비상임이사가 각계의 전문가로 구성되어 있다고는 하지만 전직 임직원이나 은행과 특별한 관계에 있는 기업인의 경우 사실상 독립적인 역할이 힘들다는 점에서 비상임이사로 보기 어려운 점도 있으며, 은행법상 70%의 비상임이사 추천권을 갖고 있는 주주대표가 은행이사로서 적합하지 않은 사람을 추천할 가능성도 있다.

나. 정부의 역할

금융·외환위기 이후 은행지배구조가 선진화되고 예금보험제도가 개선되었다. 적기시정조치가 강화되는 등 금융감독제도도 진일보한 것으로 평가된다(OECD, 《한국경제보고서》, 1998. 12). 그러나 이러한 제도적 개혁을 뒷받침할 정부관료, 은행경영자, 그리고 주주의 의식변화가 제도개혁에 미치지 못하고 있다. 이는 그동안 타율금융에 젖은 사고방식이 제도의 변화에 발맞추어 변화하지 못하는 결과로 보인다. 정부가 추진하고 있는 은행산업 구조조정은 부실은행을 퇴출시키거나 합병을 통하여 건전은행 중심으로 은행산업을 재편성하는 것이 그 주요 내용이다. 그런데 이러한 은행산업 구조조정의 근본목적은 은행경영의 자율성을 보장하고 국민경제 내에서 은행이 갖는 본연의 역할을 찾아줌으로써 경쟁력 있는 은행을 만들어 나가는 데 있다. 지금까지 정부 역할은 불가피성 등 긍정적인 측면이 있음에도 불구하고 미흡한 점이 있는 것도 사실이다.

먼저 정부는 신속하게 은행구조조정을 추진하였는데, 부실은행의 퇴출 또는 합병 과정에서 부실을 몰고 온 주체 가운데 책임을 과소분담한 주체는 앞으로 도덕해이적 행동을 할 수 있다는 점이다.

그리고 정부는 은행의 경영자율성을 높이기 위해 외국인의 은행주식 소유규제를 완화하였다. 은행경영자에 대한 감시 기능을 주주가 행사할 수 있도록 이사회 제도를 변경하는 등 소유·지배구조도 개선하였다. 이와 같이 책임경영체제의 확립을 위한 제도적 장치를 마련하는 노력을 하였으나 실제 은행경영에서는 아직도 과거의 관행이 남아 있다.

시장경제체제가 본격적으로 자리잡기까지는 정부가 시장의 역할을 보완해야 한다는 논리가 있다. 그러나 은행경영에 대한 간섭 때문에 뿌리깊은 타율금융의 재현으로 이어질 위험이 있다. 은행과 기업이 스스로 만들어 가야 할 여신관행을 감독당국이 유도해 주어야 한다고 생각하는 경향도 쉽게 불식되지 않고 있다. 그러나 독일의 경우와 같이 정부가 해야 할 일과 해서는 안 될 일을 분명히 구분하고 이것이 잘 지켜지도록 하는 것이 중요하다. 독일에서는 정부가 시장질서 확립에 적극 간여하므로 정부가 시장기구에 깊숙이 개입되어 있는 것처럼 보일 수 있다. 그러나 독일정부는 해야 할 일과 해서는 안 될 일을 명확히 구분하여 그 역할을 시장질서 확립 등에 국한시키고 그 밖의 자의적인 정부개입은 엄격히 배제하고 있다. 우리도 이를 시급히 정착시켜야 한다.

은행경영의 자율성을 보장하기 위해서는 은행에 대한 건전성 규제를 강화해야 한다. 그러나 건전성 규제는 은행산업의 효율과 경쟁을 저해하지 않는 범위 안에서 실시되어야 한다. 은행감독은 은행을 직접 감독하고 검사하는 데에서 탈피하여 은행 스스로 리스크를 관리하도록 해야 할 것이다. 감독당국은 각 은행의 위험관리능력을 점검하는 방향으로 전환해 나가야 하나 아직은 적극적인 시도가 이루어지지 않고 있다.

앞으로 은행간 경쟁의 격화, 취급업무의 특화 등에 따라 각 은행이 처한 리스크가 달라질 것이므로 개별은행을 감독하는 데서도 각 은행의 특수한 상황에 맞게 시행하는 것이 바람직하나, 우리나라의 경우 획일적으로 적용되는 경향이 있다. 선진국의 경우 은행이 처한 금융환경의 변화속도가 빨라지고 은행의 업무가 다양해지고 있다. 따라서 각 은행은 고유한 리스크를 가질 수 있기 때문에 은행감독은 감독이나 검사 규정의 일괄적용보다는 각 은행의 리스크에 따른 차별적인 감독을 중시하는 경향이 늘어나고 있다. 최근 미국의 경우 감독기관은 감독관련 법률에 규정된 많은 수량적 규정을 삭제하는 법의 제정을 지지하고 있다. 영국은 1979년 은행법 제정으로 국제적인 대형은행에서 소규모 국내금융기관에 이르기까지 600여 개 이상의 금융기관이 감독대상이 되었다. 따라서 감독대상 금융기관의 자본금, 유동성, 기타 건전경영 관련 규제를 각종 금융기관의 특수한 리스크에 따라 달리 적용하고 있다(강문수 1996). 또한 은행의 경영리스크 증대에 대응하기 위해서는 건전성 규제의 강화만으로는 한계가 있는 만큼 이를 보완할 수 있는 시장규율이 최대한 활용되어야 하나 시장규율 강화를 위한 제도정비와 질적 개선이 미흡하다.

한편 은행 건전성 규제와 통화신용정책 사이에 조화가 제대로 이루어지지 않고 있다. 규제는 중앙은행의 통화신용정책에 큰 영향을 미칠 수 있으므로 건전성 규제 내용을 변경할 경우 거시경제 여건 등을 고려하여 시행시기를 선택한다거나 통화신용정책을 수립하면서 은행의 건전성 상태를 감안하는 등 두 정책은 상호 조화를 이루면서 운용되어야 한다. 그러나 중앙은행의 일반은행에 대한 상시감시 기능이 크게 제약되어 있는 데다 중앙은행과 감독당국간의 협조도 긴밀하지 않은 실정이다.

다. 은행 행태

우리나라 은행산업은 금융·외환위기 이후 강도 높은 구조조정을 경험하였음에도 불구하고 행태는 크게 개선되지 못하고 있다.

은행의 업무영역이 제약되고 겸업화가 단편적으로 추진됨으로써 범위의 경제가 제대로 발현되지 못하고 있다. 은행의 행태를 개선할 수 있는 다양한 제도적 장치와 여건이 마련되고 있으나 구조조정과정에서 은행산업에 대한 정부의 영향력은 오히려 증대되었다. 때문에 은행과 기업 간에 바람직한 관계를 정립하고 은행의 역동성을 높이는 일이 원활히 이루어지지 않고 있다.

(1) 은행의 업무영역

우리나라도 1980년대 이후 자회사 방식에 의한 은행의 겸업화가 꾸준히 진행되어 왔으나 아직까지 모은행과 자회사 간에 시너지효과가 제대로 발휘되지 못하고 있다. 이는 비은행 자회사를 소유하고 있는 은행에 대해서 정부가 이익상충의 폐해를 우려하여 은행과 자회사간 정보 공유, 관계회사 점포를 이용한 상품의 상호판매와 공동 상품개발 등 업무연계를 적극적으로 허용하지 않았기 때문이다. 모은행도 자회사를 자발적으로 설립한 것이 아니라 부실기업 또는 부실금융기관 정리과정에서 타율적으로 인수한 것에 불과하다. 그리고 모은행은 업무영역 확대를 활용하여 범위의 경제를 살리기 위해 노력하기보다는 자회사를 주로 모은행 인사적체의 해소수단으로 이용하였다.

은행의 업무영역에서 독일, 프랑스 등 대륙계 은행은 전통적으로 겸업주의를 채택하고 있었다. 전업주의를 취하고 있던 영·미와 일본은 정부와 금융계가 참여하는 활발한 토론과 의견수렴과정을 거쳐 겸업화의 방식과 속도 등에 관한 종합적인 계획을 수립하고 겸업주의 확대를 추진하여 왔다.

이와 같이 은행의 겸업화 확대는 세계적 조류이다. 이는 겸업화에 따른 이익상충이나 금융안정 저해 등 부작용에 대한 우려보다는 고객에 대한 서비스 향상이 우선적으로 고려된 것이다. 디지털 기술의 급속한 발전으로 겸업에 따른 경쟁력을 높이는 효과가 이제까지와는 비교할 수 없을 정도로 커지고 있다. 따라서 우리나라 은행이 주요국 은행과 경쟁해 나가기 위해서는 겸업화를 확대할 필요가 있는 것은 분명하다. 그동안 우리나라의 겸업화과정을 보면 종합적인 계획을 먼저 마련하고 이를 법제화하는 방식으로 진행된 것이 아니라 당시의 금융여건에 따라 단편적으로 이루어져 왔다. 그러나 은행의 겸업화 확대는 우리나라 금융제도의 근간을 바꾸는 중대한 일이므로 체계적이고 효율적으로 추진하여야 한다. 이를 위해서는 증권, 보험 등 타금융업의 고유업무까지 허용할 것인지 등 겸업화의 범위, 직접겸영·자회사·금융지주회사 등 겸업화의 방식이나 속도에 대한 종합적인 계획을 먼저 마련한 뒤에 이를 법제화하는 절차를 밟아야 할 것이다.

(2) 은행과 기업의 관계

우리나라의 주거래은행(주채권은행)제도는 은행과 기업 간의 상호 필요에 의해 자연적으로 형성된 것이 아니다. 정부의 대기업정책을 은행이 시행하는 과정에서 타율적으로 주어진 것이기 때문에 은행과 기업이 관련규정의 준수를 둘러싸고 잦은 마찰을 빚는다.

단순히 거래은행 가운데에서 해당 기업체에 여신을 가장 많이 공급한 은행이 주거래은행으로 지정됨에 따라 해당 기업이 필요로 하는 자금을 주거래은행이 충분히 공급하지 못한다. 기업은 타은행이나 비은행금융기관 등 여러 금융기관으로부터 자금을 조달해야 하는 경우가 대부분[125]이다.

〔표 81〕 **국내은행[1]의 담보별 대출 구성비**
(기말잔액 기준) 단위 : %

	1985	1990	1995	1996	1997	1998	외은지점[2]
총 대 출							
담보대출	60.9	56.1	51.0	49.0	48.1	44.8	21.9
보증대출[3]	5.8	8.1	9.7	9.4	10.6	16.0	29.8
신용대출[4]	33.3	35.8	39.3	41.6	41.3	39.2	48.3
중소기업대출							
담보대출	68.1	59.0	52.6	50.6	50.9	43.0	–
보증대출[3]	10.1	14.8	13.1	13.5	15.5	24.5	–
신용대출[4]	21.8	26.2	34.2	35.9	33.6	32.5	–

주 : 1) 시중은행, 지방은행, 중소기업은행
 2) 주요 5개 외은지점 평균
 3) 신용보증기금, 보증보험, 금융기관 등의 보증에 의한 대출
 4) 계열사간 상호지급보증, 연대보증 등 포함

---

125) 해당기업의 자금수요 가운데 상당 부분이 산업은행의 시설자금이나 비은행 금융기관이 제공한 단기자금의 계속적인 차환형태로 충족됨에 따라 주거래 은행의 영향력이 그만큼 제약된다.

그 결과 현행 주거래은행(주채권은행) 제도는 은행과 기업 관계에서 독일과 일본처럼 상호신뢰에 바탕을 둔 장기적이고 긴밀한 관계로 발전하지 못하고 있다.

한편 1998년 중반 이후 감독당국의 주도로 신용분석이나 여신심사 기법의 개발 등을 통한 여신관행 개선노력이 각 은행별로 계속되었다. 그러나 전문인력이 부족하고 새로운 여신관리기법이 충분히 정착되지 않아 담보 위주의 기존 여신관행이 크게 개선되지 않고 있다. 예를 들면 금융·외환위기 이후 은행이 신용대출 취급을 기피하고, 이를 우선적으로 회수함에 따라 1998년 동안에 담보대출비중은 오히려 상승하였다. 또한 최근 금리가 하락하면서 은행의 예대마진이 축소되자 일부 은행은 꺾기 등 과거의 관성(inertia)을 벗어나지 못하는 영업행태를 보이기도 하였다.

(3) 은행의 역동성

우리나라 은행이 상업성을 회복하여 급변하고 있는 금융환경에 역동적으로 대처할 수 있는 여건을 마련하기 위해서는 건전성 규제 이외에 내부경영과 자금의 조달이나 운용에 대한 모든 정부간여를 철폐하여야 한다.

그러나 은행구조조정 과정에서 부실은행의 퇴출결정, 공적자금에 의한 자본확충과 부실채권 매입 등을 통해 은행에 대한 정부의 영향력은 더욱 증대될 수 있다. 때문에 은행경영이 상업원리에 따라 충실히 이루어질 수 있는 여건이 아직도 마련되지 않았다. 또 외국계 자본이 지배하지 않는 국내은행의 경영목표는 상업성과 정부정책에 대한 협조 사이에서 혼돈을 겪고 있다. 은행구조조정 이후 조직 구성원이 창의와 능력을 최대한 발휘하여 은행의 역동성을 높일 수 있도록 대부분의 은행이 연봉제와 능력위주 인사제도를 도입하였다. 그러나 아직 그 시행이 초기단계에 머무르고 있다. 이 제도는 중간간부급 직원 이상에만 적용되고 하급직원에게는 성과와 능력에 상응한 보상이 본격적으로 이루어지지 않고 있다. 신상품과 새 금융기법을 개발하고 경영합리화에 앞장서는 등 은행직원이 자발적 적극적으로 금융혁신을 추진할 수 있는 유인이 충분하지 못하다.

이에 따라 신상품과 새로운 금융기법의 개발 등을 통해 본 은행의 역동성은 아직 미흡한 상태이다. 먼저 금융·외환위기 이후 은행들이 창의를 바탕으로 한 진정한 의미의 신종 금융상품을 개발한 실적이 거의 전무하다. 즉 1998년에 우리나라 은행이 개발한 84개 수신상품의 특성을 살펴보면, 대부분이 정기예금, 적금과 부금 등 전통적인 수신상품에 대출보장, 금리우대, 사은품·경품, 보험가입 혜택 등을 추가 제공하는 등 기존 상품의 조건을 단순히 변경한 데 불과하며, 이는 1999년 1·4분기 동안 개발한 18개 수신상품의 경우도 마찬가지이다.

또한 새로운 금융기법 개발을 뒷받침할 우리나라 은행의 위험관리 능력의 확충은 아직도 미흡한 수준이다. 1998년말 현재 우리나라 은행 중 절반[126] 정도만이 선진국 은행이 일반적으로 사용하고 있는 시장위험관리기법인 VAR(value at risk)[127] 측정기법을 사용하고 있다. 그나마도 기초자료의 미비 등으로 신뢰성이 낮은 수준에 있고 전문인력도 부족하여 본격적인 이용단계에는 이르지 못하고 있다. 특히 영·미 대형은행이 거의 모두 사용하고 있는 투자결정기법인 RAROC(risk

---

126) 26개 은행(13개 시중은행＋8개 지방은행＋농수축협＋기업＋장은) 가운데 13개 은행.

127) 개별 또는 포트폴리오 자산에 대하여 일정기간 동안에 정상적인 시장여건 하에서 일정 확률로 발생할 수 있는 최대 손실금액을 의미하는데 개별 자산들간의 위험의 비교는 물론 모든 자산들의 위험을 합산할 수 있기 때문에 은행 전체의 리스크 평가에 유용하게 이용할 수 있다.

$$VAR = MV \cdot Z_{1-\alpha} \cdot \sqrt{T} \cdot \sigma$$

(단, MV: 자산의 시장가치, $Z_{1-\alpha}$: 유의계수, T: 투자기간, σ: 표준편차)

〔표 82〕　　　　　　**은행의 수신상품 개발건수와 주요 특징**

(취급일 기준)

구 분	1998										1999	
	1/4		2/4		3/4		4/4		계		1/4	
	건수	비중	건수	비중	건수	비중	건수	비중	건수	비중	건수	비중
상품종류별 구분												
정기예금	15	50.0	10	71.4	8	36.4	5	27.8	38	45.2	3	16.7
적금·부금	6	20.0	3	21.4	13	59.1	4	22.2	26	19.0	8	44.5
금전신탁	2	6.7	0	0.0	0	0.0	2	11.1	4	11.9	3	16.7
기 타[1]	7	23.3	1	7.2	1	4.5	7	38.9	16	4.8	4	22.1
계	30	100.0	14	100.0	22	100.0	18	100.0	84	19.0	18	100.0
상품특징별 구분												
대출연계[2]	12	26.7	3	17.6	8	25.8	9	40.9	32	27.8	8	28.6
금리우대[3]	19	42.2	11	64.7	9	29.0	3	13.6	42	36.5	4	14.3
사은품·경품[4]	2	4.4	0	0.0	3	9.7	0	0.0	5	4.3	3	10.7
보험가입[5]	2	4.4	0	0.0	5	16.1	5	22.7	12	10.4	5	17.9
공익조건[6]	4	8.9	1	5.9	2	6.5	2	9.1	9	7.8	3	10.7
기 타[7]	6	13.4	2	11.8	4	12.9	3	13.9	15	13.0	5	17.8
계[8]	45	100.0	17	100.0	31	100.0	22	100.0	115	100.0	28	100.0

주 : 1) 종합통장, MMDA(시장금리부 수시입출금식 예금) 등
　　2) 예금액의 일정범위 안에서 대출
　　3) 한시적으로 금리가산, 가입당시 실세금리 수준으로 금리계약, 거액·장기예금에 대
　　　 해 금리가산
　　4) 일정금액 이상 가입시 사은품 또는 경품 제공
　　5) 예금자에 대해 손해·생명보험을 가입토록 하고 은행이 보험료를 부담
　　6) 은행이 예금이자의 일정비율에 해당하는 금액을 공익 목적으로 기부(예 : 실업기
　　　 금)하거나 또는 예금으로 조성된 자금을 전액 중소기업에 대출
　　7) 환전수수료 우대, 예금만기시 원금과 이자지급시기 조정 등
　　8) 한 상품에 한 가지 이상의 혜택이 제공되므로 상품종류별 합계와 불일치
자료 : 한국은행 인터넷 홈페이지

adjusted return on capital)[128]의 경우는 몇 개 은행만이 이 기법의 적

---

128) 1970년대말 Bankers Trust 은행이 개발한 모델로서 서로 다른 위험와 수익
　　구조를 갖는 상품의 수익성을 측정하거나 이에 대한 투자를 고려할 때 이용
　　된다. VAR가 시장리스크 평가수단으로서의 기능이 강조되는 데 반해
　　RAROC은 시장리스크 외에도 신용리스크, 유동성리스크 등을 감안한 금융

용을 시험중에 있는 실정이다.

금융·외환위기 극복과정에서 외국인투자가 증대하고 외환거래 자유화가 급속히 진전됨에 따라 은행의 자체 보유자산과 고객기업의 보유자산의 투자위험을 헤지(hedge)하기 위한 파생금융상품거래 필요성은 크게 증대하고 있다.[129] 그런데도 불구하고 1998년 동안 크게 감소했던 스왑, 옵션, 선물 등의 거래규모는 1999년 1·4분기 들어서도 전분기에 비해 5.0% 감소한 115억 달러에 그치는 등 국내은행의 파생금융상품취급은 오히려 감소하고 있다.

그 원인은 국내 파생금융상품시장의 기반이 취약하고 국내은행이 새로운 금융기법의 개발을 뒷받침할 수 있는 위험관리와 국제금융기법을 아직 충분히 축적하지 못한 데 있다. 그러나 더 근본적인 원인은 은행경영층의 리스크 관리개념이나 파생금융상품거래에 대한 지식부족과 최근 파생금융상품거래와 관련된 국내외의 잇단 사고여파 때문이다. 특히 파생금융상품거래를 위험한 도박성 거래로 막연히 인식하는 일반적인 분위기로 인해 은행쪽에서도 파생금융상품 전문인력의 양성과 파생금융상품거래에 필요한 시설과 기법의 도입에 적극적으로 나서지 않고 있다.

기관 내부통제장치로서의 성격이 강하다.

129) 은행이 자체적으로 보유외화자산의 위험을 헤지하거나 또는 고객이 보유하고 있는 외화자산의 위험을 헤지하기 위한 서비스를 제공하기 위한 목적(은행은 이 경우 다른 금융기관 또는 헤지펀드 등과 반대거래를 체결하여 자신의 위험을 헤지) 이외에 단순한 투자목적으로 파생금융상품 거래를 확대하는 것은 바람직하지 않다. 예를 들면 금융·외환위기 직전 우리나라 일부 은행이 태국 바트화 가치에 연계된 파생상품거래 계약을 체결하였는데, 그 계약은 은행이 보유하고 있는 외화자산의 위험을 헤지하려고 한 것이 아니고 은행이 자금을 부담하지 않고 수익을 올릴 목적으로 체결한 투기적 성격이었다. 이 은행들은 동남아 외환위기과정에서 태국 바트화가 크게 절하되어 거액의 손실을 입은 바 있다(한국은행 국제부, 《신용파생금융상품의 개요 및 국내금융기관 취급상황》, 1998. 8).

[표 83]　　　　　　　　외국환은행의 금융선물 거래규모

단위 : 10억달러, %

	1997	1998					1999
		계	1/4	2/4	3/4	4/4	1/4
금융선물거래 합계	127.8	42.0	12.0	10.5	7.4	12.1	11.5
	(38.0)	(-67.1)	(-49.8)	(-12.5)	(-29.5)	(63.5)	(-5.0)
통화관련상품	34.8	6.5	1.6	2.3	1.6	0.9	1.9
	(22.5)	(-81.3)	(-75.0)	(43.8)	(-30.4)	(-43.8)	(111.1)
통화스왑	17.5	4.3	1.0	0.9	1.6	0.9	1.4
통화옵션	17.1	1.9	0.5	1.3	0.0	0.0	0.4
금리관련상품	92.9	35.5	10.4	8.2	5.8	11.1	9.6
	(46.8)	(-61.8)	(-40.6)	(-21.2)	(-29.3)	(91.4)	(-13.5)
이자율선물	55.1	25.5	5.5	6.0	4.1	10.0	6.1
이자율선물옵션	3.0	5.3	3.6	1.2	0.3	0.1	0.0
이자율스왑	29.7	3.3	0.6	0.8	1.1	0.8	2.7

주 : 1) 괄호 안은 전기대비 증감률

　　그 밖에 최근 은행구조조정을 통해 은행간 합병이 비교적 활발히 추진되었으나 상업·한일은행의 합병으로 우리나라 최대은행으로 탄생한 한빛은행의 자산규모도 주요 선진국 은행(각국 10대 은행 평균)의 12~22%에 불과하다. 은행구조조정 이후 외국계 은행의 국내진출이 늘어나고 외환거래 자유화 등으로 우리나라 금융시장의 대외개방이 확대되고 있으나 현재와 같은 국내은행의 규모로는 국내외 금융시장에서 외국 금융기관과 대등한 경쟁이 곤란하다. 게다가 국내기업의

[표 84]　　　　　　　주요국 10대 은행의 총자산 평균 비교

단위 : 억달러

한국[1]	미국	영국	독일	프랑스	일본
463	2,088	2,234	2,810	2,286	3,959

주 : 1) 상업·한일은행의 합병은행인 한빛은행의 경우
　　2) 한국, 미국, 영국, 독일, 프랑스는 1997년 12월말 기준, 일본은 1998년 3월말 기준
자료 : *The Banker*, 1998. 7

자금수요에 제대로 부응하지 못할 뿐 아니라 대기업 부도 등과 같은 외부충격을 자체적으로 흡수하지 못하게 된다.

라. 성 과

우리나라 은행산업의 경영성과는 앞에서 살펴본 바와 같이 수익성·생산성·건전성 면에서 모두 주요 선진국 은행에 비해 열위에 있다. 특히 수익성은 금융·외환위기가 시작되기 전인 1995년부터 이미 나빠지기 시작하여 1997, 1998년중에는 마이너스 수익률을 기록하였다.

또한 1999년 1·4분기 동안 은행의 영업수익[130]이 큰 폭의 증가로 반전하였다고는 하나 이는 증권시장의 호전에 따른 유가증권 평가이익 확대 등 일시적 요인에 주로 기인한 것이다. 종전에 가지고 있던 고비용·저효율 요인이 여전히 남아 있다는 점에서 우리나라 은행산업의 경영성과가 구조적으로 개선되었다고 단정하기는 어렵다.

우리나라 은행산업의 경영성과상 문제점으로는 먼저 책임경영체제가 정착되지 못하여 은행은 수익성 지향 경영이 어렵다는 점이다. 은행의 책임경영체제가 정착되지 않은 상황에서 경영자는 자율경영을 통하여 주주가 투자한 자본의 수익을 높이는 데 주력하지 않는다. 그

---

130) 1999년 1·4분기중 우리나라 일반은행의 영업이익(충당금적립전 이익(잠정))은 1조 4,973억원으로 전년동기(-128억원)에 비해서 1조 5,101억원이나 증가하였다.

1999년 1/4 분기중 일반은행 손익(잠정) 상황　　　　　단위 : 억원

	영업손익			영업외손익			충당금적립전 손익		
	98.1/4	99.1/4	증감액	98.1/4	99.1/4	증감액	98.1/4	99.1/4	증감액
시중은행	2,109	19,807	17,698	-144	-6,059	-5,915	1,952	13,751	11,799
지방은행	-1,542	1,691	3,233	-539	-464	75	-2,080	1,222	3,302
합 계	567	21,498	20,931	-683	-6,523	-5,840	-128	14,973	15,101

자료 : 금융감독원 보도자료, 1999. 4

보다는 정부의 정책을 지원하는 한편 자신의 사적 이익을 극대화하기 위해 회계적 순이익이 없어지는[131] 수준까지 외형을 확대[132]하는 경향을 보일 수 있다.

실제로 1990년부터 1998년까지 우리나라 은행의 장부상 총자산 평균당기순이익률은 0%에 머물고 있어 자본의 기회비용을 고려한 경제적 부가가치는 마이너스이다.

둘째, 국내은행은 收支基盤이 취약하다. 영·미계 은행은 기업인수·합병의 주선, 컨설팅, 벤처캐피탈(venture capital) 창업업무 지원 등

〔표 85〕　　　　우리나라 일반은행의 ROA와 ROE[1]

단위 : %

	1990	1995	1996	1997	1998	1990~98 평균[2]
ROA	0.63	0.32	0.26	-0.72	-2.23	0.03(0.46)
ROE	6.28	4.19	3.80	-14.18	-52.53	-3.89(5.65)

주 : 1) 세후 당기순이익 기준, 신탁계정 포함
　　 2) 괄호 안은 1990~96년 평균
자료 : 금융감독원, 《은행경영통계》 각호

---

131) 회계적 순이익이 없다는 것은 주주에게 돌아갈 몫이 없음을 의미하며, 자기자본의 기회비용을 고려하면 주주는 負(-)의 보상을 받게 되는 셈이다.
132) 우리나라 일반은행의 총자산당기순이익률(ROA)과 대출금증가율은 負(-)의 상관관계를 보이는 점으로 지금까지의 은행경영이 수익성을 높이는 것보다는 외형확대 위주로 이루어져 왔음을 알 수 있다.

ROA와 대출증가율의 관계 (1990~97년중)

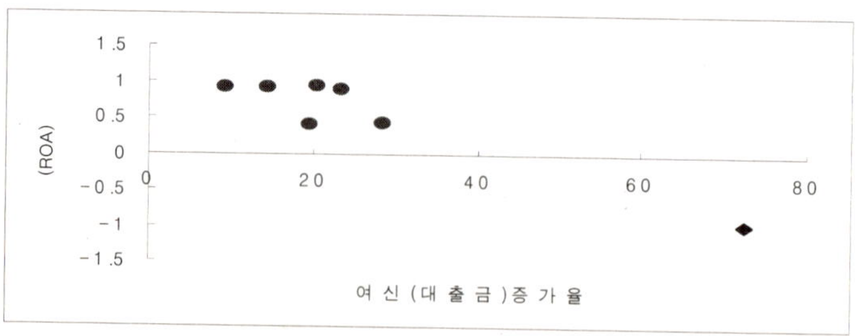

자료 : 금융감독원, 《은행경영통계》 각호

여·수신 외 부가서비스업무에서 고부가가치의 비이자수익을 창출한다. 우리나라 은행은 신탁업무, 신용카드업무와 증권투자업무 관련 수수료 수입이 전체 비이자수익의 70~80%로 대부분을 차지하고 있다.

또한 외국계 은행의 진출과 은행에 대한 외국인 지분참여가 확대됨에 따라 치열한 경쟁이 예상된다. 이 상황에서 새로운 수익원의 발굴, 파생금융상품거래 등 선진금융기법 활용, 여신심사와 위험관리 등에 있어 취약성을 보이고 있는 국내은행의 수지기반은 더욱 악화될 가능성이 크다.[133] 한편 총수익대비 운영경비비율이 1995년 이후 지속적으로 상승하는 등 경비의 비효율이 심화되고 있다. 이것도 은행의 순이익 증가를 제약하는 요인으로 작용할 수 있다. 이 때문에 여·수신 분야의 예대마진이 상대적으로 클 수밖에 없다.

셋째, 그동안 우리나라 은행은 거의 모두 국제업무를 취급하는 데서도 자기자본과 자산규모에서 크게 늘어났으나 아직도 선진국 은행에 비해서는 영세성을 면치 못하고 있다. 특히 글로벌금융시대에서 적어도 국제적 금융업무를 취급하는 은행의 영업규모는 국제금융시장에서의 신인도에 큰 영향을 미친다. 또 규모의 경제를 통한 가격경쟁력 확보, 자금조달과 수익기반의 다변화를 통한 경영위험의 분산 등을 실현할 수 있는 정도를 결정한다는 점에서 우리나라 은행산업의 영세성이 수익성을 높이는 데 걸림돌이 될 것이다.

---

133) 그 밖에도 은행의 수지압박을 줄 것으로 예상되는 요인으로는 대출상환능력을 감안한 자산건전성 분류에 따른 대손충당금 적립기준의 강화와 기업의 탈은행화의 심화 등을 들 수 있다.

한국 은행산업의 발전방향

제4장 한국 은행산업의 발전방향

우리나라 금융산업을 둘러싸고 있는 금융환경의 변화내용을 보면 자유화·세계화·증권화·정보화·겸업화 등이 이미 세계적인 추세가 되고 있다. 이러한 추세는 구체적으로 국내외 금융시장의 통합, 새로운 금융상품의 출현, 금융기관 업무영역의 모호성 증대, 탈중개화(dis-intermediation), 새롭고도 복잡한 형태의 리스크 발생 등과 같은 현상을 초래하고 있다. 앞으로 금융산업은 자금을 공급하거나 중개하는 데 그치지 않고 정보의 창출과 유통, 투자기회의 개발, 위험의 분산과 흡수 등 더욱 창의적이고 고부가가치를 생산하는 전략산업으로 발전할 것으로 전망된다.

국내 은행산업은 1997년 말에 발생한 금융·외환위기 이후 이를 극복하기 위한 금융개혁이 추진되는 과정에서 지금까지 경험한 적이 없을 뿐 아니라 예상하지도 못하였던 여러 가지 변화에 직면하고 있다. 즉 부실은행의 시장퇴출과 제일은행의 해외매각으로 은행의 도산이 발생할 수 있고, 은행산업을 정부가 보호해 주는 관행이 더이상 지속될 수 없을 것이라는 인식을 시장참가자들이 갖게 되었다. 또한 은행이 대기업의 연쇄적인 도산으로 인하여 대규모 부실채권을 가지게 되는 등 경영상의 어려움을 경험하면서 기업의 규모보다는 신용도를 중시하는 방향으로 여신업무 취급행태를 바꾸기 시작하였다. 그 결과 은행과 기업의 관계에도 상당한 변화가 생길 것으로 예상되고 있다.

특히 IMF와 협의를 통해 금융산업 구조조정을 추진하는 과정에서 금융기관에 대한 건전성 규제나 회계·공시제도가 국제기준에 부합할 수 있도록 조정되고, 국내 금융시장이 외국인에게 전면개방되었다. 이에 따라 이제는 국제적인 경쟁력을 갖추지 않고서는 더이상 생존할 수 없는 상황이 되었음을 은행 스스로도 인식하게 되었다.

따라서 우리나라의 은행산업이 현재 안고 있는 문제점을 해소하고 급변하는 국내외 금융환경에 대응하여 경쟁력 있는 21세기 전략산업으로 발전해 나가기 위해서는, 그동안 은행산업의 선진화에 걸림돌이 되었던 각종 제도와 관행을 개선해 나가지 않으면 안 되게 되었다.

앞에서 기술한 바와 같이 주요 선진국 은행제도의 변화 추이를 보면 각국은 고유한 정치·경제·금융환경을 토대로 나름대로의 은행제도를 발전시키는 가운데, 금융환경의 변화에 따라 자국 은행산업의 경쟁력을 높이기 위하여 다른 나라 은행제도의 장점을 수용하는 경향을 보이고 있다. 그렇지만 나라마다 정치·경제·금융환경은 물론 경제발전경로, 시장참가자의 인식과 거래관습 등이 다르기 때문에, 세계 각국의 은행제도가 하나의 형태로 수렴할 것으로 예상하기는 어려울 것이다. 각국은 기존 제도에 집착하기보다는 국제적 정합성 유지나 경쟁력 높이기 차원에서 자국의 은행제도를 개선 보완해 나갈 것으로 생각된다.

이러한 추세에 비추어 우리나라도 특정 선진국의 은행제도를 지향하기보다는 우리나라의 현실에서 가장 효율적으로 운영될 수 있는 은행제도를 정립해 나가야 할 것이다. 다만 벤치마킹할 수 있는 유형을 찾는다면 대륙형보다는 경쟁력 면에서 우위에 있는 영·미형이 좋다고 생각한다. 이는 유럽계 국가로서 무자원 소국이지만 1980년대 중반 이후 노동시장의 유연성을 높이고 자립능력지원 복지제도로 전환과 함께 금융자유화를 적극적으로 추진한 네덜란드와 덴마크가 오늘날 성공을 거두고 있는 경험에서도 설득력이 있는 것으로 생각된다.

현재 우리나라의 은행산업이 안고 있는 가장 큰 문제점은 정부의 지나친 간여로 은행이 자금의 원활한 조달과 효율적 배분이라는 본연의 역할을 제대로 수행하지 못하고 있는 것이다. 은행이 수익성에 직접적으로 영향을 주는 통화신용정책에는 상대적으로 작은 관심을 보이는 것이 그 예다.

따라서 은행산업의 발전방향을 모색하는 데에서는 무엇보다도 먼저 시장규율을 강화하는 한편 소유·지배구조를 개편하여 은행이 제기능을 효율적으로 수행할 수 있도록 하는 데 초점을 맞추어야 할 것이다. 이는 어떤 형태의 은행제도를 지향하더라도 선결되지 않으면 안될 필수적인 과제이다.

아울러 앞으로 은행제도를 운영하는 데에서는 시장 기능이 더욱 강화되어야 할 것인데, 현재 우리나라 금융산업을 둘러싸고 있는 여러 환경을 감안할 때 빠른 시일 안에 영·미와 같은 수준으로 시장 기능이 원활히 작동하는 것을 기대하기는 어려운 것이 사실이다. 이는 현재 우리나라 주식시장이 기업가치를 신속·정확하게 반영하지 못하고 있고 기업의 소유가 집중되어 있어 자본시장에서 주식거래를 통한 기업감시나 견제가 원활히 이루어지기 어려울 뿐만 아니라 기업평가나 기업감시시스템이 확고히 구축되어 제대로 작동되기까지 상당한 기간이 필요하기 때문이다.

은행과 기업의 관계도 영·미와 같은 간격유지관계(arm's length relationship), 또는 독일·일본과 같은 밀착관계(long-term relationship)를 무조건 지향하는 것은 우리나라 현실에 비추어 가능하지 않을 뿐만 아니라 바람직하지도 않다. 특히 여기서 지나쳐서는 안 될 것은 은행이 기업금융을 취급하면서 사전심사와 사후감시 기능을 제대로 수행하지 못하는 상황에서는 이러한 논의 자체가 무의미하다는 점이다.

따라서 우리나라의 은행산업은 정부의 불필요한 간여가 철저히 배제되고 시장 기능이 원활히 작동하도록 제도·운영·성과를 조정해야 한다. 개별은행은 스스로의 책임하에 자금의 조달과 운용, 여신 관련 사전심사와 사후감시 등 본연의 기능뿐만 아니라 신용정보의 생산과 관리, 투자기회의 개발, 위험의 분산과 분담 등과 같은 창의적인 역할도 적극적으로 수행하는 역동적인 모습으로 새롭게 태어나야 한다.

한편 은행산업의 발전이 순조롭게 진행되기 위해서는 법제 등 하드웨어적인 하부구조(infrastructure)의 개혁도 중요하지만 의식·규범·제도운용패러다임 등 소프트웨어적 상부구조(superstructure)의 개혁도 동시에 이루어져야 한다. 예를 들어 시장 기능이 원활히 작동하기 위해서는 공신력 있는 신용평가기관, 투명한 기업공시제도, 고도의 전문성을 지닌 기업분석가, 다양한 기관투자가 등 하부구조가 정비되어야 함은 물론, 주주나 이해관계자의 이익을 최고목표로 하는 경영문화, 신용평가가 반영되는 시장, 정보에 탄력적인 투자행태 등 시장을 중시하는 상부구조도 필요한 것이다. 우리나라의 경우 최근 공시·회계제도 개선 등 하부구조의 정비가 추진되기 시작하였으나 상부구조의 변화는 크게 미흡한 상태인 만큼 하부구조와 상부구조를 균형있게 발전시켜 나가야 하는 과제를 안고 있다.

우리나라 은행산업이 안고 있는 문제점을 개선하고 앞으로 경쟁력 있고 효율적인 산업으로 거듭나기 위하여 추진해야 할 과제로서 바람직한 소유와 지배구조 모색, 정부 역할의 재정립, 은행과 기업의 관계 재정립, 은행산업의 기능 정비, 업무행태의 선진화 등을 들 수 있는데, 아래에서는 이를 구체적으로 살펴보도록 한다.

1. 바람직한 은행 소유구조와 지배구조 모색

우리나라의 은행자본은 서구 자본주의에서 보듯이 先貸制 자본에서 자생적으로 전환되지 못하고 독점적 대기업의 지배에서 출발하였다. 그러나 5·16 이후 은행이 국가자본에 의해 소유되고 경제개발이 정부주도로 이루어짐에 따라 금융전업자본이 형성되지 못하고 영리를 목적으로 한 자율적 행동양식을 가질 수 없게 되었다.

1980년대 들어 금융자율화의 일환으로 시중은행을 민영화하였다. 그러나 민영회 과정에서 은행의 대주주는 대부분 은행부채에 의존한 산업자본이 차지함으로써 은행자본의 독자적 형성이라는 실질적인 민영화와는 거리가 있었다. 이에 따라 산업자본의 은행지배를 저지하기 위해 은행주식에 대한 소유규제가 도입되어 산업자본의 은행자본 전환은 물론 독립적인 은행자본의 형성이 어려웠다.

따라서 우리나라의 경우 현실적으로 금융전업자본이 단기간내 출현하기 어렵다는 점을 우선적으로 고려하여야 할 것이다. 은행경영에 대한 정부개입을 최소로 축소하는 한편 산업자본에 의한 은행지배를 방지하는 방향으로 은행의 소유구조와 지배구조를 찾아야 할 것이다.

가. 산업자본의 은행소유 금지

우리나라 은행의 소유구조를 보면 대주주에 의한 소유집중도가 높고 대주주의 구성 측면에서도 산업자본의 비중이 높다. 따라서 대주주가 주로 기관투자가인 주요 선진국과는 달리, 산업자본의 은행지배로 인한 여러 가지 부작용이 발생할 개연성이 늘 있다. 그리하여 그동안 정부는 은행주식 소유한도를 규제하여 왔으며 대주주인 산업자본이 은행경영에 영향력을 행사하지 못하도록 하였다.

한편 정부가 각종 규제와 감독을 통해 은행의 자금조달과 운영, 내부경영에 지나치게 간여함에 따라 주주의 경영진 견제·감시 기능이 원활히 작동할 수 없었다. 은행주식 소유한도를 규제하는 상황에서 정부가 소유구조와 상관없이 주인 역할을 수행함에 따라 은행의 책임경영이 제대로 이루어지지 않았다.

먼저 현행 은행주식 소유한도규제를 변경하는 문제에 관하여 검토해 볼 필요가 있다. 최근 일부에서는 은행주식 소유한도에 대한 엄격한 규제 때문에 은행의 책임경영체제가 확립되지 못한 것이 은행 부실화의 근본원인이라고 주장한다. 따라서 주인 역할을 할 수 있는 대주주가 형성될 수 있도록 은행주식 소유제한을 대폭 완화 또는 철폐해야 한다는 것이다. 특히 소유규제를 완화할 경우 현실적으로 지배주주가 될 수 있는 주체는 산업자본이므로 산업자본의 은행소유를 허용해야 한다는 견해도 있다.

그러나 우리나라 은행의 책임경영체제가 확립되지 못한 것은 은행주식에 대한 엄격한 소유제한 때문만은 아니다. 오히려 정부가 은행경영에 개입함에 따라 주주가 경영권을 행사하기 어려운 상황에서 은행 경영진이 주주의 이익보다 정부의 정책목표 달성에 초점을 맞추어 경영한 것도 중요한 요인이다.

책임경영체제가 확립되어 있는 주요 선진국 은행의 대주주 지분은 우리나라 은행의 대주주 지분과 큰 차이가 없다. 실제로 우리나라 은행의 최대주주 지분이나 소유집중도는 책임경영체제가 확립되어 있는 선진국 은행에 비해 결코 낮은 수준이 아니다.[134]

---

134) 우리나라 시중은행의 최대주주 지분은 3.49~18.56%(1997년말 현재)로 미국 대형은행지주회사의 최대주주 지분 3.27(Bank America Corp.)~7.79%(J. P. Morgan & Co. Inc.), 독일의 3.4(Commerzbank) ~5.03%(Deutsche Bank)에 비해 낮지 않다. 또한 우리나라 시중은행의 지분 1% 이상 주주의 수는 10~14명, 이들의 지분 합계는 30~50%로 미국(10~15명, 21~32%), 일본(9~20

그리고 현행 은행주식 소유한도규제를 완화 또는 폐지하여 산업자본의 은행소유를 허용하는 것은 다음과 같은 이유에서 바람직하지 않다. 주요 선진국의 예를 보더라도 산업자본이 은행을 지배하는 경우는 없다. 우리나라와 같이 경제력 집중 문제가 소수 대규모기업집단으로 경제력이 지나치게 집중되는 문제로 직결되는 상황에서 이들 대기업집단에게 은행업 진출까지 허용할 경우 경제력 집중이 더욱 심화될 우려가 크다. 산업자본의 은행소유를 허용할 경우 예상되는 이익상충 문제와 이에 따른 불공정행위를 은행감독이나 공정거래 관련규제만으로 효과적으로 방지하기는 어려울 것으로 보인다. 회계와 공시제도가 발달해 있고 이익상충 방지를 위한 업종긴 業務隔壁(Chinese Wall 또는 firewall)을 엄격히 설정 운용하고 있는 미국도 예상되는 부작용

명, 21~41%), 독일(2~3명, 6%) 등에 비해 소유집중도도 낮지 않다.

주요국의 은행 소유구조 비교 단위 : 명, %

국별	은행명	최대 주주의 지분	지분 1% 이상 주주의 수	지분 1% 이상 주주의 지분합계
한국	조흥은행	5.19	10	29.2
	한일은행	4.90	12	37.4
	하나은행	7.73	14	54.4
	한미은행	18.56	7	64.2
미국	J. P. Morgan & Co Inc.	7.79	10	26.5
	Wells Fargo Corp.	4.77	15	31.7
	Citigroup	4.45	11	22.2
	Chase Manhattan Corp.	4.22	14	28.1
독일	Deutsche Bank	5.03	2	6.5
	Dresdner Bank	21.97	5	56.4
	Commerzbank	3.40	3	6.1
일본	第一勸業銀行	4.58	12	24.4
	東京銀行	5.72	20	41.1
	富士銀行	4.89	17	31.4

주 : 1) 미국은 1998년 12월말, 한국과 독일은 1997년 12월말, 일본은 1995년 3월말 기준

을 방지하기 어렵다는 이유로 은행업과 산업자본의 결합을 아직까지 허용하지 않고 있다. 우리나라의 경우에는 이러한 제도적 기반도 제대로 갖추어 있지 않다는 점을 고려하여야 할 것이다.

자금배분의 효율성과 경영성과를 은행 소유구조별로 실증 분석한 결과를 보면, 먼저 산업자본이 지배주주인 일부 지방은행의 경우 총여신 가운데 지배주주 계열기업에 대한 여신비중이 비산업자본이 지배하는 은행보다 높다. 또한 지배주주 계열기업에 대한 여신 가운데 수익성이 업종평균보다 낮은 기업에 대한 여신의 비중도 높은 것으로 나타났다. 다시 말하면 산업자본이 지배하는 은행이 비산업자본지배 은행보다 자금을 비효율적으로 배분하였음을 알 수 있다. 뿐만 아니라 산업자본이 은행을 私金庫로 이용할 가능성이 있다는 점을 시사하는 것이다.

또한 산업자본이 지배주주인 일부 지방은행의 수익성과 건전성이

〔표 86〕　　은행 소유형태별 자금배분의 효율성에 관한 실증분석 결과

단위 : %

	산업자본이 지배주주인 4개 지방은행[1]	기준은행[2]
지배주주 계열기업에 대한 여신비중[3]	7.27	1.39[4]
지배주주 계열기업에 대한 총여신 가운데 수익성이 업종평균보다 낮은 계열기업에 대한 여신이 차지하는 비중[3]	61.9	46.7

주 : 1) 강원·부산·경남·충청은행
　　 2) 산업자본이 지배주주가 아니면서 여신심사 기능이 제대로 발휘되고 있는 것으로 평가되는 은행 가운데 신한은행을 기준은행으로 선정
　　 3) 1995~97년 평균
　　 4) 기준은행의 총여신에서 분석대상 지방은행의 지배주주 계열에 대한 여신이 차지하는 평균비중

〔표 87〕　　　　은행 소유형태별 경영성과에 관한 실증분석 결과

단위 : %

	자기자본순이익률(ROE) (1990~97년 평균)	무수익여신비율 (1990~97년 평균)
30대 대규모기업집단이 최대주주인 지방은행[1]	3.3	5.5
합작·전환은행[2]	7.8	1.9

주 : 1) 강원은행(현대그룹), 부산은행(롯데그룹), 경남은행(효성그룹), 광주은행(금호그
　　　 룹), 충청은행(한화그룹) 등 5개 은행
　　 2) 한미은행(합작), 하나·보람은행(전환)과 신한은행

산업자본의 지배를 받지 않는 합작·전환은행의 경우보다 크게 뒤떨어
지는 것으로 나타났다. 이것은 산업자본이 금융기관을 소유한다고 해
서 책임경영체제가 확립되고 경영성과가 좋아진다는 보장이 없음을
보여주는 것이다.

한편 동일인의 은행주식 소유한도를 완화 또는 철폐하는 대안으로
최근 정부와 금융발전심의회가 지분 10% 이상인 대주주에 대해서는
일정기간 안에 자기자본의 50% 이상을 금융업에 투자하도록 하는 등
의 보완대책을 제시한 바 있다. 그러나 현실적으로 이러한 조건을 충
족할 수 있는 소유주체가 출현하기 어렵기 때문에[135] 과거 금융전업기
업가제도[136]의 경우와 마찬가지로 제도개선의 실효성이 의문시된다.

---

135) 예를 들어 현대그룹(1997년말 현재 자본금 4조 4,250억원)이 한빛은행(자본
　　 금 3조 4,450억원)의 지분 10%(3,445억원)를 취득하는 경우 현대그룹이 대주
　　 주 자격요건을 충족하기 위해서는 일정기간 안에 약 3조원을 금융업에 추가
　　 로 투자하든지 비금융업종의 자본금을 동액만큼 줄여야 한다. 즉 현대그룹
　　 이 한빛은행의 지분을 10% 취득하는 경우 현대그룹의 총자본금은 4조 7,695
　　 억원(4조 4,250억원＋3,445억원), 이 가운데 금융업종 자본금은 8,945억원
　　 (1997년말 현재 5,500억원＋3,445억원)이 된다. 따라서 금융업종의 자본금을
　　 전체 계열자본금의 50% 이상으로 유지하기 위해서는 금융업종에 2조 9,805
　　 억원[(8,945＋x) / (47,695＋x) ≥ 0.5]을 추가로 투자하거나 비금융업종 자
　　 본금을 같은 금액[8,945 / (47,695 − x) ≥ 0.5]만큼 줄여야 한다.

　따라서 현단계에서는 은행주식에 대한 현행 소유한도를 그대로 유지하고 우선 주주의 경영감시 기능을 높이는 데 주력하는 것이 좋겠다. 이를 위해서는 은행경영의 자율성을 제약하는 규제를 최소한으로 줄이고, 주주가 은행의 경영진을 효과적으로 견제 감시하고 경영성과에 대해 책임을 물을 수 있는 여건을 마련해 나가야 한다. 최근 소수주주의 소송제기[137]에서 볼 수 있듯이 지배주주가 없더라도 은행경영에 대한 주주의 감시 기능이 제대로 작동하면 책임경영체제는 확립될 수 있을 것으로 판단된다.

　그리고 중장기적으로는 은행의 소유구조는 은행의 책임경영체제가 확립된 가운데 은행주식 소유가 좀더 광범위하게 분산되고 기관투자가의 지분이 높아지는 것이 바람직할 것이다. 그렇다고 해서 산업자본과 단절된 금융전업자본이 출현하는 것을 굳이 막을 필요는 없을 것이다. 한편 최근 금융산업 구조조정 과정에서 일부 부실은행과 퇴출은

---

136) 1994년 12월 산업자본의 은행지배를 방지하면서 은행의 책임경영체제를 확립하기 위해 金融專業企業家制度를 도입하고 금융전업기업가에 대해서는 은행주식의 소유를 12%까지 허용하였으나 실제로 금융전업기업가가 출현하지 않음에 따라 1997년 1월 동 제도를 폐지하였다.
[금융전업기업가의 자격요건]
· 금융전업기업가 본인이 특수관계인을 포함한 동일인 전체지분의 2/3 이상을 소유할 것
· 30대 대규모기업집단의 계열주 또는 동 계열주의 특수관계인에 해당되지 않을 것
· 자기자금으로 당해은행 발행주식 총수의 4%를 초과하여 소유할 것
· 비금융업 영위회사의 주식을 소유하지 아니할 것
· 타은행의 의결권 있는 주식의 1%를 초과하여 소유하지 아니할 것
· 은행법상 금융기관 임원의 자격요건(금융에 대한 경험과 식견을 갖춘 자로서 금융기관의 공익성과 건전경영과 신용질서를 해칠 우려가 없는 자)을 갖춘 자일 것
137) 1998년 7월 제일은행 소수주주들이 이사 4명을 상대로 대표소송을 하여 1심에서 400억원의 배상판결을 받은 바 있다.

행을 인수한 은행에 대해 정부가 대규모의 증자지원을 실시한 바 있다. 정부의 은행소유지분 증가에 따라 예상되는 은행경영의 자율성 훼손 등 부작용을 최소화해야 한다. 정부 스스로 개입을 자제하는 한편 정부가 대주주가 된 일반은행의 주식은 시장상황을 보아 가면서 조기에 매각하는 것이 바람직할 것이다.

나. 지배구조 개선

그동안 우리나라 은행은 은행장에게 의사결정과 집행의 권한이 집중되는 가운데 은행경영에 대한 견제와 감시가 세대로 이루어지지 않는 등 지배구조가 크게 낙후된 상태였다. 이는 책임경영 부재나 은행 부실화의 주요 원인으로 작용하였다.

금융·외환위기 이후 정부에서도 은행법을 수차례 개정하여 이사회 제도 운영의 효율성을 높이는 한편 외국인도 금융기관의 임원으로 선임될 수 있도록 하는 등 다양한 제도개편을 통해 지배구조를 개선하는 방안을 모색하고 있다. 그러나 은행의 지배구조가 책임경영을 보장할 수 있을 정도로 되기까지는 제도나 관행면에서 아직도 개선의 여지가 많다.

우선 은행경영에 대한 이사회의 견제 기능을 더욱 강화하는 한편 전문성과 능력을 갖춘 사람을 은행의 이사로 선임하는 장치를 마련할 필요가 크다. 이사회 기능의 활성화와 관련하여서는 현재 이사회의 과반수를 차지하도록 되어 있는 사외이사의 구성비율을 더욱 확대(예 : 전체의 2/3 이상)하는 것이 바람직할 것이다. 외국의 예를 보더라도 미국 뉴욕주 은행법에서는 당해 은행의 직원이 이사로 선임될 수는 있으나 그 수가 전체 이사의 3분의 1을 초과할 수 없다고 규정하고 있다. 또한 이사회의 효율적인 운영을 위하여 이사회 안에 특정 목적을 수행하기 위한 각종 위원회(예 : 보상위원회, 선임위원회 등)를 설치하여 운영할 필요가 있다. 다만 이사회의 권한과 은행장 등 경영진의 권한을 사전에 분명하게 구분해 놓지 않을 경우 이사회와 경영진 사이에 불필요한 갈등이 초래될 수 있다는 점에 유의하여야 할 것이다.

추상적이고 선언적인 자격 외에 결격사유만을 설정하고 있는 은행 임원의 자격요건[138]을 더욱 구체적으로 명시할 필요가 있다. 은행은 물론 증권회사, 보험회사 등 타금융권의 경우에도 임원의 자격을 설정하면서 결격사유 이외에는 특별한 자격요건을 두지 않고 있는 것이 일반적이기는 하다. 그러나 우리나라 은행의 책임경영 부재는 그동안 이사회가 본연의 기능을 발휘하지 못한 데도 원인이 있다. 따라서 이사에 대해 일정 수준의 전문성을 명시적으로 요구하는 것은 이사와 이사회의 기능이 본궤도에 오르도록 활성화시키는 데 도움이 될 것이다. 특히 직접 은행을 경영하는 은행장 등 상임이사는 은행경영에 대한 실무지식과 경험을 충실히 갖추어야 한다. 때문에 은행장 등에 대해서는 구체적이고 엄격하게 자격을 규정할 필요가 있을 것으로 보인다. 실제로 독일의 경우 일정한 자격을 갖춘 자만이 은행의 임원이 될 수 있도록 은행법에 규정[139]하고 있다. 그렇지 못할 경우에는 연방은행

---

138) 현행 은행법은 임원에 대한 선언적 의미의 자격요건만 규정하고 있으며 은행감독규정에서는 은행법 제18조 제3항에 의거 은행장과 감사, 상임이사, 비상임이사의 결격사유를 각각 규정하고 있다.

  [은행법 제18조(임원의 자격요건 등)]

  ② 금융기관의 임원은 금융에 대한 경험과 지식을 갖춘 자로서 금융기관의 공익성과 건전경영과 신용질서를 해할 우려가 없는 자이어야 한다.

  ③ 금융기관의 임원의 자격요건에 관한 구체적 사항은 금융감독위원회가 정한다.

139) 독일 은행법상의 관련조항은 다음과 같다.

  [은행법 제33조(허가거부)]

  ① 연방은행감독청은 다음 각호의 경우 영업허가를 거부할 수 있다.

    4. 소유자 또는 경영관리자가 기관경영에 필요한 전문지식을 구비하지 못

감독청이 임원 선임을 거부할 수 있도록 규정하고 있다.

현재 기관투자가가 주주대표가 될 수 없도록 제한하고 있는 조항을 완화하여 업종은 다르더라도 금융업에 전문성을 갖고 있는 여타 금융기관이 은행의 사외이사 선임에 영향력을 행사할 수 있도록 하는 것이 필요하다. 즉 현행 규정[140]상 1~5대 동일계열기업군 소속기업체를 제외한 대기업의 임원 등은 은행 이사회 구성에 필요한 주주대표가 될 수 있음에 반하여 금융기관 등 기관투자가는 전혀 영향력을 행사할 수 없도록 되어 있다. 이 규정을 완화하여 1~30대 동일계열기업군 등 산업자본과 은행법상의 동일인 관계에 있지 않은 금융기관이 주주대표가 될 수 있도록 허용하는 것은 사외이사의 전문성을 높이는 데에 도움이 될 수 있을 것이다.[141]

은행의 책임경영체제를 확고하게 정립하기 위해서는 이사와 경영진의 책임을 강화하는 한편 이에 상응하는 보상체계를 시급히 확립해야 한다. 은행경영에 중대한 영향을 미치는 개별 의사결정과 관련하여

하고 있는 것으로 인정할 만한 사유가 있는 때

② 제1항 제4호에 규정된 자가 구비하여야 할 기관경영에 관한 전문지식이라 함은 해당 영업에 대하여 충분한 정도의 이론과 실무지식과 경영관리 경험을 말한다. 유사한 규모와 영업행태를 가진 기관에서 3년의 경영관리 경력이 있는 때에는 전문지식을 구비한 것으로 인정할 수 있다.

140) 은행법 시행령 제16조(주주대표 자격의 제한 등)에 의해 주주대표가 될 수 없는 기관투자가는 정부, 한국은행, 예금보험공사, 일반은행, 산업은행, 중소기업은행, 수출입은행, 증권회사, 보험사업자, 종합금융회사, 신탁업자 등이다.

141) 최근 들어 금융감독당국의 지도하에 일반은행 사외이사의 구성이 전문성을 강조하는 방향으로 변화하는 모습을 보이고 있는 것은 사실이다. 그러나 최근까지의 사외이사 선임실태를 보면, 주로 중소기업의 사장, 대주주의 친인척 등이 사외이사로 임명되는 것이 일반적인 관행이었으며, 이에 따라 일반은행 실무진들은 사외이사를 은행경영에 필요한 핵심적인 인사로 보기보다 은행에 기여하지 못하면서 대출청탁 등을 통해 부담만 주는 특권층으로 보는 시각이 많았다.

그 결정에 주요한 역할을 담당한 이사의 실명을 공시내용에 포함시키
도록 하는 것이 하나의 방안이 될 수 있을 것이다. 그리고 상임이사
등 개별 임원이 이사회의 승인을 받아 설정한 영업목표를 달성하지
못하였거나 또는 초과달성하였을 경우 그 경과를 규명 보고하도록 하
는 등 경영실적을 구체적으로 평가할 수 있는 체계를 마련하고 이를
보상과 연결하는 시스템을 조속히 구축하여야 할 것이다.

아울러 사외이사의 추천과 선임에 관한 절차를 명시적으로 정해 놓
음으로써 이사회 구성의 투명성이 확보되도록 해야 할 것이다.[142] 각종
제도개편을 통해 소수주주의 권한이 대폭 강화[143]되는 등 주주의 영향

---

142) 1998년 8월 매킨지사는 사외이사 선임절차에 관한 Best Practice를 다음과
   같이 제시한 바 있다.
   - 사외이사 선임위원회는 이사회로부터 승인받은 추천기준을 확립
   - 이사회는 이사의 수와 능력에 대한 목표 설정
   - 주주들은 위원회에 후보자를 추천하고 선임위원회도 독자적으로 후보를
     추천하여 선임위원회가 후보자명단을 작성
   - 선임위원회는 기준에 의해 후보자를 평가한 후 후보자명단을 작성하여 이
     사회에 제출
   - 이사회의 승인을 거쳐 주주총회에서 사외이사를 선임
143) 1998년 이래 소수주주의 권한이 지속적으로 강화되어 왔다. 우선 여러 차례
   에 걸친 증권거래법 개정을 통해 대표소송을 제기할 수 있는 상장기업 소수
   주주의 지분비율을 발행주식 총수의 1% 이상에서 0.01% 이상으로, 이사와
   감사해임청구권을 행사할 수 있는 지분비율은 1% 이상에서 0.5% 이상으로,
   회계장부열람을 청구할 수 있는 지분은 3% 이상에서 1% 이상으로 각각 하
   향조정하였다. 또한 1998년 12월에는 상법을 개정하여 대표소송을 제기할
   수 있는 소수주주의 지분비율을 5% 이상에서 1% 이상으로 하향조정하고
   지분비율 3% 이상(증권거래법상에서는 1% 이상)의 주주가 주주총회의 목
   적사항(의제 또는 의안)을 이사에 대하여 제안할 수 있는 주주제안제도를
   도입하는 한편, 이사선임시 각 주주에게 1주당 선임하고자 하는 이사의 수
   에 해당하는 복수의 의결권을 부여하는 누적투표제도(주주는 주어진 다수
   의 의결권을 1인에게 투표하거나 2인 이상에게 분산투표할 수 있으며 이사
   는 투표결과 최고득표자로부터 순차적으로 임명)를 도입하였다. 또한 1999
   년 12월에는 은행법을 개정하여 소수주주권의 행사를 위한 지분비율을 증권

력이 증대되었음을 감안할 때 해당 은행의 경영진이 주주로부터 지지
를 받기 위해서는 이사회를 구성하는 인선과정이 투명해야 한다는 점
이 매우 긴요하다. 또한 명시적인 절차를 통해 사외이사를 임명하게
되면 사외이사가 은행장 등 경영진으로부터 영향을 받지 않고 독자적
으로 업무를 수행하도록 하는 효과도 기대할 수 있을 것이다.

이 밖에 사외이사의 임기를 사내이사의 임기보다 길게 설정하는 것
도 사외이사의 경영진 견제 기능이 더욱 원활히 수행될 수 있다는 점
에서 바람직할 것이다.

2. 정부의 역할 재정립

정부는 1990년대 이후 금융자유화를 추진하여 금융산업과 금융시
장에 대한 시장 기능을 높여 왔다. 그러나 아직도 금융산업에서는 시
장 기능이 원활히 작동되지 못하고 있다. 은행은 내부경영, 자금의 조
달 과 운용, 가격결정 등에서 자율성이 부족하다. 이와 같은 현상은 정
부가 역할에 대해 뚜렷하게 방향을 정립하지 못한 데 기인한다.

시장경제에서 정부의 역할에 대한 시각은 크게 '보이지 않는 손'
(invisible hand), '도움을 주는 손'(helping hand), '움켜잡는 손'(grab
bing hand)의 세 가지로 크게 나눌 수 있다[144](Shleifer & Vishny

거래법상 소수주주 지분비율의 ½로 완화하였다.

144) '보이지 않는 손'(invisible hand) 모형은 정부가 국방·외교·치안 등 경제외
적 역할만 담당하고 경제는 전적으로 시장에 맡기는 애덤 스미드 사상에 기
초하는 것으로 최소정부와 자유방임 경제정책을 지향하는 고전적 자유주의
정부가 그 예이다. 1929년 대공황 이후 정부의 시장개입이 효율적이라고 주
장하는 '도움을 주는 손'(helping hand) 모형이 등장하였는데, 이 모형에서는
정부의 중요산업 소유, 가격결정 개입, 금융산업 소유·통제 등 자원배분에서
의 개입이 효율을 보장하거나 적어도 시장실패는 보완할 수 있다고 본다.

1998). 우리나라의 경우 그동안 은행산업에 대한 정부의 간여는 시장 실패를 치유하는 '도움을 주는 손'이라는 명목 아래서도 지나치게 재 량적으로 행사되어 왔다. 따라서 앞으로 은행산업 또는 금융부문에 대 한 정부의 역할은 이러한 정부의 인식을 어떻게 바꾸어 나가느냐가 관건이 될 것이다.

가. 은행 자율경영 보장

우리나라 은행산업이 발전하고 효율적인 선진 금융제도가 정착하 기 위해서는 무엇보다도 관치금융에서 탈피하는 것이 선결조건이다. 즉 은행이 정부의 불합리한 간여나 보호에서 벗어나 스스로의 능력으 로 경쟁력을 유지해 나가는 가운데 경쟁에서 낙오된 은행은 당연히 도태되도록 해야만 우리나라 은행산업이 자생력을 갖춘 산업으로 거 듭날 수 있다.

관치금융을 탈피하기 위해서는 우선 정부 스스로 정부의 역할에 대 한 인식을 바꿔야 할 것이다. 정부의 역할은 은행의 자금조달·운용은 물론 내부경영까지 일일이 지도 규제하는 것이 아니라 금융시장 참가 자에게 공정한 경쟁의 場을 제공하고 합리적인 게임규칙을 수립하며 게임이 공정하게 이루어지도록 하는 심판(referee)의 모습으로 재정립 되어야 한다. 즉 정부의 역할은 제도와 운용질서 개혁을 선도하되 시 장구조나 가격결정에는 개입하지 않으면서 시장기구의 원활한 작동

'움켜잡는 손'(grabbing hand) 모형에서는 관료(정치인)가 사회적 효용보다 는 私的利益의 극대화를 위해 경제활동을 움켜쥐고 이를 재량적으로 사용한 다고 본다. 따라서 '보이지 않는 손'과 '움켜잡는 손'은 정부의 시장개입을 비 효율적으로 보는 점에서는 공통점을 지니나 '보이지 않는 손'이 정부의 역할 에 대한 회의적 시각에 머물러 구체적 대안제시에 이르지 못한 반면 '움켜잡 는 손' 모형은 정부의 역할을 제한하기 위한 제도적 개혁의 전략적 대안을 제시한다는 점에서 차이가 있다.

을 뒷받침하는 방향으로 재정립되어야 할 것이다.

정부의 역할에 대한 인식의 전환을 바탕으로 명문화되어 있는 인가권, 건전성 규제, 공정경쟁질서 확보 등을 제외하고는 정부가 은행경영에 일체 간여하지 않는 관행이 확립되어야 한다. 특히 최근 금융산업 구조조정 과정에서 일부 은행의 경우 정부가 최대주주로서의 위치를 차지하는 결과가 초래되었다. 그 결과 자칫 합법적 합리적 간여의 근거를 제공하는 것으로 이해될 수 있으나, 이는 과도적 조치일 뿐이다. 과거와 같은 관치금융이 재현되지 않도록 이사회 기능을 활성화하고 은행의 내부경영과 자금운용에서 자율성을 최대한 보장해야 할 것이다. 이를 통하여 은행의 책임경영체제 확립이 앞당겨진다면 정부의 간여가 합리화될 수 있는 여지도 없어질 것이다.

관치금융을 철폐하는 데서 정부의 역할에 대한 정부 스스로의 인식전환에 못지않게 중요한 것은 정부 간여를 제도적으로 가능하게 하는 통로라 할 수 있는 직접적이고 경쟁제한적인 각종 규제를 철폐하는 것이다. 그동안 각종 금융자유화 조치를 지속적으로 실시해 옴에 따라 과거의 경쟁제한적 또는 행정편의적 규제가 상당 부분 폐지되었으나 아직 은행의 자금조달과 운용 등에서 경쟁을 제약하는 규제가 일부 남아 있다.[145] 이러한 규제는 과감히 철폐되어야 한다.

더불어 각종 금융관계 법령의 내용을 간단명료하고 투명하게 표현하는 작업도 병행하여야 한다. 즉 법령에서 감독권한을 포괄적으로 설정하거나 위임하지 않도록 함으로써 주무부처가 법령을 해석할 때 임의성이 개입될 수 있는 소지를 최소화할 수 있을 것이다. 각종 지침, 통첩 등은 필수적인 것을 제외하고는 가급적 축소해 나가야 할 것이다. 또한 각종 준칙, 업무방법서 등에 명시되어 있는 내용 가운데 정책

---

145) 예를 들면 자금조달면에서 금융기관간 업무영역 규제와 과당경쟁 방지 등을 이유로 신상품 개발이 제한되고 있으며, 표지어음의 경우 최단만기가 30일 이상으로 규제되고 있다.

적 필요성이 인정되는 사항은 법령에 반영하여 규제의 투명성을 높이는 한편 그렇지 않은 다른 규제는 사후신고제로 전환하거나 폐지해야 할 것이다.

중장기적으로는 금융에 대한 규제를 원칙자유·예외규제 방식(negative system)으로 전환하는 것이 좋다. 명시적으로 금지하고 있지 않은 모든 업무는 자유롭게 영위할 수 있도록 하는 것이 바람직하다. 그리고 겸업화 진전추이를 보아가면서 방카쉬랑스(bancassurance)[146] 등 상품결합과 상품공동판매 등을 위한 금융권 간의 전략적 제휴를 광범위하게 허용할 필요가 있으며, 주어진 겸영업무, 부수업무의 범위 안에서 개별 금융기관이 금융혁신을 추진하고자 할 경우 정부가 이를 적극적으로 수용하는 자세를 보여야 할 것이다.

나. 금융감독의 선진화

오늘날 선진국의 금융규제는 간접적이고 건전성 유지에 초점을 맞춘 시장친화적 규제(market-friendly regulation)를 중시하는 한편 국제적인 정합성 유지를 도모하는 방향으로 나아가고 있다. 정부는 이와 같은 국제적인 흐름에 부합하도록 금융감독을 선진화하는 데 노력하여야 할 것이다.

먼저, 앞으로의 금융규제와 감독은, 금융상품과 가격에 대한 각종 규제는 대폭 자율화하되 금융기관의 적절한 리스크 관리 등 건전경영 확보를 위한 건전성 규제를 더욱 중시하는 방향으로 전환되어야

---

146) 방카쉬랑스(bancassurance)란 협의로는 은행에 의한 보험상품의 판매로 정의되며 광의로는 은행 겸업화의 한 형태로서 은행업과 생명보험업의 결합을 의미한다. 방카쉬랑스는 인구 고령화의 진전으로 생명보험과 연금의 중요성에 대한 인식이 증대되는 가운데 주요 선진국에서 금융기관 업무영역에 대한 규제완화가 진전되면서 발전하기 시작하였다.

한다.

그리고 국내외 금융시장의 통합, 금융규제 완화 등에 따라 금융시장에서 금융기관 간에 경쟁이 격화되고 개별 금융기관의 경영위험이 증대될 것으로 예상되므로 전체 금융제도의 안정성을 확보할 수 있도록 감독체제와 기법을 보완 강화해 나갈 필요가 있다. 아울러 금융소비자 보호와 공정한 금융거래질서 유지를 위한 제도 정비도 지속적으로 추진하여야 할 것이다.

이와 함께 겸업화의 진전에 따라 등장하게 될 금융그룹(financial conglomerates)을 효과적으로 감독하기 위한 방안도 강구할 필요가 있다.

다. 시장규율의 원활한 작동여건 조성

최근 선진국의 금융당국은 개별 금융기관의 건전성과 전체 금융제도의 안전성을 도모하는 방안으로 사전적인 건전성 규제를 더욱 강화하고 있다. 아울러 예금자, 주주, 채권자 등 시장참가자의 감시·견제 기능에 기반을 둔 시장규율 방식을 최대한 활용하는 방향으로 나아가고 있다. 이러한 관점에서 시장규율이 정착될 수 있도록 여건을 조성하는 것도 우리 정부가 수행해야 할 중요한 역할의 하나라고 할 것이다.

시장규율을 강화하기 위해 최근 각국은 공시제도의 확충과 회계제도의 개선에 많은 관심을 보이고 있다. 우리나라도 공시·회계제도를 국제적인 기준에 부합하는 수준으로 개선함으로써 은행과 기업의 재무제표에 대한 신뢰도를 높이는 동시에 시장규율의 원활한 작동을 뒷받침해야 할 것이다. 주주와 채권자와 고객이 개별 은행의 경영상태를 정확히 파악할 수 있도록 경영내용, 리스크관리 현황 등에 대한 공시의무를 더욱 강화해야 한다. 예를 들면 은행의 리스크 상황은 시시각각 변할 수 있으므로 일정 시점에서 본 은행의 경영성과, 자산의 실질 가치, 당면한 경영리스크 등 정태적 상황에 한정되어서는 안 된다. 시장참가자가 은행의 리스크관리체제가 적정한지를 판단할 수 있도록 유가증권 투자의 시가평가 결과를 월별, 분기별로 공시토록 하는 등 공시대상을 확충해야 한다. 아울러 부정확한 정보를 제공하는 은행경영자를 제재하는 장치를 마련할 필요가 있다.

그동안 은행의 여신심사가 제대로 이루어지지 않은 것은 기업회계의 신뢰성이 낮았던 데도 원인이 있다고 할 수 있다. 정부는 IMF와 협약에 따라 기업경영의 투명성과 재무정보에 대한 신뢰가 높아질 수 있도록 1998년 12월에 기업회계기준을 국제관행에 맞게 대폭 개선하였다. 이 회계기준이 앞으로 정확하고 일관성 있게 적용되도록 하는 것이 중요하다고 하겠다.[147] 이를 위해서는 분식결산을 하는 등 회계정보를 은폐한 기업에 대하여 제재를 강화하는 한편 기업회계정보의 왜곡을 감시하기 위한 감리활동[148]과 회계감사인에 대한 감독도 강화하여야 할 것이다.

아울러 시장규율을 강화하기 위해서는 시장원리가 제고될 수 있도록 공적 안전망을 운영할 필요가 있다. 먼저 은행에 대한 적기시정제도를 운용하면서 예외를 두지 않아야 할 것이다. 즉 규모가 큰 은행이라 하더라도 부실화가 진행되면 사전적으로 명확하게 규정된 원칙에 따라 즉각 시장에서 퇴출되도록 하는 관행을 정착시켜 나가야 한다. 특히 우리나라에서는 그동안 부도를 낸 기업에 대한 제재가 엄격하지

---

147) 은행의 경우 1998년 12월 국제적 회계기준과의 정합성이나 금융업종 사이의 비교가능성을 높이기 위하여 은행업회계처리준칙을 제정하여 1999회계년도부터 재무제표를 원칙적으로 기업회계기준에 따라 작성하도록 하고 있다.

148) 금융감독원은 재무제표 작성의 적정성 여부를 검토하기 위한 감리를 주로 상장사를 대상으로 실시하고 있는데, 감리대상을 비상장기업으로 점차 확대해 나가는 것이 바람직할 것이다.

못하여 시장규율이 확립되지 못한 측면이 있다. 그러므로 앞으로 부실기업의 도산을 방지하기 위하여 부채경감 또는 추가적인 자금지원 등의 구제금융이 실시되도록 정부가 영향력을 행사하는 사례는 지양하여야 할 것이다. 뿐만 아니라 금융제도의 안정 유지를 위하여 현실적으로 구제금융이 불가피한 경우에도 기업에 대해서는 부실경영의 책임을, 해당은행에 대해서는 부적절한 여신심사와 사후관리에 대한 책임을 엄격하게 추궁하여야 할 것이다. 또한 예금보험제도의 존재가 도덕해이를 야기할 수 있는 여지를 최소화해야 할 것이다. 은행별로 위험을 평가한 다음 위험에 연동하여 보험료를 차등화하는 위험연동보험료제도 도입은 바람직하다고 생각된다.

3. 은행과 기업의 관계 재정립

우리나라가 지향하여야 할 은행과 기업의 관계를 모색하면서 영·미형과 대륙형 가운데 어느 것도 여과 없이 그대로 우리나라에 도입하는 것은 바람직하지 않을 뿐만 아니라 가능하지도 않을 것이다.

영·미형의 관계가 유지되기 위해서는 기업과 은행경영의 투명성을 보장하는 회계·공시제도, 공신력 있는 신용평가기관, 전문적 외부감사제도, 다양한 기관투자가 등 하부구조가 잘 정비되어 있어야 한다. 아울러 주주의 이익을 최고목표로 하는 경영문화, 신용평가가 신속하고 정확하게 반영되는 시장, 정보에 탄력적인 투자행태 등 상부구조도 충분히 발달해 있어야 한다. 그러나 우리나라의 경우 아직까지 이러한 상·하부구조 구축이 미흡한 상태이다. 더구나 시장규율이 제대로 작동할 때까지 적지 않은 기간이 소요될 것이란 점을 고려할 때 영·미형의 은행-기업관계가 빠른 시일 안에 정착되기를 기대하기는 어렵다고 보아야 할 것이다.

그렇다고 해서 독일이나 일본과 같이 우리나라 은행이 채권자로서 기업감시 기능을 제대로 수행해 온 것도 아니다. 뿐만 아니라 우리나라와 같이 대기업의 소유집중도가 높고 소유·경영의 분리가 미흡한 상태에서 특정 은행과 특정 기업 간에 장기적인 밀착관계가 형성되면 은행의 기업감시과 통제 기능이 오히려 약화될 우려가 있으며 은행의 건전성을 저해할 가능성도 없지 않다.

따라서 영·미형이나 독일·일본형의 관계를 양자택일식으로 추구하기보다는 우리나라 금융산업의 현실과 앞으로 발전방향을 고려하여 우리나라의 여건에 적합하면서도 두 가지 형태의 장점을 모두 살릴 수 있는 은행과 기업의 관계를 정립해 나가는 것이 최선일 것이다.

가. 자율적·호혜적 관계 정립

그동안 우리나라는 자본시장이 충분히 발달하지 못한 상태에서 기업이 자금조달을 간접금융에 크게 의존하였음에도 불구하고 기업과의 관계에서 은행이 제대로 역할을 하지 못하였다. 즉 지나친 정책금융 취급과 신용배분에 대한 정부의 간여로 인해 은행은 여신심사 기능과 기업감시 기능을 올바르게 수행할 유인과 능력을 상실하였다. 또한 은행과 기업의 관계를 규정하는 주된 형식인 여신관리제도와 주거래은행제도마저 기업재무구조의 건전성 확보, 편중여신의 억제 등 본연의 목적보다는 경제력 집중 완화, 부동산투기 억제 등 정부의 산업정책을 뒷받침하는 도구로 변질되었다.

그러므로 은행과 기업의 관계가 바람직한 모습으로 정착되기 위해서는 은행이 기업에 대한 여신 공급을 결정하고 제공한 여신의 건전성 유지를 위한 사후감시에 자율성을 보장하는 것이 선결조건이라 할 것이다.

한편 경제발전과 더불어 직접금융시장을 통한 기업의 자금조달비중이 높아지게 마련인 데다 겸업화 진전으로 간접금융에서도 비은행금융기관의 비중이 커지고 있어 앞으로 은행을 통한 기업의 자금조달비중은 과거에 비해 감소할 것으로 보인다. 우리나라 은행은 이러한 기업의 자금조달 행태 변화에 효과적으로 대응하여야 할 뿐 아니라 정부의 간여를 덜 받는 대신 정부의 보호도 기대할 수 없게 되는 만큼 앞으로는 철저하게 자기책임 아래 기업금융을 취급하지 않으면 안 된다.

따라서 앞으로 은행과 기업과의 관계는 과거와 같이 정부가 정한 틀을 따르기만 하는 외부의존적이고 형식적인 관계에서 벗어나 은행과 기업이 상호작용하여 자율적으로 형성해 나가는 호혜적인 관계가 되어야 한다.

나. 자금공급과 종합 금융서비스 제공 기능 제고

기업과의 관계에서 은행의 역할은 크게 기업에 자금을 공급하고 종합적인 금융서비스를 제공하는 역할과, 채권자로서 정보의 생산과 관리를 토대로 기업을 감시하고 제어하는 역할로 나누어 볼 수 있다. 먼저 우리나라 은행이 자금을 공급하고 종합 금융서비스를 제공하는 역할을 충실히 수행하기 위해서는 다음과 같은 점에 유의하여야 한다.

앞으로 자본시장 발달에 따라 기업이 직접금융시장을 통한 자금조달을 확대하고 대출시장에서 비은행금융기관과의 경쟁이 격화됨으로써 기업에 대한 자금공급자로서 은행의 역할이 과거보다는 줄어들게 될 것이다. 그러나 우리나라 기업이 은행차입에 의존하는 경향이 앞으로도 상당기간 지속될 것으로 예상되는 데다, 기업에 대한 대출업무가 은행의 가장 중요한 업무로 남아 있게 될 것이다. 따라서 은행은 기존 기업고객과의 거래관계를 유지함과 아울러 새로운 기업고객을 확보하는 데 더욱 힘써야 할 것이다.

이를 위해서는 은행이 신용공여뿐만 아니라 지급결제, 투자와 경영자문 등 고객기업이 필요로 하는 각종 서비스를 충실하게 제공할 수 있는 능력을 키워 나가야 한다. 이렇게 되어야만 기업과 은행이 서로 필요에 의해 긴밀한 관계를 유지하는 실질적인 주거래관계가 형성될 수 있을 것이다. 아울러 겸업화 진전 추이를 보아가면서 전통적인 은행업무와 증권관련업무를 연계하여 기업고객에게 종합적인 금융서비스를 제공할 수 있는 체제를 구축할 필요가 있을 것이다. 그리고 외환과 자본거래의 자유화가 크게 진전되고 국내 금융시장이 개방된 상황이므로 국제금융기법과 경험을 축적하여 국내 기업의 국제금융수요를 충족할 수 있는 능력도 키워 나가야 한다. 또한 투자에 소요되는 자금규모가 너무 커서 한 은행이 감당하기 어려운 경우에는 몇 개 은행이 협조융자(syndicate loan)를 제공하는 체제를 구축하는 것이 바람직하다. 이 경우 프로젝트 파이낸싱 인수단을 구성하는 과정에서 기업의 대형투자사업에 대한 은행의 타당성 심사 기능이 충분히 발휘되어 자금의 효율적 배분이 이루어지고 거액대출에 따르는 신용위험이 분산될 수 있을 것이다. 아울러 장기적으로 대기업은 은행의존도를 줄이고 직접금융시장을 통한 자금조달비중을 늘려갈 것이므로 은행은 중소기업금융업무를 한층 더 강화하여야 할 것이다.

다. 채권자로서 정보의 생산·관리능력 강화

은행과 기업의 관계를 재정립하기 위해서는 사전심사와 사후감시 기능에 기반을 둔 은행의 역할, 즉 기업에 대한 채권자로서의 역할도 정상화하여야 한다. 앞으로 금융에 대한 정부 간여가 대폭 축소됨에 따라 과거에 정부가 은행을 통해 행사해 온 기업감시와 통제 기능을 은행이 주도적으로 수행해야 한다. 그러므로 은행이 이 기능을 제대로 수행하는지 여부가 자원의 효율적 배분과 기업경영의 건전성 유지에 매우 큰 영향을 미치게 된다.

은행은 기업의 자금결제를 대행하는 과정에서 생생한 기업정보를 누구보다 먼저 취득하고 축적할 수 있다. 이러한 정보는 정확도와 신속성에서 재무제표 분석에 의존하는 다른 신용평가기관의 정보보다 훨씬 우월하다고 할 수 있다. 그러므로 이와 같은 정보의 생산과 관리 능력을 키워 나가는 것이 기업에 대한 신용공여와 관련하여 은행이 사전심사와 사후감시 기능을 효과적으로 수행하기 위한 전제조건이 될 것이다. 우리나라의 경우 1974년에 주거래은행제도(1998년 주채권은행제도로 변경)를 도입하여 지금까지 운용하고 있다. 그러나 형식적 관치적 제도로서 정부의 대기업정책을 집행하는 수단으로 주로 이용되었기 때문에 이 제도 아래에서 은행의 기업 경영정보 수집과 감시 기능이 제대로 발휘되지 못하였다.

기업에 대한 정보는 해당 기업과 주로 거래하는 은행이 집중적으로 관리하면서 다른 거래은행이나 금융기관을 대표하여 해당 기업에 대한 감시자 역할을 수행해야 할 것이다. 그리고 은행 간에 유기적인 협조체제를 구축하여 기업정보의 수집과 활용능력을 키워 나가야 할 것이다.[149] 이러한 관점에서 주채권은행제도는 기업정보의 효율적인 수집·관리, 기업경영 위기시의 처리대책 수립·추진에 초점을 맞추어 운용되어야 할 것이다. 또한 현재 법규로 정해지고 있는 주채권은행과 주채무계열의 관계도 장기적으로는 기업과 주된 거래은행 사이의 자

---

149) 최근 금융감독원에서는 기축은행제도(key bank system)의 도입을 추진하고 있는데 이 제도의 주요내용은 다음과 같다.
　　－ key bank : 지속적이고 종합적으로 기업을 지원 관리하는 주된 거래은행
　　－ key bank의 주된 임무
　　　· 기업재무구조의 개선을 유도하고 total exposure 한도를 책정·관리
　　　· 기업정보를 종합관리하고 key bank 이외의 여신거래은행이 해당기업의 정보 요구시 관련정보를 제공
　　　· 경영 컨설턴트 등 전문가 집단을 통한 경영지도 등
　　－ 추진방안 : 규정화 등 제도변경보다는 거래관행 개선을 통하여 점진적으로 추진

율적이고 자생적인 관계로 전환하여야 할 것이다.

현재 우리나라의 기업지배구조[150]를 보면 경영이 소유자 가족 중심으로 이루어지는 한편 주주의 경영감시는 미약하여 내부통제가 효율적으로 작동하지 못하고 있다. 이러한 형편에서 비효율적인 투자를 방지하고 비효율적인 기업을 퇴출시킴으로써 경제가 건전한 체질을 유지하도록 하기 위해서는 정부, 은행, 자본시장 등을 통한 외부통제에 거는 기대가 클 수밖에 없다. 따라서 기업에 대한 채권자로서 은행의 역할을 정상화하는 것은 효과적인 기업지배구조 정립을 위해서도 긴요하다.

한 나라의 금융제도가 나라 전체의 신용총량과 신용공여조건을 어느 정도 제어할 수 있는 메커니즘을 보유하지 못할 경우 기업의 과다부채 누적이 필연적으로 발생하게 된다. 이로 인해 금융제도의 안정성이 훼손되는 결과가 초래될 수 있다. 이와 같은 신용총량과 신용공여조건 제어 메커니즘도 은행이 기업에 대한 채권자로서 사전여신심사와 사후감시 기능을 원활히 수행할 때에 비로소 확보될 수 있는 것이다.

라. 기업규모와 신용도에 따른 다원적 구조 정립

기업에 대한 자금공급자와 채권자로서 은행의 역할을 높여 나가는 가운데 장기적으로 은행과 기업의 관계는 다음과 같은 다원적 구조로 정립되는 것이 바람직하다.[151]

---

150) 기업지배구조는 크게 두 가지로 분류할 수 있다. 하나는 내부통제체제로서 기업의 내규나 주주권, 이사회 등이 포함되며 다른 하나는 외부통제체제로서 최종생산물시장에서의 경쟁, 정치적 규제, 법규에 의한 규제, 은행과 자본시장에 의한 통제 등이 포함된다(함정호 외 1999).

151) 자세한 내용은 함정호 외(1999. 3) 참조.

우량 대기업의 경우에는 은행과 간격유지관계를 가지는 가운데 일부 대형은행과 주로 거래하는 것이 바람직하다. 신용상태가 우량한 대기업의 경우 직접금융시장이나 해외시장으로부터 자금을 쉽게 조달할 수 있어 은행차입 의존이 점차 감소할 것이다. 그러나 우량 대기업도 지급결제서비스 등 다양한 금융서비스를 받기 위하여 은행과의 관계를 유지할 필요가 있다. 그러므로 은행은 국제금융업무, 증권관련업무 등 새로운 금융기법과 서비스를 개발하여 이들과의 관계를 계속 발전시켜 나가야 할 것이다. 아울러 대기업의 설비투자에 필요한 대규모 자금을 한 은행이 공급하기 어려운 경우 몇 개 대형은행이 협조융자를 제공하는 한편 신용위험을 분담하는 체제를 갖출 필요가 있다.[152]

일부 대기업과 중견 중소기업의 경우 신용도가 충분히 높지 않기 때문에 해외나 국내 자본시장으로부터 자금을 조달하는 데 어느 정도 한계가 있다. 따라서 이들 기업과는 은행이 장기적이고 긴밀한 거래관계를 맺는 것이 좋다. 기업으로서는 금융거래의 대부분을 한 은행에 집중시키고 기업 내부정보를 제공함으로써 거래은행의 감시와 통제를 허용하는 대신 은행에서 쉽게 자금을 조달할 수 있다. 은행 쪽에서는 해당기업이 상당 기간 주요 고객이 될 가능성이 크기 때문에 거래관계를 유지하면서 감시할 유인을 갖게 된다. 이 경우 은행이 감시 기능을 효과있게 수행하기 위해서는 은행이 일정 한도 내에서 고객기업의 주식을 보유할 수 있도록 허용할 필요가 있다. 기업에 따라서는 시장에서 적대적 인수·합병이 일어나 경영권이 상실되는 사태를 예방하

---

152) 이와 관련하여 일본에서는 핵심은행제도(core bank system)가 운영되고 있는데 핵심은행이란 대기업들이 자금조달을 위해 이용하는 주거래은행(main bank)과 주거래은행만큼 긴밀한 거래관계에 있는 2~6개(기업규모에 따라 상이)의 거래은행을 말하며(Horiuchi 1994), 핵심은행 가운데 주거래은행은 위험분담 기능과 감시 기능을 동시에 수행하게 되며 나머지 은행들은 위험을 분담하는 외에 국제금융, 증권업무 등과 관련된 서비스를 제공하는 역할을 수행한다.

기 위하여 거래은행이 채권자인 동시에 안정적 주주가 되는 것을 희망할 수도 있다.

중소기업은 은행과 밀접한 결속관계를 유지하는 것이 바람직하다. 중소기업의 경우 신용도가 낮기 때문에 은행차입에 주로 의존할 수밖에 없으나, 은행의 입장에서는 장기적인 거래관계를 맺기가 쉽지 않은 것이 사실이다. 그러나 앞으로 대기업의 은행의존도가 낮아지게 되면 은행으로서는 중소기업에 대한 대출 확대가 불가피해질 것이다. 따라서 은행은 거래 중소기업의 재무상태, 경영성과와 앞으로 전망 등에 대하여 상세한 정보를 지속적으로 수집 축적함으로써 정보의 비대칭성을 극복하는 가운데 장기적이고 안정적인 거래관계를 발전시켜 나가야 할 것이다.

4. 은행산업의 기능 정비

우리나라 은행산업이 세계 유수의 금융기관과 경쟁하여 살아남고 21세기 전략산업으로 발전하기 위한 기능 정비와 관련하여 특히 관심을 가져야 할 분야는 업무영역, 대형화·전문화와 정부계 은행의 역할 정립이다. 그리고 은행산업의 기능 정비는 금융산업 전체의 효율성·경쟁력 제고와 개별 은행의 생존전략 측면을 함께 고려하여 추진되어야 한다.

가. 겸업화 추진

금융시장의 통합화, 금융의 증권화 등 세계적인 금융환경 변화에 대응하여 각국은 금융기관의 업무영역을 확대함으로써 겸업화를 수용하는 추세를 보이고 있다. 이는 각국이 자국 금융산업의 경쟁력 강화를 위해서는 겸업화를 통한 업무영역 확대가 불가피함을 인정한 결과이다. 물론 겸업화의 장단점에 관해서는 견해가 엇갈리고 있다. 그러나 개방경제하에 은행제도의 국제적 정합성을 확보하기 위해서는 우리나라도 이러한 세계 금융업의 조류에 부응하지 않을 수 없다. 그리고 금융기관의 업무영역을 확대하면 금융시장에서 경쟁이 촉진됨으로써 국내 은행산업의 발전이 앞당겨질 수 있다. 금융기관이 규모나 범위의 경제를 활용하여 비용절감을 도모하는 가운데 다양한 금융서비스를 개발·제공함으로써 이용자의 편의도 커질 수 있다.

겸업화를 추진하는 방식으로는 은행·증권·보험 등 금융권별로 고유업무를 제외한 모든 업무에 대하여 직접겸영의 범위를 확대하고 고유업무에 대해서도 자회사방식의 상호진출을 확대해 나가는 것이 바람직하겠다. 그동안 우리나라의 은행이 전업주의 골격을 유지하면서도 고유업무 수행에 수반되는 부수업무를 중심으로 업무영역을 확대하는 한편, 자회사 설립을 통하여 異種 금융업무에 참여해 왔다. 그러므로 자회사방식으로 겸업화를 추진하는 경우 기존 제도에 대한 충격이 비교적 작을 것으로 판단된다. 다만 그동안 우리나라에서 겸업화가 당시의 금융여건에 따라 단편적으로 진행되어 왔던 만큼 앞으로 은행의 겸업화 확대는 종합적인 계획을 마련하고 법제화하는 등 체계 있게 효율적으로 추진되어야 할 것이다.

은행·증권·보험 등 금융권별로 업무영역의 구분을 두지 않고 모든 금융업무를 한 금융기관이 직접겸영할 수 있도록 하는 완전한 종합금융방식으로 이행하는 방안도 고려할 수 있다. 그러나 이익상충에 대한 인식이 부족하고 이익상충을 방지하기 위한 규제장치도 크게 미흡한 데다 시장규율도 제대로 작동하지 않고 있는 우리나라의 현실에는 이 방식이 적합하지 않은 것으로 판단된다. 주요 선진국의 예를 보더라도 이익상충에서 발생하는 문제가 금융제도 전반에 대한 불신으로 이어지는 폐해를 우려하여 완전한 형태의 종합금융방식은 채택하지 않고 있다.

이와 같이 은행·증권·보험 금융권별로 고유업무를 인정하고 금융권간 상품결합과 전략적 제휴를 광범위하게 허용하면 각 금융기관이 나름대로의 전략에 따라 경쟁력을 높여 나갈 것으로 예상된다. 이때 각 금융권별 고유업무는 가급적 좁게 정의하는 것이 바람직할 것이다. 은행의 고유업무로는 지급결제수단의 발행·교환·결제업무를 들 수 있으며, 증권과 보험의 경우 각각 유가증권의 위탁매매업무와 보험의 인수·운용업무를 들 수 있다.

업무영역에 대한 규제에서도 법규에 열거되어 있는 업무의 취급만을 허용하는 현재의 포지티브방식 규제보다 법규에서 명시적으로 금지하는 업무를 제외한 다른 모든 업무를 취급할 수 있도록 하는 원칙허용·예외금지의 네거티브방식 규제로 전환하는 것이 바람직하다. 다만 은행의 업무영역을 확대함에서는 은행이 금융산업의 근간인 만큼 경영의 건전성이 저해되지 않도록 유의해야 할 것이다. 이러한 관점에서 은행이 자회사를 통해 증권업에 진출하는 것은 허용되어야 하겠지만 직접 증권업무를 영위하도록 하는 것은 業務隔璧(Chinese Wall 또는 firewall) 설치 등 이해상충을 방지하기 위한 제도적 장치가 정착된 이후에 가서 고려하는 것이 좋을 것이다. 은행의 업무범위 확대와 병행하여 은행의 건전성 확보를 위한 규제가 강화되어야 하는데, 더 넓게는 금융의 겸업화와 금융그룹의 형성에 대비한 규제장치도 정비되어야 하겠다.[153]

한편 은행법에 따라 은행주식 소유가 엄격하게 규제되고 있는 상황에서 은행을 자회사로 하는 지주회사의 설립은 현재로서는 불가능하다. 그러나 금융지주회사 설립을 통하여 겸업화를 추진하는 방식에 대

---

153) 예를 들면 임원 겸직금지, 통상의 조건과 다른 조건의 유가증권 거래금지, 끼워팔기 금지, 관계회사간 거래집중이나 자금공여 제한 등 이익상충을 방지하기 위한 장치를 강화해 나갈 필요가 있다.

해서도 전향적으로 검토할 필요가 있을 것이다.[154] 즉 금융기관이 타금융업에 진출하는 방식으로서 자회사방식 외에 지주회사방식이 추가로 허용되면 금융의 겸업화가 한층 더 원활하게 진전될 수 있다. 지주회사방식을 활용할 경우 자회사방식에 비해 타금융업 진출에 소요되는 자본이 절감될 수 있다. 또한 산하 자회사들이 상호 수평적인 관계에서 업무의 독립성이 높기 때문에 자회사방식에 비해 겸업화에 따른 이익상충문제가 발생할 소지가 적다. 아울러 특정 자회사의 부실이 다른 계열금융기관에 파급되는 이른바 전염위험(contagion risk)도 낮아진다. 또한 구조조정의 주된 수단인 합병이 가져오는 부작용, 즉 인사·조직 면에서의 마찰, 조직비대화에 따른 경영효율 저하 등을 피하면서 합병의 긍정적 효과인 대형화, 업무다각화 등을 도모할 수 있다. 이와 같이 지주회사방식에 의할 경우 금융기관의 대형화, 부실금융기관 처리 등 금융산업의 구조조정도 촉진할 수 있다. 그리고 금융지주회사는 부실금융기관의 인수와 금융기관 기존 업무의 분리·독립을 용이하게 추진할 수 있는 수단으로도 활용할 수 있을 것으로 생각된다. 다만 금융지주회사 설립을 통한 겸업화 추진이 산업자본의 금융지배와 경제력 집중을 심화시키는 결과를 초래할 것이라는 우려가 적지 않은 만큼 은행과 금융지주회사의 소유구조에 관한 충분한 검토가 선행되어야 할 것이다. 무엇보다도 겸업화 추진과정에서 간과해서는 안 될 사항은 겸업화를 정부주도 또는 개별 금융기관의 선택에 맡길 것인지와 겸업화 확대에 따른 금융권간 또는 개별 금융기관간 적응적

---

154) 공정거래 및 독점규제에 관한 법률 개정(1999. 4. 1 시행)에 따라 그동안 금지되어 왔던 지주회사 설립이 허용되었으나 은행법에서 은행주식 소유한도를 규제하고 있기 때문에 은행을 자회사로 하는 지주회사의 설립은 사실상 불가능하다. 한편 금융지주회사에 대해서는 금융업과 보험업을 영위하는 회사 외의 국내회사 주식을 보유하지 못하도록 하여 상공업과 금융업의 결합을 금지하고 있다.

고통을 어떻게 해소할 것인지이므로 이 문제도 신중히 논의되어 합의를 이끌어야 한다.

나. 대형화·전문화 추진과 은행별 영업유형 차별화

은행업의 경우 건물, 전산시스템과 인력 확보에 많은 비용이 소요되는 데다 서비스에 대한 수요의 특수성[155]으로 인해 막대한 투자와 고정지출비용이 소요된다. 또한 은행업은 수신, 여신, 유가증권 매매 등 다양한 서비스를 동일한 시설과 인력을 이용하여 생산하는 결합생산(joint production)이 쉽기 때문에 업무 다각화에 수반되는 한계생산비용이 작다. 이와 같은 비용과 생산 측면에서의 특징 때문에 은행업은 대형화[156]를 통하여 규모의 경제나 범위의 경제를 누릴 수 있는 것으로 일반적으로 인식되고 있다. 그리고 은행이 대형화하면 자금조달과 운용에 따르는 위험이 분산될 수 있어 경영의 안정성이 높아지고 국내외 금융시장에서 신인도가 높아질 수도 있다. 이러한 점을 반영하여 최근 주요 선진국에서는 은행이 경쟁력 확보를 위한 경영전략으로서 대형화를 적극적으로 추진하고 있으며 그 결과로 초대형은행이 잇달아 탄생하고 있다.

우리나라 은행은 선진국의 대형은행에 비해 규모가 영세하기 때문에 국내외 금융시장에서 이들 은행과 경쟁하기 위해서는 규모를 대형화할 필요가 있다고 하겠다. 다만 우리나라 은행은 자산규모가 선진국에 비해 워낙 작아서 은행간 합병을 통해 세계적인 대형은행으

---

155) 예금, 대출 등의 건수는 시간별, 계절별, 경제상황별로 큰 기복을 보이고 있으나 은행은 이러한 서비스의 최대수요(service demands during peak periods)를 충분히 수용할 수 있는 시설과 인력을 항시 보유하여야 한다.

156) 대형화란 일반적으로 기업이 합병·매수(mergers & acquisitions ; M&A), 증자나 내부유보를 통한 자기자본 확충 등의 방법으로 영업규모를 적극 확대해 나가는 경영전략을 말한다.

로 발돋움하는 데는 한계가 있다. 합병 후 인원감축도 원활하게 이루어지기 어려운 경영풍토이다. 때문에 은행들이 모두 대형화를 지향하는 것은 바람직하지 못하다. 다양화·고도화하는 고객의 금융수요에 탄력적으로 대응하기 위해서는 대형화보다 전문화[157] 전략이 유리할 수도 있다.[158]

앞으로 우리나라 은행산업은 일부 은행이 대형화를 추구하여 은행산업을 주도하는 선도은행의 역할을 하는 한편 나머지 은행들은 비교우위를 갖춘 부문에 전문화하는 등 영업유형[159]을 차별화하는 것이 바

---

157) 전문화란 기업이 특정 분야에 생산요소를 집중투지함으로써 그 분야에서의 비교우위를 확보하고자 하는 경영전략을 말하는데, 은행업의 전문화 유형에는 국제금융, 개인금융, 도매금융 등에 특화하는 전문은행형, M&A와 투자관리업무 등을 주로 취급하는 투자은행형, 특정 지역을 상대로 금융서비스를 제공하는 지역은행형 등이 있다.

158) 전문화 전략은 대규모의 자금력이 뒷받침되어야 하는 국제금융 전문은행 또는 투자은행 등을 지향하는 경우도 포함하기 때문에 전문화와 대형화가 반드시 상치되는 것은 아니다.

159) T. Carey는 금융기관의 영업유형을 취급업무범위, 점포망, 금융기법 등에 따라 첨단거래형, 백화점형, 대형지역형, 지역밀착형, 전문점형 등으로 구분한다(*The International Journal of Bank Marketing*, 1989, No. 3).

① 첨단거래형(upper-end trader) : 축적된 노하우를 바탕으로 고부가가치 상품의 판매전략을 다양하게 전개하며 특히 외환이나 증권업무의 취급과 위험 헤징 등에서 고도의 기술을 확보한다.

② 백화점형(universal bank / supermarket) : 모든 업무영역과 시장에 걸쳐 다양한 서비스를 제공하는 은행으로서 단위업무분야에서는 첨단거래형 또는 전문점형에 비해 기술수준이 열위에 있으나 고도의 종합통제 조정과 위험관리시스템을 갖춘다.

③ 대형지역형(super regional bank) : 소재지역이나 인근지역을 대상으로 영업하는 대형은행으로서 가계와 중소기업과의 거래에 중점을 둔다.

④ 지역밀착형(community bank) : 영업지역을 소재지역으로 한정하고 지역의 특성에 맞는 금융서비스를 개발함으로써 지역사회 구성원들의 지지를 확보한다.

⑤ 전문점형(boutique) : 특정 업무에 관한 고도의 노하우를 개발하여 전문화된 서비스를 제공한다.

람직하다. 이와 같이 대형은행과 중소규모의 전문은행이 공존하면서 분업과 상호보완의 관계를 이룰 때 은행산업 전체의 효율성도 높아질 수 있을 것이다. 다만 합병을 통한 대형화나 특정 업무에 대한 전문화는 경쟁력을 높이는 방안의 하나이지 그 자체가 목적은 아니기 때문에 개별은행이 스스로 판단하여 추진하게 해야 할 것이다.

앞으로 개별은행의 경영전략적인 판단에 따라 다양한 모습으로 나타나게 될 우리나라 은행의 영업유형은 대체로 대형은행, 전문화된 중소형은행과 지역은행으로 구분되는 모습을 상정해 볼 수 있다.

먼저 일부 은행(예 : 한빛은행, 국민은행 등)은 대형은행이 되어 대규모 자산과 인적 자원 등을 기반으로 선진국의 유수은행과 경쟁하는 한편 프라임레이트 결정, 신상품 도입 등에서 국내 은행산업을 주도하는 선도은행으로서의 역할을 담당한다.

대형은행이 되는 은행을 제외한 시중은행과 특수은행은 소매금융, 주택금융, 중소기업금융 등 분야별로 특화하여 고도의 노하우를 바탕으로 전문화된 금융서비스를 제공하거나 틈새시장에서 경쟁력을 확보함으로써 대형은행과 적정한 경쟁 또는 보완관계를 유지한다. 후발 시중은행은 업무규모 등에 비추어 볼 때 대형은행을 지향하기는 어려울 것이므로 현단계에서 취급비중이 높거나 비교우위를 확보하고 있는 특정 분야에 전문화해 나가는 것이 좋을 것이다.

지방은행은 규모의 영세성, 영업구역의 제한 등으로 대형은행이나 전문화된 은행과 대등하게 경쟁하기는 어려울 것이므로 해당지역에 위치한 중소기업이나 가계에 밀착하는 지역 금융기관으로 자리잡게 될 것으로 예상된다. 장기적으로 이들 은행은 지역 금융기관으로서 특성을 유지하는 가운데 경쟁력을 높이는 차원에서 지방은행간 합병, 본점을 지방에 둔 시중은행과의 합병, 지역 소재 비은행금융기관과의 합병 등을 추진하게 될 것이다.

한편 외국계 은행(예 : 매각예정인 제일은행, 외은지점 등)이 은행산업에서 차지하는 비중이 커질 것으로 예상된다. 이에 따라 국내 도매금융시장은 물론 소매금융시장에서도 경쟁이 더욱 치열해질 것이나 외국계 은행이 도입할 선진 금융기법이나 경영방식에 대응하여 국내 은행이 경쟁력을 높이려는 노력을 더욱 강화하는 계기가 될 수 있을 것이다.

다. 정부계 은행의 역할 재정립

최근 금융산업 구조조정 과정에서 산업은행과 수출입은행이 대규모 증자를 실시하고 단기무역금융업무를 취급하는[160] 등 업무영역을 확대하였다. 또한 공적자금이 지원되면서 정부가 몇몇 일반은행의 최대주주로 떠오르는 등 금융시장에서 정부계 은행의 비중이 크게 증대하고 있다.

경제개발 초기단계부터 특수은행 등 정부계 은행의 역할이 적지 않았던 데다 최근 금융산업 구조조정 과정에서 민간은행의 자금중개 기능이 원활하지 못하던 상황이었음을 감안할 때 정부의 금융기관 소유는 불가피한 측면이 없지 않다. 그러나 앞에서 지적한 바와 같이 금융시장에서 정부계 은행의 비중이 지나치게 커질 경우 여러 가지 부작용이 발생할 우려가 있음을 고려할 때 금융시장에서 정부의 역할을

---

160) 금융기관별 무역어음할인 잔액 추이   단위 : 억원

	1990	1992	1994	1996	1997	1998	1999.3
예금은행	1,141	3,794	4,094	2,985	4,455	5,339	5,718
종 금 사[1]	5,180	5,347	2,157	6	45	100	200
산업은행[2]	-	-	-	-	-	8,107	8,619
수출입은행[2]	-	-	-	-	-	8,153	17,880

주 : 1) 1994년 이후 취급절차가 간단한 기업어음(CP) 할인업무에 주력함으로써 무역어음할인 실적이 크게 감소
   2) 6개월 미만 어음할인액 기준(단 수출입은행은 어음재할인 잔액임)

축소하는 방향으로 금융구조를 재정립할 필요가 있다.

우선 최근에 공적자금을 지원하는 과정에서 정부가 대주주가 된 일부 일반은행에 대하여 정부의 경영개입이 최소로 억제되어야 할 것이다. 정부가 이들 은행의 인사·조직 등 경영에 개입하거나 정책목표를 달성하기 위한 수단으로 은행을 이용하고자 할 경우 업무의 효율과 수익이 저하되는 등 기업성이 훼손될 우려가 크다. 따라서 정부는 이들 은행에 대하여 공적자금 지원조건으로 제시한 자본확충과 내부경영개선계획 등의 이행여부를 점검하고 감독당국으로서 수행하는 통상적인 역할 외에는 내부경영이나 자금운용에 개입하는 일이 없어야 할 것이다.

그리고 기존 정부계 은행에 관하여는 현재 이들 은행이 담당[161]하고 있는 기능을 순수 정책금융 기능과 일반 상업금융 기능으로 구분하여 순수 정책금융 기능은 별도의 기금형태로 분리하고 나머지 기능은 일반 상업금융기관으로 전환하는 것이 바람직할 것이다. 다만 중장기 수출금융과 관련하여 공적 금융기관으로서 역할을 다할 필요가 있는 수출입은행은 앞으로도 정부의 지원과 책임하에 운영될 필요가 있는 것으로 판단된다.

산업은행의 경우 경제발전과 경제구조의 고도화 등으로 설립 당시에 주된 지원대상이었던 기간산업의 비중이 낮아진 데다 재정자금 차입금 비중이 감소하여 공적 금융기관으로서의 특성이 크게 퇴색[162]하

---

161) Warren A. Law는 정부계 은행이 담당하는 것이 바람직한 분야로 ① 민간은행의 경쟁이 충분하지 않은 분야 ② 신용갭(credit gap)이 존재하나 민간은행에 의해 충족되지 않으며 그 갭이 만성화되어 있는 분야 ③ 외부경제 발생 등으로 투자효과에 대한 사회적 평가와 사적 평가가 상이한 분야 등을 들고 있다("The Aggregate Impact of Federal Credit Programs on the Economy," *Federal Credit Programs*, 1963).

162) 산업은행은 이와 같이 시설자금대출에서 우선지원대상 구분의 실익이 사라짐에 따라 한국산업은행법 개정(1997. 8)을 통해서 시설자금대출 대상인

였다. 자금조달을 채권발행과 차입금에 크게 의존한다는 점을 제외하고는 일반은행과 차이가 거의 없다.[163] 따라서 산업은행을 중장기금융 업무를 담당하는 일반은행으로 전환하고, 산업은행이 담당하던 정책 자금 지원업무는 이를 전담하는 기금형태로 분리하는 방안을 강구할 필요가 있다.

중소기업은행의 경우 지방중소기업금융 전담은행(대동, 동남은행)의 퇴출 등을 감안하여 당분간 현행체제를 유지하되 앞으로 중소기업 부문의 금융상황을 보아 일반은행으로 전환하고 상업조건부로 취급하기 어려운 중소기업자금[164]은 별도기금으로 분리하도록 한다.

당초 특수은행으로 설립되었던 국민은행과 주택은행의 경우 민영화[165]되었으나 아직 정부가 상당 규모의 지분을 보유하고 있다. 따라서 이를 조속히 매각하여 민영화 취지를 살리고 가계·소기업자금과 주택 자금 대출의무비율[166]을 단계적으로 축소·폐지하여 자금운용의 자율성이 확대되도록 해야 할 것이다. 이와 함께 주택은행이 담당하고 있는 국민주택기금 관리업무는 주택은행에서 분리하는 것이 여타 일반 은행과의 업무형평 차원에서 바람직하다.

기존의 정부계 은행에서 분리되는 정책금융 전담기금에 대해서는

기간산업의 업종을 종전의 1호 산업(발전·송전·배전업, 석탄광업, 제철, 제강산업 등)과 2호산업(1호산업 이외의 산업)으로 구분하였던 것을 폐지하였다.

163) 일반은행과 마찬가지로 모든 저축성예금 취급이 허용될 뿐만 아니라 요구불예금 취급대상도 자금을 지원받은 업체에서 국가와 지방자치단체 등으로 확대(1997. 8 산업은행법 개정)됨으로써 시장성자금의 조달 및 운용 비중이 1980년말의 16.7% 및 13.0%에서 1997년말에는 64.2% 및 67.0%로 각각 크게 상승하였다.

164) 현재 재정자금을 轉貸받아 지원하는 자금으로는 중소기업구조개선·기반조성 자금, 재할인대상에서 제외된 영세기업에 대한 어음할인(중소할인어음계정 ; 중소기업은행에만 존치) 등이 있다.

165) 국민·주택은행 민영화 추진의 주요 내용

최소한의 조직으로 기금의 운용·관리에 관한 총괄업무만을 담당하도록 한다. 실제 대출업무 등 고객과의 직접적인 접촉이 필요한 업무는 일선 금융기관에 위임하거나 하나의 정부계 금융기관(예 : 한국개발은행)으로 이들 기금을 통합하는 방안을 고려해 볼 수 있을 것이다.

이 밖에 공적 금융기관의 기본 역할이 시장의 실패를 보완하는 데 있음에 비추어, 자금조달 측면에서 훨씬 유리한 위치에 있는 공적 금융기관이 시장에 의존하는 일반은행과 직접 경합하는 것은 바람직하지 못하다. 이러한 관점에서 산업은행과 수출입은행이 취급하는 단기무역금융업무는 일반은행의 무역금융업무가 정상화되는 대로 폐지하여야 한다. 이들 은행이 단기자금을 불가피하게 지원할 필요가 있는 경우에는 민간은행에 轉貸하여 간접지원하는 방식을 취해야 할 것이다.

은행별	주 요 내 용
국 민	・1995년 1월 일반은행으로 전환된 이후 증시여건이 여의치 않아 정부보유주식을 3차에 걸쳐 분할매각하고 증자(6,417억원)를 실시함에 따라, 정부지분율은 전환 당시의 47.6%에서 1998년 11월말 현재 10.4%로 크게 하락[다만, 1998년 12월 정부의 추가출자(2,000억원)로 정부지분율이 21.5%로 다소 상승]
주 택	・1997년 8월 일반은행으로 전환된 이후 증자 실시로 정부지분율이 전환 당시의 26.3%에서 1998년 11월말 현재 16.1%로 하락[다만, 1998년 11월 정부의 추가출자(2,965억원)로 정부지분율이 49.6%로 상승]

166) 동 대출의무비율을 조정하기 위해서는 각 은행의 정관변경이 필요한데 은행법(제10조)상으로는 정관변경시 금감위의 인가만 필요하나 이들 두 은행의 경우 '국민은행법 폐지법률'(제7조)과 '한국주택은행법 폐지법률'(제7조)에 의해 금감위가 재경부장관과 협의하도록 되어 있다.

5. 업무행태의 선진화

우리나라 은행이 세계 유수의 금융기관과 대등하게 경쟁하기 위해서는 금융당국의 제도개선 조치와 함께 은행 스스로가 업무 전반의 효율을 높여 경쟁력을 높이는 노력을 병행해야만 소기의 성과를 기대할 수 있을 것이다. 즉 각자의 여건에 적합한 장기전략을 수립하고 조직을 정비하여 경영효율을 높여야 한다. 그리고 여신심사 기능을 확충하고 리스크관리능력을 높임으로써 부실채권의 발생을 방지하고 금융거래에 따르는 각종 위험에 지나치게 노출되지 않도록 해야 할 것이다. 또한 선진금융기법을 적극 활용하고 전통적인 예대업무에서 생산성을 높임으로써 수익성을 개선하기 위한 노력도 지속적으로 추진해야 할 것이다.

가. 장기전략 수립과 조직 정비 등을 통한 경영효율 제고

먼저 은행 스스로의 역량과 내외여건 등을 종합적으로 고려하여 앞으로 은행을 발전시켜 나갈 장기적인 비전을 설정해야 할 것이다.

앞으로는 무리하게 외형성장을 추구하는 은행이나 다른 은행과 차별화되는 나름대로의 경쟁력을 지니지 못한 은행은 점차적으로 도태될 수밖에 없을 것이다. 따라서 대형화를 추구할 것인지, 또는 전문화를 추구할 것인지 하는 방향설정이 선행되어야 한다. 또한 면밀한 시장조사를 통해 모든 고객을 대상으로 전방위영업을 추진할 것인지, 아니면 비교우위를 활용하여 특정 고객을 대상으로 틈새시장(niche market)을 공략할 것인지 하는 전략도 세워야 할 것이다.

그리고 이러한 장기적인 경영전략을 토대로 경영효율이 최대한 발휘되도록 조직관리, 인사관리, 리스크관리 등 각 부문에 대한 세부전략을 수립·추진해야 할 것이다.

조직관리면에서는 전략적 목표를 기준으로 최적의 점포망과 인력 구조를 구축하는 등 조직의 경량화를 도모해야 할 것이다. 아울러 각 단위의 책임소재가 명확하게 구분되고 일선 실무자들이 업무를 효율적으로 추진할 수 있도록 체제를 정비해야 할 것이다. 이와 관련하여서는 기업금융부, 가계금융부, 자금운용부 등 업무조직 단위로 독립채산제를 적용하는 것이 좋을 것으로 보인다. 또한 부실채권의 신속한 정리를 위하여 부실채권관리 전담조직 설치도 검토할 필요가 있을 것으로 생각된다.

인사관리면에서는 직원 개개인의 직무·책임·권한을 명확히 하고, 성과와 능력에 따라 승진·보수가 결정되도록 함으로써 직원의 창의와 혁신을 이끌어내야 할 것이다.

나. 여신심사 기능과 리스크관리능력 제고

여신심사 기능을 효율적으로 수행하기 위해서는 무엇보다도 개별 여신에 관한 신용정보를 지속적으로 축적하여 데이터베이스화하는 한편, 이를 유효적절하게 활용함으로써 여신심사가 차입자의 신용경력을 토대로 이루어질 수 있는 체계를 확고하게 구축하는 것이 중요하다. 즉 대출자금의 용도와 상환재원을 정확히 확인하는 한편, 모든 대출건에 대하여 신용등급을 정확하게 책정함으로써 대출심사과정이 축적된 신용정보를 충분히 활용하고 새로운 신용정보를 창출하는 체제로 운영되어야 한다. 이와 관련해서는 차주의 미래채무 상환능력을 정확히 평가하고, 이를 토대로 신용등급을 책정하는 기법(forward-looking approach)을 적극 활용할 필요가 있다.

그리고 가계금융, 기업금융, 국제금융 등 분야별로 여신업무 내용이 크게 다를 수밖에 없다는 점을 감안하여 각각의 여신업무별로 그에 적합한 신용평가시스템과 신용정보 데이터베이스를 구축해야 한다. 그리고 여신심사 때에 부여한 신용등급과 사후적으로 실현된 해당 자산의 부실화율을 계속 비교 점검하여 신용평가시스템의 유효성을 꾸준히 보완해야 할 것이다.

이와 함께 개별 여신에 대한 심사가 은행 전체의 건전성과 수익성 관리와 연결되도록 여신심사기법을 지속적으로 개발 보완해야 할 것이다. 예를 들어 차입자 한 사람마다 총여신한도(total exposure)를 설정하고 그 한도 안에서 여신을 운용하거나 가계와 금융거래를 할 때에 개별거래를 점수화하는 방식을 도입하여 가계에 대한 대출여부와 대출한도 결정에서 그 가계의 누적점수를 참고할 필요가 있다. 또한 산업별, 기업집단별, 기업별, 상품별 여신편중을 스스로 제어할 수 있는 시스템과 신용등급별로 달라지는 리스크를 여신금리에 적절히 반영할 수 있는 시스템도 조속히 구축해야 할 것이다. 그리고 여신거래 처별 특성에 맞는 부실예측모형을 도입하여 조기경보제도를 강화하는 한편, 이미 실행된 여신의 계약이행 성과에 따라 신용등급을 신축적으로 재평가할 수 있는 체제를 구축함으로써 여신사후관리와 심사 기능의 연계도 강화해야 할 것이다.

위험관리능력을 높이는 데서는 우선 위험관리 전담조직을 설치하여 각종 리스크를 종합적으로 통제할 수 있는 체계를 갖추는 것이 중요하다. 이를 통해 각 단위 업무에서 발생하는 각종 위험과 은행 전체의 리스크를 효율적으로 관리해야 할 것이다. 현재 대부분의 은행이 자산부채종합관리(ALM) 시스템을 구축하고 있으나 리스크관리능력과 기법개발이 아직 크게 미흡한 수준인 만큼 위험관리 전담조직을 중심으로 VAR(value at risk) 또는 RAROC(risk adjusted return on capital) 등 선진 리스크관리기법을 적극 개발·활용해 나가야 할 것이다.[167]

이 밖에 여신심사와 리스크관리 전문인력을 지속적으로 양성하는 데도 힘써야 할 것으로 생각된다.

다. 선진금융기법 활용 등 수익기반 확충

금융·외환자유화의 확대에 따라 환리스크, 금리리스크 등 각종 리스크가 크게 증대하고 있는 데 대처하여 파생금융상품 등 각종 선진금융기법을 적극 활용함으로써 리스크관리는 물론 수익성을 높이는데에 노력할 필요가 있다. 특히 최근 선물거래소가 개장되는 등 국내에서도 파생금융상품을 본격적으로 활용할 수 있는 여건이 조성되고있는 만큼 은행의 적극적인 대처가 시급하다고 할 것이다.

또한 자금조달과 운용에 따르는 기간불일치를 감축하고 수익성을 개선하는 방안으로서 자산유동화제도를 적극 활용할 필요가 있을 것이다. 아울러 선진국에서 일반화되어 있는 신디케이트론을 국내 금융시장에서 활성화하기 위한 노력도 필요하다. 신디케이트론이 활성화될 경우 하나의 기업을 다수의 은행이 평가하는 체제가 형성되어 기업신용평가가 더욱 객관적으로 이루어지고 부실채권 발생이 미연에방지되는 부수적인 효과도 기대할 수 있다.

예대업무를 수행함에서도 생산성을 높일 수 있는 방안을 다각적으로 강구해야 할 것이다. 무엇보다 신용분석능력을 개선하여 신용도에

---

167) 개별 은행의 여건에 따라 사정은 다를 수 있으나 대형화를 지향하는 은행의 경우 위험관리 전담조직을 다단계로 구성하는 것이 효율적일 수 있을 것이다. 구체적으로는 리스크전략의 결정, 리스크관리정책의 승인, 리스크관리의 전반적인 책임을 담당하는 리스크관리위원회(이사회 수준)와 신용리스크·시장리스크·운영리스크 등 각 부문에 대한 한도 설정, 한도의 준수 여부에 대한 모니터링 결과의 평가·감독을 담당하는 리스크관리협의회(경영진 수준), 그리고 리스크관리에 대한 기본구조의 개발, 실행, 점검 등 실무작업 수행을 담당하는 리스크관리본부(담당 사업부 수준) 등 3단계 조직을 두는 것이 하나의 방안이 될 수 있을 것이다.

따른 금리 차등폭을 확대해 나감과 동시에 금융시장에서 이루어지는 장단기금리차를 기초로 기간프리미엄을 예금·대출금리에 반영할 수 있는 방안을 모색해야 할 것이다.

이와 함께 여·수신시장을 세분하여 수익성이 높으면서도 경쟁우위가 있는 분야를 발굴하는 노력도 중요하다. 다만 시장세분화에 따른 비용도 발생할 것이므로 은행별로 각자의 여건에 맞는 최적의 시장세분화 정도를 미리 결정하는 것이 중요하다. 우리나라의 경우 수신시장보다는 여신시장이 훨씬 세분될 여지가 많다는 것이 일반적인 견해이다. 그러므로 우선은 여신시장을 세분하기 위한 기법을 개발하는 데 주력하는 것이 바람직하다 할 것이다.

앞으로 은행은 증권업무를 포함하여 더욱 다양한 업무를 취급하게 될 것으로 예상되므로 이에 맞추어 다양한 상품과 서비스를 개발함으로써 수익성을 높여 가야 할 것이다. 즉 기존의 점포망이나 인력의 활용도를 높여서 정보수집, 전산개발, 영업 등 각 업무에 공통으로 소요되는 투입요소의 생산성을 높임으로써 범위의 경제를 극대화해야 한다. 한편 증권, 보험과 연계한 복합금융상품을 개발함으로써 새로운 수익기회를 적극적으로 창출해 나가야 할 것이다.

참고문헌

강문수, 《금융자유화와 금융감독》, 한국개발연구원, 1996

강문수·최범수·나동민, 《금융의 효율성 제고와 금융규제 완화》, 한국개발연구원, 1996

강병호·조성종, 《주요국의 금융제도론》, 박영사, 1996

김건우, 《소유구조와 자본구조의 관계》, 한국조세연구원, 1997

김대수·황석윤, 〈은행 건전성규제에 관한 최근 논의〉, 《조사통계월보》, 한국은행, 1997. 10

김동원, 《은행의 소유구조와 경영권 창출》, 한국경제연구원, 1994

김동환, 《일본의 금융빅뱅(Big-Bang)》, 한국금융연구원, 1997

김병연, 《은행경영평가제도에 관한 연구》, 한국금융연구원, 1997

김병연·김영곤·신성환·이건호·지동현, 《우리나라 은행의 리엔지니어링》, 한국금융연구원, 1996

김선호, 《겸업은행제도의 도입에 대한 연구》, 한국금융연구원, 1997

김시담, 《통화금융론》, 박영사, 1999

김영백·이용규, 〈우리나라 은행기능의 낙후상과 그 영향〉, 《조사통계월보》, 한국은행, 1993. 7

김종서, 《미국경제 보고서》, 국일미디어, 1999

남상우, 〈기업환경의 변화와 새로운 은행―기업관계의 모색〉, 《한국개발연구》 제16권 제4호, 한국개발연구원, 1994

문우식·좌승희·김준경, 〈은행의 산업자본 참여와 경제성장—역사, 이론, 실증〉, 《한국개발연구》 제17권 제1호, 한국개발연구원, 1995

문종진, 〈기업지배구조 논의의 대두와 대응방향〉, 《경제분석》 제1권 제2호, 한국은행 금융경제연구소, 1995. 8

박경서, 《은행의 소유·지배구조에 관한 연구》, 정책조사보고서 97-05, 한국금융연구원, 1997. 6

박양수·김난희, 《주요국의 금융개혁 사례와 시사점》, 조사연구자료 97-10, 한국은행 조사제1부, 1997. 9

박준건·김태형, 《일본 기업경영에 있어 Main Bank의 역할》, 조사연구자료 95-6, 한국은행 조사제1부, 1995. 4

박찬욱, 《고객정보를 활용한 은행 데이터베이스 마케팅전략에 관한 연구》, 금융 PAPER 98-01, 한국금융연구원, 1998

박찬일, 《금융제도의 국제비교》, 한국경제연구원, 1995

산업연구원, 〈미국 경제의 경쟁력 회복과 우리 경제에의 시사점〉, 《KIET 실물경제 review》 제18호, 1997. 3

손상호, 《금융자율화 시대의 산업금융》, 산업연구원, 1995

손상호·김병덕, 《상호신용금고의 발전방안》, 정책조사보고서 96-05, 한국금융연구원, 1996

신한종합연구소, 《세계의 금융자유화》, 고려원, 1991

안종길, 《금융환경변화와 은행·기업간 관계의 발전방향》, 연구보고서 95-02, 한국조세연구원, 1995. 5

이건호, 《은행소유 및 경영구조 개선방안》, 한국금융연구원, 1998

이경태, 《산업정책의 이론과 현실》, 한국산업경제기술연구원, 1991

이내황, 〈금융규제완화가 금융기관경영 및 금융제도에 미치는 영향〉, 《조사통계월보》, 한국은행, 1991. 8

이덕훈 외, 《우리나라 금융산업의 발전구도》, 한국개발연구원, 1998. 3

이상윤, 《영미법》, 법문사, 1996

이영기, 《글로벌 경쟁시대의 한국 기업소유지배구조》, 한국개발연구원, 1996. 4

이우관, 《금융시장의 감시기능과 은행—기업간의 새로운 관계》, 연구조사자료 93-05, 한국경제연구원, 1993. 8

장수환, 《독일 종교개혁의 사회경제적 배경—푸거가의 자본형성과 금융을 중심으로》, 충남대 대학원 사학과 석사학위논문, 1981

전인우·공병호, 《한국기업의 지배구조》, 한국경제연구원, 1995

전철환,《한국경제론》, 창작과비평사, 1986

정광선,《기업경쟁력과 지배구조》, 연구보고서 94-04, 한국금융연구원, 1994. 10

좌승희,〈기업집단의 금융겸업구조분석을 통한 금융산업의 소유구조정책방향 모색〉,《한국개발연구》제16권 제4호, 한국개발연구원, 1994

최범수·이형주,《국제화시대의 금융제도 : 선진국 제도개혁의 이론과 사례》, 연구보고서 95-04, 한국개발연구원, 1995. 4

최원형·김종욱,《은행업과 상공업 결합의 잠재적 이익 및 비용 : 미국에서의 논의내용을 중심으로》, 조사연구자료 95-19, 한국은행 조사제1부, 1995. 10

한국금융연구원,《21C 전략산업화를 위한 금융산업 경쟁력 강화방안》, 정책조사보고서 98-07, 1998. 12

──────,《금융기관의 소유구조》, 금융단 기자세미나 자료, 1996. 5

한국은행,《금융개혁방안》, 1993

──────,《유럽주요국의 금융자유화 추이와 영향》, 조사자료 84-24, 1984

──────,《주요국의 수신금리 자유화》, 조사자료 89-2, 1989

한국은행 국제부,《신용파생금융상품(Credit Derivatives) 개요 및 국내금융기관 취급상황》, 업무참고자료 98-4, 1998. 8

──────,《주요국의 파생금융상품시장 리스크관리 현황과 우리나라시장 육성방안》, 업무참고자료 94-05, 1994

한국은행 은행감독원,《시가주의 회계제도 도입논의 및 미·일의 도입현황》, 업무자료 97-6, 1997. 5

──────,《주요국의 은행주식소유규제 현황》, 업무자료 96-7, 1996. 5

──────,《은행법 해설》, 1987

──────,《은행경영통계》, 각호

한국은행 은행부,《주요국의 은행감독제도》, 업무참고자료 98-2, 1998

한국은행 프랑크푸르트사무소,《독일의 금융제도》, 1993

함정호,《통화금융경제》, 비봉출판사, 1996

함정호·김종귀·박형근,《구조조정 이후 은행·기업간의 새로운 관계》, 조사연구자료 99-4, 한국은행 조사부, 1999. 3

황준성,〈독일의 경제체제〉,《비교경제체제론》, 한국비교경제학회 편, 박영사, 1997

舘野敏·白石渉,《銀行システム : 發展と変容》, 東洋經濟新聞社, 1998

蠟山昌一, 《證券·金融·ファイナンス》, 東洋經濟新報社, 1991

相澤幸悅, 《ドイツ銀行》, 日本經濟新聞社, 1994

小島邦夫, 《21世紀の銀行經營 : 新資本戰略とリスクマネジメント》, 金融財政事情研究會, 1998

松谷明彦, 《圖說 日本の證券市場》, 財經詳報社, 1995

松井和夫, 《現代アメリカ金融資本研究序說》, 文眞堂, 1986

深尾光洋·森田泰子, 〈コーポレート·ガバナンスに關す論點整理および制度の國際比較〉, 《金融研究》 第13卷 3號, 日本銀行 金融研究所, 1994

日本銀行, 〈銀行の競爭かについて〉, 《日本銀行月報》, 1992. 3

日本銀行 國際局, 《國際比較統計》, 각호

日本銀行 金融研究所, 《わが國の金融制度》, 1995

日本銀行 調査統計局, 《經濟統計月報》, 각호

日興リサチセンター 企劃調査部, 《(全詳解)金融大改革のすべて: ビッグバで現れる世界》, 東洋經濟新報社, 1997

蕃藤晴造, 《ドイシ銀行史の研究》, 法政大學出版局, 1977

朝倉孝吉, 《日本金融史》, 日本經濟評論社, 1988

Aglietta, Michel, *Macroeconomie financiere*, La Decouverte, 1995

――――, "La Finance Globalisée a Besoin d'une Régulation," mimeo, 1998a

――――, *Regulation et Crises du Capitalism*, Opus, Paris, 1998b

Aglietta, Michel & Scialom Laurence, *Integration Financière en Europe, Nouveaux Risques et Politique Prudentielle*, February 1997

Allen, Franklin & Anthony M. Santomero, "The Theory of Financial Intermediation," *Journal of Banking and Finance* 21(11-12), December 1997

Aoki, Masahiko, *Japanese Firm: The Sources of Competitive Strength*, Masahiko Aoki & Ronald Dore ed., Oxford University Press, 1994

Aoki, Masahiko & Hyung-Ki Kim, ed., *Corporate Governance in Transitional Economies: Insider Control and the Role of Banks*, World Bank, 1995

Banque de France, *Bulletin de la Banque de France*, 1999

――――, *Annual Report* 1997, 1998

Bauer, Hans & Dietrich Domanski, "The Changing German Banking Industry: Where Do We Come from and Where Are We Heading to?," *BIS conference papers*, March 1999

Becketti, Sean & Charles Morris, "Are Bank Loans Still Special?," FRB of Kansas City, *Economic Review*, 1992

Berglöf, Erik, "Corporate Governance in Transitional Economies: The Theory and its Policy Implications," *Corporate Governance in Transitional Economies: Insider Control and the Role of Banks*, Aoki, Masahiko & Hyung-Ki Kim, ed., *World Bank*, 1995

Berglöf, Erik & Enrico Perotti, "The Governance Structure of the Japanese Financial Keiretsu," *Journal of Financial Economics*, vol. 36, 1994

Bertero, Elisabetta, "The Banking System, Financial Markets and Capital Structure: Some New Evidence from France," *Oxford Review of Economic Policy* 10(4), Winter 1994

BIS, *Annual Report,* 각호

──────, *Central Bank Survey of Foreign Exchange and Derivatives Market Activity*, 1998

──────, *The Global OTC Derivatives Market at End-June 1998*, 1998

Boissieu, Christian de, *Banking in France*, Routledge, 1990

Bordo, Michael D. & Richard Sylla, ed., *Anglo-American Financial Systems: Institutions and Markets in the Twentieth Century*, New York University, 1995

Brady, Thomas, "Balance Sheet, Profitability and Regulatory Developments Affecting US Commercial Banks, 1988 to 1998," *BIS Conference Papers*, Vol. 7, March 1999

Cameron, Rondo, *Banking and Economic Development*, Oxford University Press, 1972

──────, *Banking in the Early Stages of Industrialization: A Study in Comparative History*, Oxford University Press, 1967

──────, *Concise Economic History of the World*, Oxford University Press, 1989

Canals, Jordi, *Competitive Strategies in European Banking*, Clarendon Press, 1993

Chancellor, Edward, Devil Takes Hindmost, Straus and Giroux, 1999

Channon, Derek, *Global Banking Strategy*, John Wiley & Sons, 1988

Cho, Y. J. & J. K. Kim, "Credit Policies and the Industrialization of Korea," *World Bank Discussion Papers*, 1995

Clapham, J. H., *Economic Development of France and Germany 1815–1914*, The Cambridge University Press, 1961

Collins, Michael, *Money and Banking in the UK: A History*, Croom Helm, 1988

Corrigan, E. Gerald, "Are Banks Special," *Annual Report*, FRB of Minneapolis, 1982

————, "The Banking-Commerce Controversy Revisited," *Quarterly Review*, Federal Reserve Bank of New York, Spring 1991

————, *Financial Market Structure: A Longer View*, Federal Reserve Bank, 1987

Cottrell, P. L., Alice Teichova, & Takeshi Yuzawa, ed., *Finance in the Age of the Corporate Economy*, Ashgate, 1997

Cumming, Christine M. & Lawrence M. Sweet, "Financial Structure of the G-10 Countries: How Does the United States Compare?," *Quarterly Review*, Federal Reserve Bank of New York, Winter 1987–88

Davis E. P., *Financial Fragility and Systemic Risk*, Clarendon Press Oxford, 1995

De Boissieu, "Universal Banking in Europe: Past, Present and Future," 금융연구원 세미나 기고 논문, January 1996

Demirgüç-Kunt & Huizinza, "Determinants of Commercial Bank Interest Margins & Profitability: Some International Evidence," *mimeo*, The World Bank, January 1998

Demsetz, Harold & Kenneth Lehn, "The Structure of Corporate Ownership: Causes and Consequences," *Journal of Political Economy*, vol. 93, no. 6, 1985

Dewatripont, Mathias & Tirole Jean, *The prudential regulation of banks*, MIT Press, 1993

Diamond, Douglas W., "Banks, Finance and Investment in Germany: A Review Article," *Small Business Economics* 7(6), December 1995

————, "Financial Intermediation and Delegated Monitoring," *Review of Economic Studies* 51(3), July 1984

278

Dietl, Helmut M., *Capital Markets and Corporate Governance in Japan, Germany and the United States: Organizational response to market inefficiencies*, Routledge, 1998

Dimsdale, Nicholas & Martha Prevezer, ed., *Capital Markets and Corporate Governance*, Clarendon Press, 1994

Emmons, William R. & Frank A. Schmid, "Universal Banking, Control Rights, and Corporate Finance in Germany," *Review*, vol. 80, no. 4, Federal Reserve Bank of St. Louis, July/August 1998

Engberg, Holger L., *Mixed Banking and Economic Growth in Germany*, Arno Press, 1981

Fisher, Black & Myron Scholes, "The Pricing of Options and Corporate Liabilities," *Journal of Political Economy*, May-June, 1973

Fry, Maxwell J., *Money, Interest, and Banking in Economic Development*, 2nd edition, The Johnes Hopkins University Press, 1995

Gardener, Edward P. M. & Philip Molyneux, *Changes in Westren European Banking*, Unwin Hyman, 1990

Hall, Maximilian J. B., *Banking Regulation and Supervision*, Edward Elgar Publishing Company, 1993

Herman, Edward S., *Corporate Control, Corporate Power*, Cambridge Press, 1981

IMF, *International Financial Statistics*, 각호

Jacob, Michael T., *Short Term America: The Causes and Cures of Our Business Myopia*, Harvard Business School Press, 1991

Johnson, Hazel J., *The Banking Keiretsu*, Probus Publishing Company, 1993

Kindleberger, Charles P., *A Financial History of Western Europe*, George Allen & Unwin, 1984

Kotz, David M., *Bank Control of Large Corporations in the United States*, University of California Press, 1978

La Porta, Rafael, Florencio Lopez-de-Silanes & Andrei Shleifer, "Corporate Ownership Around the World," *NBER Working Paper*, no. 6625, June 1998

Leland, Hayne E. & David H. Pyle, "Informational Asymmetries, Financial

Structure and Financial Intermediation," *The Journal of Finance* 32(2), May 1977

Leland, Hayne E. & G. Pushner, "Ownership Structure and Corporate Performance in Japan," *NBER Working Paper*, no. 4092, June 1992

Mackenzie, Kenneth, *Banking Systems of Great Britain, France, Germany, and the United States of America*, The Macmillan & Co, 1960

Mester, Loretta J., "Banking and Commerce: A Dangerous Liaison?," *Business Review*, Federal Reserve Bank of Philadelphia, May/June 1992

OECD, "Special Features: Shareholder Value and the Market in Corporate Control in OECD Countries," *Financial Market Trends*, February 1998

————, "Special Features: Financial Markets and Corporate Governance," *Financial Market Trends*, no. 62, Decemer 1995

————, *Bank Profitability*, 각호

————, *Economic Surveys*, 각호

————, "Regulatory Reform in the Financial Services Industry : Where Have We Been? Where Are We Going?," *Financial Market Trends*, June 1997

Office of the Comptroller of the Currency, *Commercial Banking Structure, Regulation, and Performance*, 1997

Orsingher, Roger, *Banks of the World*, Macmillan, 1967

Peat, Marwick, Mitchell & Co., *Banking in France*, 1982

Pfeiffer, H., *Die Macht der Banken*, Frankfurt am Main, 1993

Phlion, Dominique, "L'évolution de l'intermediation bancaire(1950–1993)," *Bulletin de la Banque de France*, September 1995

Porter, Michael E., *Capital Changes: Changing the Ways America Invests in Industry*, Harvard Business School Press, 1992

Pozdena, Randall J., "Why Banks Need Commerce Powers," *Economic Review*, Federal Reserve Bank of San Francisco, Summer 1991

Prowse, Stephen, "Alternative Methods of Corporate Control in Commercial Banks," *Economic Review*, Federal Reserve Bank of Dallas, Third Quarter 1995

————, "Corporate Governance in an International Perspective : A Survey of Corporate Control Mechanism among Large Firms in the United States, the United Kingdom, Japan and Germany," *BIS Economic Papers*, no. 41, July 1994

Renversez, Francoise, *Facteurs Constitutifs d'une Économie d'Endettement*, Les Cahiers Francais, 1986

Roe, Mark J., "Some Differences in Corporate Structure in Germany, Japan, and the United States," *Yale Law Journal*, vol. 102, 1993

Rosenbluth, F. M., *Financial Politics in Contemporary Japan*, Cornell University Press, 1989

Saunders, Anthony, "Banking and Commerce: An Overview of the Public Policy Issues," *Journal of Banking and Finance*, vol. 18, 1994

Saunders, Anthony & I. Walter, *Universal Banking: Financial System Design Reconsidered*, Irwin Professional Publishing, 1996

Saunders, Anthony & Pierre Yourougou, "Are Banks Special? The Separation of Banking from Commerce and Interest Rate Risk," *Journal of Economics and Business*, vol. 42, 1990

Scialom, Laurence, "Les Conglomérats Financiers: un Défi Prudentiels," *Revue d'Economie Financière*, 1996

Shleifer, Andrei & Robert W. Vishny, "A Survey of Corporate Governance," *NBER Working Paper*, no. 5554, April 1996

————, *The Grabbing Hands: Government Pathologies and Their Cures*, Harvard University Press, 1998

Shull, Bernard, "Banking and Commerce in the United States," *Journal of Banking and Finance*, vol. 18, 1994

————, "The Separation of Banking and Commerce: Origin, Development, and Implications for Antitrust," *Antitrust Bulletin*, Spring 1983

Sinkey J. F., *Commercial Bank Financial Management*, 2nd ed. New York Macmillan, 1986

Spong Kenneth, *Banking regulation: Its Purposes, Implementation and Effects*, Federal reserve Bank of Kansas City, 1990

Steinherrr, Alfred & Huveneers Christian, "On the Performance of Differently Regulated Financial Institutions: Some Empirical Evidence," *Journal of Banking Finance*, February 1993

Stiglitz, J. E., "Government, Financial Markets, and Economic Development," *NBER Working Paper*, no. 3669, April 1991

Stiglitz, J. E. & A. Weiss, "Credit Rationing in Markets with Imperfect Information," *American Economic Review*, June 1981

Story, Jonathan & Ingo Walter, *Political Economy of Financial Integration in Europe: The Battle of the Systems*, Manchester University Press, 1997

Walter, Ingo, "Banking and Commerce: Problems and Opportunities in Cross-ownership," 국제화 환경에서의 금융개혁 심포지엄 기고 논문, 한국금융연구원, December 1997

Whale, P. Barrett, *Joint Stock Banking in Germany*, Frank Cass & Company Limited, 1968

White, W., "The Coming Transformation of Continental European Banking," *BIS Working Paper 54*, 1998

Yumoto *et al.*, "Financial Innovation in Major Industrial Countries," *Financial Innovation and Monetary Policy*, Suzuki, ed., University of Tokyo, 1986

■ 저자소개

전철환
현재 한국은행 총재
서울대학교, 영국 맨체스터대 대학원
충남대학교 경제학과 교수(1976~1998)
금융통화운영위원회 위원(1983~1989)
경제기획원 등 행정부(1963~1976)
《경제학원론》(1993)
《한국경제론》(1986)
《사회정의와 경제의 논리》(1980)

함정호
현재 한국은행 조사국 수석조사역
성균관대학교, 미국 텍사스주립대 대학원
《통화금융경제》(1996)
《우리나라 통화금융경제의 이해》(1996)
〈우리나라 금융제도의 발전방향〉(1999)

김영백
현재 한국은행 런던사무소 선임조사역
서울대학교, 미국 오리건대 대학원
〈우리나라 은행기능의 낙후상과 그 영
　향〉(1993, 공저)

조성제
현재 한국은행 조사국 선임조사역
연세대학교, 미국 미시간주립대 대학원
〈통화정책과 은행대출의 관계 분석〉(1998,
　공저)

박형근
현재 한국은행 특별연구실 조사역
연세대학교, 프랑스 파리제10대학 대학원
"Bilan théorique et empirique sur la
　PPA"(1997)

서정의
현재 한국은행 조사국 조사역
고려대학교
〈금융기관 소유형태별 경영성과 비교〉
　(1998, 공저)

이원기
현재 한국은행 조사국 조사역
성균관대학교, 동 대학원
〈주요국 은행의 산업자본과의 관계〉(1999)

임철재
현재 한국은행 조사국 조사역
서울대학교
〈스웨덴의 은행위기 극복경험과 시사
　점〉(1998, 공저)

장 민
현재 한국은행 조사국 조사역
서울대학교, 미국 미시간주립대 대학원
〈정보변수의 개발 및 활용〉(1999)

최원형
현재 한국은행 조사국 조사역
성균관대학교, 미국 인디애나대 대학원
〈최근의 자본시장 발전이 통화정책에 미친
　영향〉(1999, 공저)

허재성
현재 한국은행 조사국 조사역
연세대학교, 미국 인디애나대 대학원
〈기업지배구조 개선을 위한 기관투자가
　의 역할〉(1999, 공저)

홍승제
현재 한국은행 조사국 조사역
고려대학교, 미국 캘리포니아대 대학원
*The Effects of Government Policy and
Capital Liberalisation on Private Saving
in the SEACEN Countries* (SEACEN
Centre, 1998)